すばらしい未来に向けた

環境予想

―専門家 30名による明日へのヒント―

水野勝之・土居拓務・鈴木　均［編著］

創成社

はじめに

「未来予測の本」と聞いて、あなたは何を想うだろう。著者の妄想、話半分の絵空事として聞き流そうとするであろうか。はたまた、現実に起こりうる事象として、来る未来に向けて対策を講じるであろうか。

パーソナル・コンピュータの父であるアラン・カーティス・ケイは「The best way to predict the future is to invent it.（未来を予測する最善の方法は、それを発明すること）」という言葉を実践し、実際に未来を創造することにより、その予測を的中させている。専門家30余名により執筆された本書は、いわば未来創造としての側面を少なからず含んでいるであろう。

筆者は「予測できる未来は、実現可能性のある未来」と考えている。これは社会全体の文脈でなく、ジブンゴトに置き換えると理解しやすい。たとえば、実現できる可能性が低く、夢にも思わなかった目標が、些細な出来事を契機に、急に現実味を帯びた経験はないだろうか。その些細な出来事が、どう目標に結び付いたのか、周囲は気付けないし、本人も言葉で説明できない、しかし、間違いなく夢が実現可能性を帯びたのである。これは、目標に向かってアンテナを張り続けている個人が、言葉にできない小さな根拠を積み重ね、目標に至る細い道筋を描いた結果であろう。言語化できない根拠の集まりが直感であるならば、それを他者に納得するように説明するのは、ほぼほぼ不可能と言える。

本書を執筆した30余名の著者は各領域にアンテナを張っている専門家である。そのため、本書で語られた未来が、たとえ根拠不十分（言語化不十分）に感じられたとしても、それは著者の専門領域において、実現可能性のある未来の1つとして受け止めていただけたらと思う。

人間は、特定の分野に限定するならば、ある程度、正確に未来を予測・洞察する能力を備えていると筆者は感じている。しかし、残念ながら、それを発揮できる領域は非常に狭く、とても社会全体を見通すことはできない。社会は1つの分野で構成されているわけではなく、さまざまな分野が複雑に絡み合っているからである。また、物事を説明するにあたっては、根拠が重要視されるため、直感による未来予想などは、真っ先に排除され、議論の壇上にすら立たないことが通例であった。

本書は『コロナ時代の経済復興―専門家40人から明日への緊急提案―』（2020年、水野勝之編著）、『イノベーションの未来予想図―専門家40名が提案する20年後の社会―』（2021年、水野勝之・土居拓務編著）に続く創成社の未来予測シリーズの第3弾である。さまざまな分野に携わる専門家30名にそれぞれの未来を洞察していただき、可能な限り納得に至る根拠を交えた執筆をいただいているところである。

読者の皆様には、これら専門家の描いた未来に、それぞれの描く未来を組み合わせ、より精緻な未来社会を描く材料にしていただけたら幸甚である。そして、それが人類にとってより良い未来と感じたならば、ぜひ、創造につなげていただきたく思っている。

最後に、本書各節のご執筆を担当いただいた30余名の著者、本書のシリーズ化にご協力いただいた株式会社創成社 塚田尚寛氏、西田徹氏、落合優里氏に深く感謝申し上げる。

令和5年8月

土居拓務

目次

第3章

国際化と経済社会……88

第4章

価値観と教育……140

第5章

産業技術……212

第1章　社会起業と課題解決

第1節

『社会起業環境』の共創と社会課題解決へのアクション

㈱フランウッド代表取締役（寄稿当時：㈱Ｓｐｅｒｏ代表取締役）　髙橋ひかり

「このアジェンダは、人間、地球及び繁栄のための行動計画である。」

ＳＤＧｓ（持続可能な開発目標）の冒頭文だ。つまり、ＳＤＧｓとは、単なる流行り言葉でも、メディアで報道される外界のムーブメントでもない。すべての国と、すべての人間の「アクション（行動）」によって為しうる、国際社会の未来設計図である。

この節では、『社会起業環境』の未来について論じる。しかし、その未来は、読者である皆さん一人ひとりの「アクション（行動）」によって創造されるということを念頭に置いてほしい。

1 『社会起業環境』の定義

『社会起業環境』とは何か。

まず「社会起業」を定義する。「社会起業」とは、環境問題、少子高齢化、介護福祉などの社会課題をビジネスの力で解決する事業の起業のことである。このようなビジネスは、よく「ソーシャルビジネス」と呼ばれる。ここで重要なのは、「ソーシャルビジネス」とは、社会課題解決を目的としながら、同時に収益性を両立する事業であるということだ。経済産業省では、「ソーシャルビジネス」を、「社会性」「事業性」「革新性」の3つの要素を満たす事業と定義している。

次に、「環境」という言葉について、ここでは、英語の「エンバイロメント（environment）」ではなく「エコシステム（ecosystem）」であると定義したい。同じく「環境」を表す言葉だ。「エンバイロメント」は、人間または生物をとりまく「外界（surroundings）」に焦点を当てた言葉である。一方、「エコシステム（ecosystem）」は環境を形作るさまざまな「構成要素（components）」とその「相互作用（interactions）」に焦点を当てた言葉だ。より能動的なニュアンスを持つ。

つまり、『社会起業環境』とは、「社会起業（＝社会課題をビジネスの形で解決する起業）」

を取り巻くあらゆるステークホルダーとその相互作用のことである。

2 過去最大の追い風となっている資金調達の土壌

『社会起業環境』を論じるにあたり、資金調達の土壌から考える。

(1) ベンチャーキャピタルによる投資

資金調達面において、ベンチャーキャピタルによる国内の投資活動が活発化しているのは自明のことである。新型コロナウィルスの影響で、2020年度は落ち込んだものの、2021年度、国内の投資額は、約50％増で2，000億円台に回復した。創業期の投資・育成に特化したベンチャーキャピタルも多い。そのようなベンチャーキャピタルの中には、単なる資金提供にとどまらず、起業家をハンズオンで支援するところもある。事業開発の講座、アイディア・事業計画のメンタリング、必要関係者とのつなぎ込みなどを提供する。

そして、この投資という分野において、『社会起業環境』に直結する大きな出来事がある。日本の年金運用機関で、世界最大規模の機関投資家でもあるGPIF（年金積立金管理運用独立行政法人）が、2015年、国際社会の責任投資原則であるPRI（Principles for Responsible Investment）に署名したのだ。これにより、2017年、ESG投資へ資金割

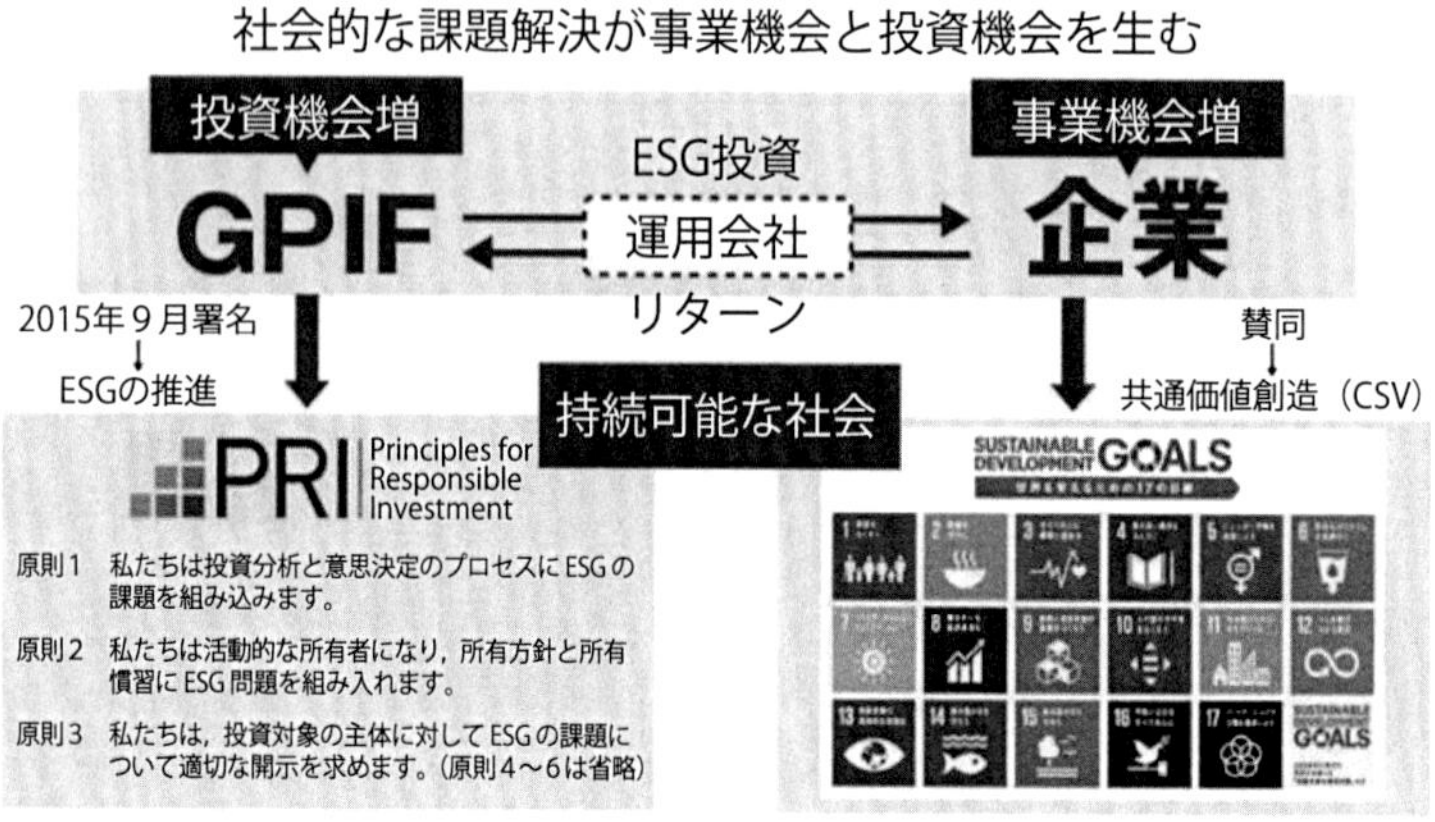

図１　ESG 投資と SDGs の関係
出所：国連等より GPIF 作成。

当を開始した。ＧＰＩＦは、年金積立金を運用する「世代をまたぐ投資家」である。資本市場は、長期で見ると環境問題や社会問題の影響から逃れられない。そこで、ＥＳＧに配慮している企業を重視・選別した投資をスタートさせた。

これを皮切りに、各事業会社が、ＥＳＧ、つまり、環境（Environment）・社会（Social）・企業統治（Governance）に配慮した事業推進を行うことを喫緊の経営テーマに置き始めた。ＥＳＧに即した企業経営は、ＳＤＧｓのアクションにもつながる。

事業会社や機関投資家は、ベンチャーキャピタルが運用するファンドの出資者でもある。だから、ベンチャー企業への出資基準にＥＳＧの概念が組み込まれていくのは、時間の問題だ。

ベンチャーキャピタルは、よく、ファンド組成活動の一環として、ファンドへの出資者候補

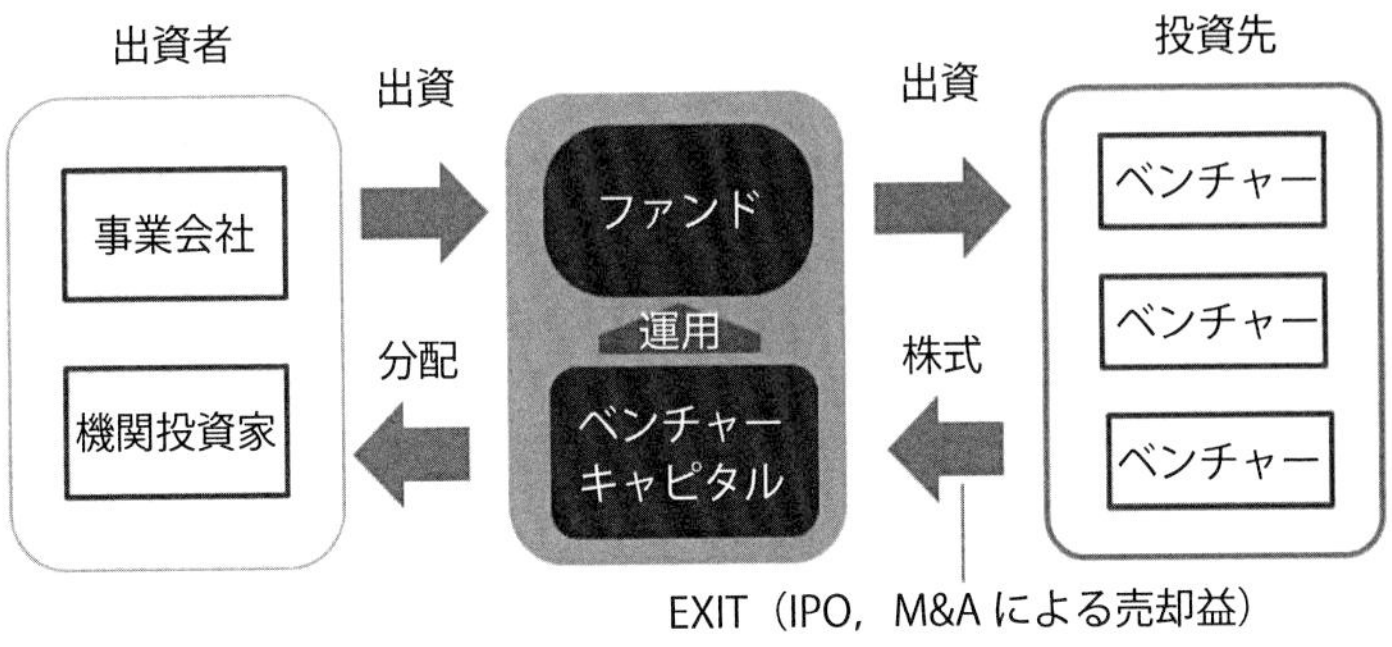

図２　ベンチャーキャピタルの仕組み

出所：(株)Spero HPより引用。

を集めた説明会を開催する。筆者が聞くところによると、最近はもっぱら、ＥＳＧに関する要望や質問が飛んでくるという。

２０２１年5月には、日本初のＥＳＧ重視型のベンチャーキャピタルとして、MPower Partnersが設立され注目が集まった。

金融市場と経済活動そのものにおいて、環境課題・社会課題をネグレクトできない状態になっているのである。

(2) 多様化する資金調達手段

ベンチャーキャピタル以外からの資金調達手段の選択肢も増えている。

たとえば、購入型・寄付型のクラウドファンディングは、だいぶ定着してきた。また、金融商品取引法などの改正を受けて、２０１７年には、日本第1号の株式投資型クラウドファンディングもスタートした。クラウドファンディングは、「共感と応援」を理由に、寄付者や出資者、購入者が集まってくることが多いため、社会起業とも相性がいい。

融資分野においては、各銀行が、融資先のサステナビリティ経営の評価基準の策定と運用を急いでいる。日本政策金融公庫は、2018年より「ソーシャルビジネス支援資金（企業活力強化貸付）」と呼ばれる、社会課題解決型の事業に対する融資制度を設置している。

さらに、独自のエンジェルコミュニティ（個人投資家のコミュニティ）も各所で形成されてきている。

(3) 行政

行政の補助金にも変化が生じている。世界的なSDGsの動きに加えて、日本の人口減少問題を背景においた「ダイバーシティ経営の推進」、2020年菅内閣による「2050年カーボンニュートラル宣言」。これらの政策のもと、交付対象企業の選定基準に、如実にSDGsの観点が組み込まれるようになった。

岸田首相は2022年を「スタートアップ創出元年」として、官民をあげてベンチャー支援を強化することを表明した。

資金調達面においては、かつてなく『社会起業』を推進する土壌が形成されつつある。これは今後もさらに加速していくであろう。

3　起業家育成機会の増加と起業ノウハウの浸透

資金面の土壌形成と併せて、起業家育成機会も増加し、事業開発のノウハウの浸透も進んでいる。

各大学にて、ベンチャー関連の授業や起業家育成のためのプログラムが一般化しつつある。大学によっては、学科のカリキュラムのみならず、全学横断組織にも、起業関連のプログラムが複数組まれている。実社会からの客員教授・講師の誘致やゲスト講義も増えており、筆者も京都芸術大学の客員をはじめ、いくつかの大学で事業開発とそれに関連した講義を行っている。

中央省庁や自治体も、起業家育成・教育にまつわるさまざまなプログラムや制度を打ち出している。次世代のイノベーションの担い手を育成することを目的に、2015年に始まった経済産業省の「始動 Next Innovator」への参加は、毎年、高倍率である。

各事業会社や、ベンチャーキャピタルが提供する事業開発プログラムも、ベンチャー投資の活発化に比例して、年々増えてきている。事業を0→1で生み出すためのインキュベーションプログラムや、ベンチャーの加速支援を行うためのアクセラレータープログラムなどである。昨今では、新型コロナウィルスの影響で、各種プログラムのオンライン化が進み、地方からの参加者も増えた。

また、インターネット環境とそのリテラシーさえあれば、これらのプログラムに参加せずとも、動画やスライド、読み物などSNSのさまざまなコンテンツを通じて、気軽に起業ノウハウを学べるようにもなった。

これらの起業家育成プログラムは、今後、ESG、結果として社会起業の観点を取り入れたコンテンツに再編集していく必要があり、そのコンテンツ開発は始まったばかりだ。

4　森林・林業特化型のインキュベーションプログラムの事例

当社（株式会社Ｓｐｅｒｏ）では、林野庁事業で、２０１9年より毎年、森林・林業分野の課題解決を行う新規事業を創出するためのインキュベーションプログラム『SUSTAINABLE FOREST ACTION』（通称ＳＦＡ）を主催・運営している。日本で最初の、そして唯一の、森林・林業特化型の事業創出・起業家育成プログラムである。いわば、森林分野における『社会起業環境』創造の一端を担う取り組みとして、事例を紹介したい。

本題の前に、林業を取り巻く環境について簡単に述べる。現在、日本の林業は、都市への一極集中と少子高齢化が招いた「担い手不足」、グローバリゼーションや木材の代替材の流

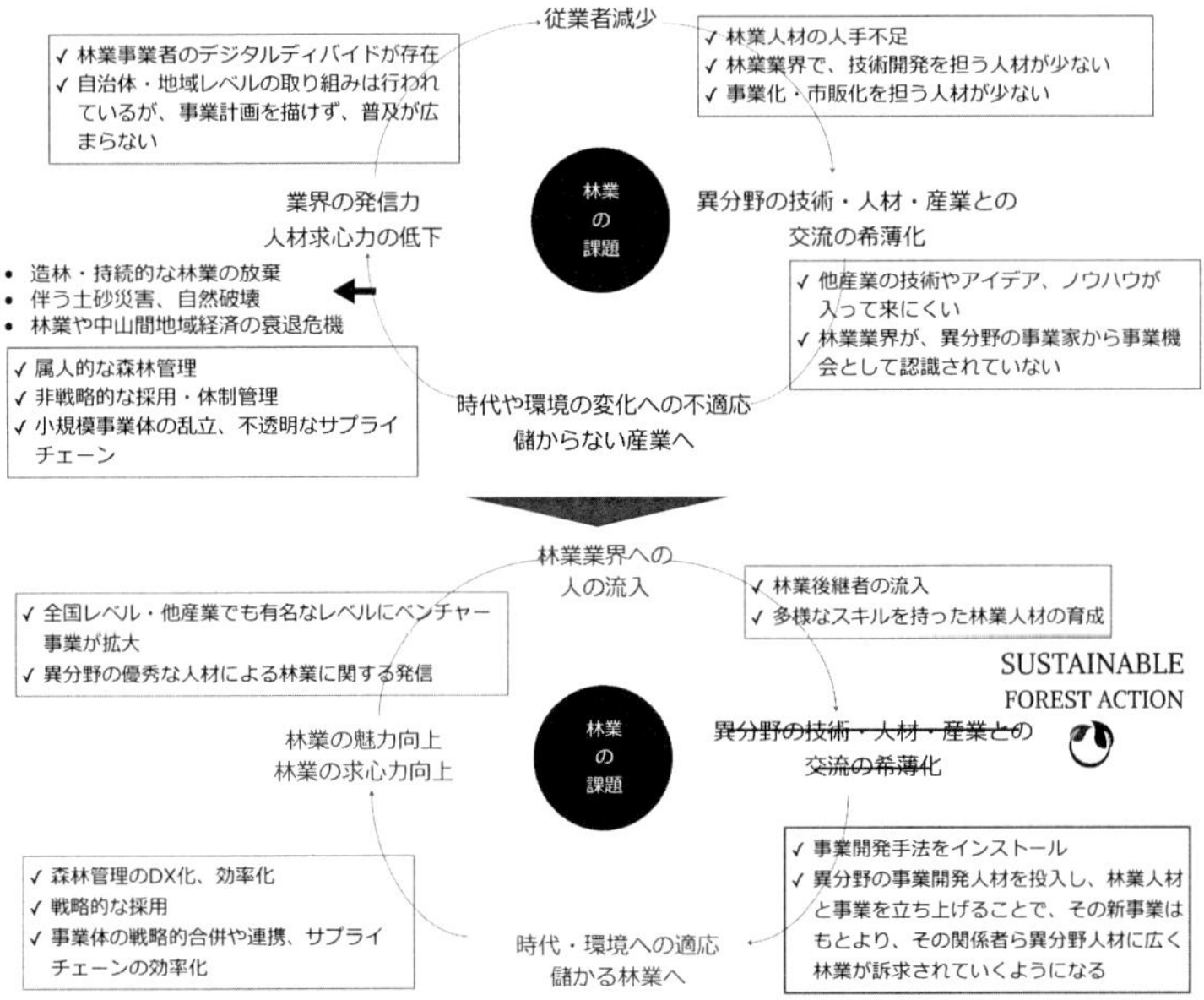

図３　現在の林業の悪循環と『SUSTAINABLE FOREST ACTION』が目指す好循環

出所：株式会社 Spero HP より引用。

通による「国産材需要の低下」、加えて木材サプライチェーンの複雑化・不透明さに伴う「原木価格の下落」など、多くの課題を抱えている。結果、伐採で得られる収益よりも、再造林にかかる費用が高い構造となっている。補助金頼りの産業になっていると同時に、衰退が進行している。林業の衰退は、その国土の7割が森林を占める日本にとって、中山間地域経済・地方全体の衰退を意味する。また、CO_2吸収源や水源かん養、生物多様性の維持など、環境保全の役割を持った森林その

図４　オープンイノベーションのコンセプト
出所：株式会社 Spero HP より引用。

ものの維持の難しさにつながる。

そのような林業の現状を打破すべく、林業課題を解決する事業や、民間で収益を生み出すことで林業の収支のプラス転換を促す森林関連事業を創出することを目的に、ＳＦＡが始まった。ＳＦＡでは、複雑に問題が重なり合った林業における課題を、「異分野との交流が希薄化しているが故に生じる、時代変化への不適応」と設定している。そして、その解決のために「森林分野に課題意識を持った林業人材」と、「自らの経験や知見を林業に活かしたい異分野の事業開発人材」で新事業を創出するというオープンイノベーションの手法を取り入れた。

プログラムでは、林業人材と異分野人材をそれぞれ募集し、事務局が３、４名から成り立つ林業・異分野混合チームを編成する。チームは、講義やメンタリングなどを受けながら、２カ月間かけて、アイディア創出→課題設定→仮説検証のプロセスを繰り返し、事業計画を練り上げる。最終審査会であるデモデイにて、事業計画のプレゼンテーションを行い、優秀なチームは、事業化資金を獲得できる。

つまり、起業を推進する仕掛けとして、①異分野の知見を取り入れるオープンイノベーション（共創）の仕組み、②起業家人材育成のための講義とメンタリング、③事業立ち上げのための運営資金の3点を、約2カ月間のプログラムに凝縮している。結果、過去三度の開催で、応募者の中から採択された林業人材64人、異分野の事業開発人材74人の合計１３８人が参加し、そこから、10社もの法人が設立され、15個の新規事業が生まれた。

なお、過去参加した異分野の事業開発人材の内訳は、大手事業会社（ＩＴ、通信、メーカー、サービス業など）内での事業開発経験者から、国内外のベンチャー経験者、中小企業の経営者までさまざまだ。これほど多様な人々が、森林・林業分野に寄与したいとの貢献心でプログラムに集まってくるというのは、明るい未来を予感させる。

また、図らずもＳＦＡで生まれている現象として、過去のＳＦＡ参加者が、起業の先輩としてＳＦＡのメンターに参加し、学びを共有するというサイクルが回り始めている。さらに、ＳＦＡの認知が広まるにつれ、各事業会社や大学、自治体などから森林・林業関連の事業や取り組みのさまざまな相談が、当社宛に届くようになった。その中から新たに生まれたコラボレーション事例もある。

ＳＦＡを通じた、この『森林・林業分野における社会起業環境』というエコシステムは、直接的・間接的に着実に拡大している。今後は、企業やベンチャーキャピタルの投資が、このエコシステムに取り入れられるよう、工夫を施す予定だ。

5 「持続可能な社会の創り手」を育成する学校教育

さて、小学校は２０２０年度、中学校は２０２１年度、そして高校では２０２２年度から、「新学習指導要領」が全面実施されている。特筆すべきは、この改訂で「持続可能な社会の創り手の育成」が明記されたことだ。ＳＤＧｓの担い手を教育の現場から育成することが目指されるようになったのである。小学校の家庭科や道徳科、中学校の社会科や理科など、さまざまな教科に「持続可能」という言葉が使われ、ＳＤＧｓに関するページが盛り込まれている。

ＳＤＧｓを教科書で習う時代の子供たちが大人になった時、彼らはどう社会に向き合うのか。現代は、超高齢社会の加速と経済成長の鈍化、気候変動と環境問題など、さまざまな社会的課題が顕在化しつつある時代だ。しかし、ＳＤＧｓを当たり前に習うことで、今の子供たちに、社会的使命感・他者貢献心と自らの幸福がリンクしたマインドセットが醸成されるのであれば、筆者は、そこに「希望」を見出すことができる。

そして、社会起業家を育てる土壌として学校教育を捉えると、これまでの受動的な教育ではなく、アクティブラーニングやプロジェクトベースドラーニングといった、自ら能動的に学ぶ手法も、より一層、公教育に浸透させることが必要である。その指導をできる教員の育成も急務だ。

ＳＤＧｓに関する教育は、社会起業家としてのマインドセットに、能動的な学びは、社会起業家としてのスキルの基礎につながる。

さらに、筆者は、学校教育に「システム思考」のエッセンスを取り入れることを提唱したい。「システム思考」とは、解決すべき対象や問題を「システム」として捉え、多面的な見方で原因を探り、問題解決を目指す方法論である。

社会課題は、文化や経済、政策などの歴史と変遷、および、さまざまなステークホルダーの力学と思惑が、複雑に絡み合って存在している。だから、短絡的な物の見方では社会課題の解決には到底及ばない。物事を構造で俯瞰して捉え、構成要素とその相互作用を把握することが必要なのである。

なお「システム思考」の基礎は、生態系をその構造から学ぶことでも培われるため、ＳＤＧｓの教育を再編集することで、「システム思考」を同時に学べる教育カリキュラムにすることもできるだろう。

6　ステークホルダーと共創し、「アクション」せよ

これまで論じてきたように、制度や仕組み面においても、教育面においても、『社会起業

環境』の土壌は形成されつつあり、その未来は今後より一層拡がっていくだろう。

しかし、前述した通り、社会課題は、さまざまな問題が複雑に絡み合って存在している。だから、『社会起業環境』の創造においても、実際の事業実装と社会課題解決においても、物事を大局で捉え、起業家、事業会社、金融、大学・研究機関、行政などあらゆるステークホルダーとその関係性を理解することが必要不可欠だ。そして、互いを批判するのではなく、「共創」していくのである。

そして、さまざまな社会課題が顕在化する未来においては、「起業」に限らず、一人ひとりが社会課題を当事者として捉え、その解決のために能動的に「アクション」することが求められる。

現在の思考と行動が未来を作るのである。未来は予想するよりも、「アクション」によって共に創造しよう。

参考文献

一般社団法人ベンチャーエンタープライズセンター（2021）『ベンチャー白書2021／ベンチャービジネスに関する年次報告』ベンチャーエンタープライズセンター、1-138頁。

第2節 「ワーク・コラボレーション環境」の未来図

㈱野村総合研究所エキスパートアプリケーションエンジニア　野竹章良

1 「ワーク・コラボレーション環境」とは何か

私たちは日々、社会の構成員として仕事をしている。その中で多くの場合、私たちは何らかの形で他者と協力・協働（すなわちコラボレーション）している。そして企業は、その組織を構成する一人ひとりのコラボレーションにより、新たなサービス・製品を創り出すことで運営されている。私たちを取り巻く仕事と、他者とともに働く環境について、普段私たちはあまり意識しない。しかし、それは着実に、時に急激に変化し、私たちに常に影響を与えているものだと著者は考えている。

本稿では、私たちの仕事、特に他者とともに働く環境について述べたいと思う。しかし、「仕事をする上で他者と協力・協働するための環境」を指す適切な言葉を著者は見つけることができないと考えた。「労務環境」では、労働を行うための作業環境の意味が強いように思われ、また「職場環境」では組織の文化・風土や人間関係を主に意味するように思われる。

そのため、本稿では、仕事を意味する「ワーク」と協力・協働を意味する「コラボレーション」をつなげ、「仕事をする上で他者と協力・協働するための環境」を「ワーク・コラボレーション環境」と呼びたいと思う。今起きている「ワーク・コラボレーション環境」の変化と課題、今後の展望について述べていきたい。

なお、本稿の内容は、著者個人の見解に基づくものであり、著者の所属する組織の見解とは無関係であることを留意いただきたい。

2 「ワーク・コラボレーション環境」の変化

日本では、人口減少・少子高齢化が進行していると言われて久しい。長寿化や少子化により社会の高齢化が進んでいる。2020年時点で65歳以上の人口割合（高齢化率）は28・8％となっているが、今後も一貫して伸び続け、2065年には38・4％になると予測されている（内閣府、2022）。その対策として労働人口を維持するため、女性の活躍促進や高齢者の就労促進に関する施策が実施されてきた。それにより、日本の労働力人口および就業者数は1990年代後半の水準を維持している。高度経済成長期においては、男性中心のフルタイムワーカーが中心であったが、近年は中長期的な施策として女性などの労働参画が促進されてきた（厚生労働省、2022）。

著者は拙稿「20年後の働き方　未来のワーク・ライフスタイルを考える」（野竹、２０２１）にて、今後、ライフステージや個人の志向に応じて柔軟に働き方を選択できるようにする施策が継続的に実施されていくだろう、と述べた。定年の延長や、勤務時間や勤務日数、在宅勤務、副業など、柔軟に働きやすい環境などが中長期にわたり、継続的に整備されていく、という主張だ。さまざまな人がさまざまな形態で働くことができるようになり、働き方をデザインすることができるようになる。そういった変化は、我々の仕事を取り巻く「ワーク環境」の中長期的な変化のトレンドだと言えるだろう。

一方で、２０１９年末以降はコロナ禍が起こり、私たちの生活は一変した。コロナ禍は、働き方という意味では「遠隔で仕事をする」という点で短期的、かつ急激な変化を私たちにもたらした。たとえば、２０２０年5～6月時点で就業者の約3分の1がテレワークを経験している（厚生労働省、２０２２）。出社比率などは、コロナ以前には戻らず、ニューノーマルとして定着したといってよいだろう。今後は、ハイブリッドワークと呼ばれるような、オフィスワークとテレワークを組み合わせた働き方が主流となることが予想される。

このように、もともとは多様な人々が多様な形態で労働参画する仕組みを整えるという中長期的な流れがあったところに、パンデミックが発生したことにより、「一か所に集まらずに働かなくてはならない」という環境変化への適応を迫られることになったと言えるだろう。本来は、「労働市場への参画形態の多様化」と「遠隔での業務遂行」は別物であり、労働市場への参画形態の多様化の1つの手段として、テレワークなどの遠隔での業務遂行が位置付けられるべきものだ。しかし、コロナ禍という環境変化により、「遠隔での業務遂行」という一点がなかば強制的、かつ急激に促進されたと理解することができるだろう。

ここで1つの疑問が残る。中長期的な「労働市場への参画形態の多様化」という環境変化に対して、コロナ禍により急激に促進された「遠隔での業務遂行」という環境変化は、ポストコロナにおいても継続するのだろうか。それとも、ある程度はオフィス回帰といった形で一種の「退行」へ向かうことになるのだろうか。

「継続」を支持する考え方としては、「通勤時間などの削減による可処分時間の増加」や「育児との両立」「(上司などの監視・介入が減ることによる)生産性・創造性の向上」などが想定されるだろう。「回帰」を支持する考え方としては、「(遠隔による)人間関係の希薄化や孤立の防止」「コミュニケーション不足による生産性・創造性の低下」「マネジメントの困難さ」などが挙げられるかもしれない。

著者は、基本的には現状の日本においてはテレワークの定着を推進するべきで、テレワークによる弊害について議論するには時期尚早と考えている。一方で、現状の「遠隔での業務遂行」には特に「他者とのコラボレーション」という観点で課題があると考えている。次項では、その点について述べてみたい。

3 「コラボレーション」に関する課題

前項では、私たちを取り巻く「ワーク・コラボレーション環境」の変化について見てきた。ここでは、その環境変化に対して今起きている課題・問題点について述べたいと考えている。では、現状の「遠隔での業務遂行」の問題点とはなんだろうか。

それは、現状の「遠隔での業務遂行」を行う環境下では、言語化や記号化、または計算式などで説明・表現ができない暗黙知の伝達が困難だということだ。暗黙知の伝達が困難になることで、中長期的に新たな知を創造するプロセスが停滞しかねないと考えている。

「暗黙知」「形式知」について、簡単に補足したい。「形式知」が言語化や記号化、または計算式などで説明、表現ができる知識のことであるのに対し、「暗黙知」は逆に言語化や記号化、または計算式などで説明、表現ができない主観的・身体的な経験に基づく知識のことを指す。スポーツや音楽の技術、食べ物の味なども、文章や記号、図表などでの表現が難しいことから暗黙知であると言えるだろう。そして、その「暗黙知」「形式知」といった概念を用いて、組織がどのように新たな知を生み出すかを説明したモデルがある。一橋大学名誉教授の野中郁次郎のＳＥＣＩモデルである（Nonaka, 1994）。

著者は経営学の専門家ではないため学術的な説明は割愛するが、ＳＥＣＩモデルでは組織が新たな知を創造するにあたり以下の4つのプロセスがあるとされている。

S：共同化（Socialization）：暗黙知→暗黙知

E：表出化（Externalization）：暗黙知→形式知

C：連結化（Combination）：形式知→形式知

I：内面化（Internalization）：形式知→暗黙知

この4つのプロセスを何度も回すことで、組織は新たな知を創造することができる。

では、話を私たちを取り巻く「ワーク・コラボレーション環境」に戻したいと思う。私たちが他者とともに働く環境を「ワーク・コラボレーション環境」と定義し、その変化を見てきたが、SECIモデルを円滑に回す上で、障害となるような環境変化はなかっただろうか。ニューノーマルとなった私たちの現状の働き方は、共同化・表出化・連結化・内面化のプロセスを円滑に回すことができているだろうか。

著者は、現在のテレワーク（およびハイブリッドワーク）とそれを支えるツール（オンライン会議ソフトやチャットツールなど）では、共同化（Socialization）に課題があると考えている。すなわち、人が他者との直接対話による共感や、共通の経験を通じて非言語情報である暗黙知を伝達する、というプロセスが難しいということである。著者の理解では、共同化とは、暗黙知を暗黙知のまま、他者へ伝達・共有されるプロセスであるため、多分に非言語的な方法での伝達が中心となる。たとえば、手本を見せる、見様見真似でやってみる（やらせてみる）、言葉だけではなく行動や態度で示す、といったことを通して共感や共同体験を生み出し、感覚的に理解させることが重要となると考えている。

しかし現状、遠隔での他者とのコラボレーションを行う際は、上記のような共同化を円滑に行うための非言語的なコミュニケーションや共同体験が、対面と同等にできるとは言い難いのではないだろうか。オンライン会議では、もちろん音声やビデオにより情報伝達や意思疎通は可能だが、ビデオでは表情や態度といった非言語的な情報はリアルな対面と比較すると大幅に削減されてしまう。そもそも、オンライン会議ではビデオをＯＦＦにする場合もあるだろう。また、会議が終わってしまえば情報は遮断されてしまうため、態度や行動といった非言語的な情報もまったく得られなくなってしまう。チャットツールは、当然ながら言語化された情報しかやり取りすることができない（絵文字やスタンプといったものでは非常に限定的な非言語情報しか伝達できない）。

著者の従事する情報通信業は、テレワーク比率が相対的に高い。総務省の『情報通信白書』によれば、情報通信業は55・7％で、業種別でみると最も高い（総務省、２０２２）。他業種と比較して、テレワークがやりやすい業種・業界と言えるだろう。著者の経験と照らし合わせても、日常の業務やシステム開発プロジェクトを推進することについては、ほぼ支障がないと感じている。しかし一方で、そういった業種であっても暗黙知の伝達が課題となっている、というのが著者の理解である。たとえば、本番環境（顧客に実際にサービスを提供しているシステム環境）での操作を行う際の誤操作による事故を防止するための確認作法や緊張感、または、いざシステムトラブルが発生したときの原因究明と臨機応変な対応などは、なかなか書面や口頭のみで伝えることは難しい。ホワイトボードなどで図示しながら、システム構想を練る時なども、オンライン会議ではやや難しいと感じる（できないことはないが）。言語情報だけでなく態度や行動で示す、または本人さえも明確に言語化できないニュアンスを伝える、そういったことが現状のオンライン会議ソフトでは難しいのである。

現状のテレワーク環境では、既存事業を運営するには問題ないかもしれない。しかし、他者と深くコラボレーションし、画期的な新サービス・製品やイノベーションを生み出すためには、非言語的な情報を徹底的に他者とやり取りするという意味では、不十分なのではないだろうか。そして、それは中長期的には企業組織の競争力を失わせる一因となるかもしれない。

4　これからの「ワーク・コラボレーション環境」

前項では、現状の「ワーク・コラボレーション環境」の課題について述べた。現状の「ワーク・コラボレーション環境」では、暗黙知の伝達（ＳＥＣＩモデルで言う共同化（Socialization））が十分にできない可能性があると考えている。では、将来的には私たちはオフィス回帰を目指すべきなのだろうか。

著者はそうは考えない。現状の「ワーク・コラボレーション環境」には課題があると考える一方で、将来的には我々はハイブリッドワークを進め洗練させることで、労働生産性を高め、企業の競争力を高めることができると考えているからだ。テレワークのような遠隔での働き方は、物理的な距離・空間の制約をなくし、個々人が自分自身で多様な働き方をデザインすることを可能とするからである。

また、現状の課題である暗黙知の伝達についても、技術進歩により将来的にはオンライン上で対面同等に可能となると考えている。たとえば、技術進歩により表情や態度、声のトーン、行動やちょっとした仕草までオンライン上で伝達することが可能となるのではないだろうか。さらには、一部ではすでに実現しつつあるが、オンライン上で言語の同時翻訳もかなりの精度で可能となるだろう。そうなれば、むしろ物理的な距離の制約のみならず、言語的な制約もなくなり、今まで難しかったような多種多様なコミュニティに属する他者とのコラボレーションが可能となることさえ考えられる。従来、存在していた物理的・言語的な制約から解放された「ワーク・コラボレーション環境」が実現する可能性もあるのだ。

コロナ禍により「遠隔での業務遂行」という点で大きな環境変化が起こったが、ポストコロナにおいては、おそらく一時的な「退行」も起こるだろう。それは、「遠隔での業務遂行」とは、「あくまでも感染症の予防・拡大防止のための一時的な措置である」という慣習的・

心理的な理由に加え、前項で述べたような「暗黙知の伝達が困難」という課題を多くの人々が感覚的に持っているためである。それにより、それぞれの業界や業種、組織において、最適解を探す議論およびコンフリクトが今後本格化することが予想される。

そのコンフリクトの中で、多くの組織はオフィス回帰と遠隔での業務遂行、あるいはその中間の選択を迫られることになるだろう。そして、コロナ禍以前の価値観に戻り、オフィス回帰を選択する組織もあるだろうが、現状の遠隔での業務遂行上の課題を克服し、物理的・言語的な制約から解放された今までにない「ワーク・コラボレーション環境」を作りあげる組織も出てくるだろう。そうなった場合、組織内により多くの多様性を持ち、ＳＥＣＩモデルのような知識創造プロセスをうまく回していけるのは、どういった組織だろうか。著者は、遠隔での業務遂行の是非を問う選択は、単なるポストコロナにおける組織運営判断ではなく、その組織の将来の「ワーク・コラボレーション環境」、ひいてはその組織の未来の競争力を占うものになるのではないかと考えている。

私たちを取り巻く「ワーク・コラボレーション環境」は、コロナ禍において一気に大きな変化を迎えた。ポストコロナにおいても、我々は最適な働き方を模索し続けることになるだろう。現状の問題点を把握し、また将来的な変化を見据えた上で、いかにイノベーションを起こせるような「ワーク・コラボレーション環境」を構築していくかが問われているのである。

参考文献

厚生労働省（２０２１）『令和２年版厚生労働白書』。

厚生労働省（２０２２）『令和３年版厚生労働白書』。

総務省（２０２２）『令和３年版情報通信白書』。

内閣府（２０２２）『高齢社会白書』。

野竹章良（２０２１）「20年後の働き方 未来のワーク・ライフスタイルを考える」『イノベーションの未来予想図――専門家40名が提案する20年後の社会――』創成社、２３１－２３８頁。

Nonaka, I.（1994）"A Dynamic Theory of Organizational Knowledge Creation", *Organization Science*, Vol.5, pp.14-37.

第3節　消費環境の未来図

国士舘大学准教授　柴田　怜

1　変わる、消費の価値観

名目ＧＤＰに占める家計消費の割合は50％台を推移しており、依然として経済活動における大きなウェイトを占めている。しかし２０００年以降、賃金減少や社会保険料の負担増加などにより可処分所得は減少の一途をたどっており、今後の消費への影響は回避できない状態にある。このような時代背景の下で近年、リセールを前提とした購買が注目されている。リセールバリューを意識したこの行為は、従来型の消費価値とは一線を画す。これは従来、製品を所有することが美徳であったが、先般、製品を利用することに価値観がシフトしつつある表れである。この新しい消費の概念に対して、一定の年代以上は違和感を覚えるかもしれない。だが、ミレニアル世代やZ世代と称される若年層を中心とした世代には、比較的馴染みのある概念として受け入れられている。それは失われた30年と称される低迷時代に誕生し、成長や発展の恩恵を目の当たりにせず生活を営んできた世代特有の価値観が形成されたことにも起因している。ファストファッションや一点豪華主義、ミニマリストが大衆に受け入れられたことが、成長路線を知らない若年層にコストパフォーマンス志向を根付かせた。また必要な時に契約を交わし、不要になれば解約するサブスクリプションの浸透も影響しているのかもしれない。いずれにせよ世間一般が想定している以上に若年層は合理的かつ打算的であり、経済学が想定する合理的な経済人（ホモ・エコノミクス）を部分的に体現化しているように思われる。

このような価値観の変化、すなわち所有から利用への変化は、リキッド消費という概念により注目されている。F・バーディー、G・エッカートは、その特徴として①短命性、②アクセスベース、③脱物質を挙げている。まず短命性については、限定的な関係の下で選好される消費や、技術進歩による製品のライフサイクルなど、財を所有することに対する価値が短命化しつつある。次にアクセスベースについては、市場仲介者が介入できるが所有権は移転しない取り引きであり、先般注目を集めているシェアリングエコノミーがこれに該当する。そして脱物質については、わずかな物質で通常用いた場合と同等の価値や機能を得ることである。たとえば一般的な財（非情報財）とデジタル化された財（情報財）を音源の複写に当てはめると、レコードからCDを経て昨今のデジタル配信が挙げられる。

2　リキッド消費のインパクト

リキッド消費の3つの特徴は、所有から保有を重視する時代の消費を後押しするものであり、価値観が多様化した現代社会とそれを支えるICTに馴染むことが興味深い。

現代社会における流行の周期は、スマートフォンやSNSによる情報の拡散により、広く一般的に周知されるため、短期間の入れ替わりが激しい。たとえば、ある特定のコミュニティが形成されたとき、その中で必要なモノはドレスコードのごとく扱われるため高い価値がつく。ところが当該コミュニティを外れるとそのモノは不要となり、仮に他のコミュニティには馴染まない場合、所有する価値は著しく低下する。この時それを第三者に譲渡することで、そのモノの価値を損なわせず、かつ利用者の便益を最大化することに寄与することができる。短命性ゆえ第三者に譲渡することを前提に取り扱うため、常に状態の保持に努める自制が働くことも望ましい取り組みである（短命性）。

つまり利用したいときに利用が可能であり所有権を伴わないことは、所有することによって生じるリスクやコストからの解放となる。これにより、従来費やしていた個人の負担を、大きく軽減することが可能となった。所有の呪縛からの自由に加えて、選択の自由も広げることに寄与する。たとえば個人の選好により、所属するコミュニティは絶えず変化する。そのため、特定のコミュニティに限定されたモノの保有は、保有後のコミュニティの移動を制限してしまう。それに対してアクセスベースの消費は、利用者の柔軟な利用を後押ししてくれる（アクセスベース）。

必要な時に必要なモノを消費することは、モノの保有にとらわれない消費の形態である。これが受け入れられた背景には、人口の一極集中による手狭な住環境に加え、ミニマリストが一目置かれる存在となったことが挙げられる。限られた居住空間で保有できるモノは限られているため、各種サブスクリプションを併用することにより、質を落とさずに生活を営むことが可能となった。サブスクリプションに代表されるように、常に新作が更新されて支持を得る背景には、モノの保有を諦めるのではなく、必要に応じて利用したい欲求があることに他ならない（脱物質）。

このようにとらえるとモノの利用自体は短命だが、自身の次の利用者に配慮した利用と必要な時期に必要な消費をするスタイルが実装されつつある。

3　誰のために大切に利用するのか

しかしながら、多くの人は疑念を抱くかもしれない。それは各自が短期間の利用に際して次の利用者のことを考慮して利用できるのかどうか、そしてその行為は全体に何をもたらすのか、ということである。他者への配慮や気配りは聞こえの良い言葉だが、実際の公共性の高い施設や空間の汚れや散乱は、目を覆いたくなる場面も珍しくはない。ところが脱物質の下で展開される各種シェアリングサービスによるモノの利用は、自浄作用が働きやすい。つまり他者への配慮を含む自身の利用が暗黙知とされている。シェアリングサービスの利用に際して、自身のみが雑に扱う可能性は低いはずである。それは同様に扱う利用者が存在すると仮定すれば、雑な扱いを受けた製品は巡り回って自身のもとに届く可能性があるためだ。

また、雑に扱うことで過度に修繕費が必要となり、それが利用料金に転嫁されれば、次回以降、自身が利用する際にその分の費用を含めて支払わなければならない。さらに雑に利用することにより、低い評価が下されて、次回以降の利用制限や罰則を受ける可能性も否めない。仮に一度だけと割り切っていても、決して採算性の良い行動とは言えない。このように表向きは他者のためのように見える行為も、そこに利己心があることで秩序が保たれている。そして、そこには他者への共感を通じて公益が生み出されることが期待できる。共感についてアダム・スミスは著書『道徳感情論』で次のように述べている。「人間というものをどれほど利己的とみなすとしても、なおその生まれ持った性質の中には他の人のことを心に懸けずにはいられない何らかの働きがあり、他人の幸福を目にする快さ以外に何も得るものがなくとも、その人たちの幸福を自分にとってなくてはならないと感じさせる。他人の不幸を目にしたり、状況を生々しく聞き知ったりしたときに感じる憐憫や同情も、同じ種類のものである。」そして共感の程度を親しい関係からそうでない関係まで概観した時、後者の関係ほど自制しなければならないとしている。市場には多数の利用者が存在しており、その間柄は十中八九親しい関係とは言い難い。そのため、そこに共感の自制が働き、前述した費用負担の増大や低評価に対する危惧も作用して、自浄作用が機能する。モノを大切に利用する原点は、昨今のトレンドであるＳＤＧｓへの達成にも寄与するものとして期待することができる。たとえばラグジュアリーバッグを扱うシェアリングサービス・Ｌａｘｕｓ（https://laxus.co/）は、良質な製品を継続的に貸し出す必要があり、そのための補修は必然となる。ただし、熟練工であっても補修の回数が増えれば製品を痛めてしまうため、その回数を抑制したい考えを持っている。一方、利用者は良質な製品の利用を継続的に望んでいるため、できるだけ負担の少ない利用を心掛けている。これは結果として補修を行う者の感情をくみ取ったことに併せて、自身を含めた利用者全体の便益を意図した行為となる。

4　ＳＤＧｓを達成する新しい消費へ

２０１５年に国連で採択されたＳＤＧｓは、持続可能な発展を目的とした17の目標で構成されている。このうち消費に関わる目標としては＃12「つくる責任　つかう責任」が馴染みやすい。また、岸田文雄内閣の掲げる新しい資本主義の下で示された骨太の方針では、内外の環境変化への対応の一環として、国民生活の安全・安心のために食品ロスをはじめとする消費政策の推進を提示している。これらの政策の根底には、これまでの経済成長において前提とされた大量生産、大量消費、大量廃棄が大きく揺らいでいることが影響している。すなわち今後、世界人口が増加する時代において従来通りの方法では、持続可能な発展は困難であることを示唆している。前述のリキッド消費やシェアリングエコノミーの台頭は、そのような時代に馴染みやすく、その成果は各方面で現れ始めている。たとえば現代人のモノへの愛着について、久保田（2020）は「アクセスやモビリティを提供する製品やブランドに対して、より強い愛着を抱くようになる。」と述べている。これに示されるように、いかに使えるかに重点が置かれたことは、無駄を嫌う現代人の消費の特徴であり、SDGs #12の目標にある消費者の責務を果たすことに通じる。これにより、実際の利益・効用を求める「実利志向的な消費」を個人に促す余地がある。なぜならば、実際にSDGsに取り組む主体を規模別に概観すると、大企業ほど積極的に取り組む一方、日本の全企業の約99%を占める小規模企業・中小企業の取り組みは低い。そのため個人、すなわち一消費者が意識して消費することがSDGsの目標達成につながることとなる。このような意識はエシカル消費として推進されるべきであり、消費者の視点から3つの意義、すなわち、①あらかじめ定められた課題ではなく、各自がそれぞれの考えに基づいて、消費という日常的な行動をすることで、社会的課題の解決に資すること、②消費者が商品・サービスを選択する際に、安全・安心、品質、価格といった既存の尺度だけではなく、倫理的消費という第4の尺度が提供されること、③個々の消費者による具体的な行動が消費者市民社会の形成に寄与すると考えられること、が期待できるためである。

過去に日本語の「もったいない」が〝MOTTAINAI〟として注目された。古くから日本人に根付いたその精神は、モノを捨てずに大切に使うことであった。時代は移り変わったが、それは発展して現代社会に根付きつつある。持ち寄ること、捨てるくらいであれば所有せずに使う時のみ保有することがSDGs #12の目標を達成するために不可欠であることを疑わない時代を迎えたのである。さらに社会貢献は難しいと認識されていた時代も、新しい消費によりその回答を見出しつつある。シェアリングサービスを意識的に利用することは、モノの消費の無駄を削減するだけではない。希薄な人間関係による孤立が問題視される現代社会において、モノの消費を通じた消費者同士のつながりと、他者への気遣いも達成できるように思われる。それはスミスが説いたことの社会実装であり、経済学が示す市場原理の達成に通じるのかもしれない。

参考文献

久保田進彦（2020）「消費環境の変化とリキッド消費の広がり～デジタル社会におけるブランド戦略にむけた基盤的検討～」『マーケティングジャーナル』Vol.39 No.3、52－66頁、日本マーケティング学会。

消費者庁（２０１７）「「倫理的消費」調査研究会取りまとめ～あなたの消費が世界の未来を変える～」消費者庁。https://www.caa.go.jp/（閲覧日：２０２２年10月31日）
内閣府（２０２２）「経済財政運営と改革の基本方針２０２２ 新しい資本主義へ～課題解決を成長のエンジンに変え、持続可能な経済を実現～」内閣府。https://www.cao.go.jp/（閲覧日：２０２２年10月31日）
樋口一清（２０１９）『消費経済学入門～サスティナブルな社会への選択～』中央経済社。

第4節

AIリテラシーと金融リテラシーの融合する未来

松山大学教授　井草　剛

1　リテラシー概念の変化

金融リテラシー（金融や経済に関する知識や判断力）は、私たちが経済的に自立し、生きていくために欠かすことのできないものである。しかし、金融リテラシーという言葉を捉えても、その中身は時代により大きく変化している。なぜなら、金融に対して必要となるべき知識はその時々の社会状況に合わせて変化するからである。特に、未来の金融リテラシーを考える上で、ＡＩ（人工知能）の問題は避けて通れない。現代社会において、投資家は方針を決定するだけで、ロボアドバイザーが自動的に最適なポートフォリオを提案し、投資信託やＥＴＦ（上場投資信託）の買付を行うことが可能である。２０２０年代に入り、ＡＩ研究や技術開発はさらに進展し、自動運転車やネットにつながって自ら学習する家電など、まるで『アイ、ロボット』や『ナイトライダー』のような世界が現実化しつつある。これらＡＩ技術が投資に進出してきた未来は、これまで人類が考えてきた投資理論を実現、再現できるリソースが整ったと考えられる。

現在、日本人は金融リテラシーに乏しく、投資に弱いとされているが、ＡＩ技術の進展によってこの金融リテラシーの概念はまったく新しいものになるであろう。あらゆる分野において□□リテラシーという語は存在しており、中にはＡＩリテラシーという言葉も存在する。いずれこのＡＩリテラシーが金融の分野を含め、多くの□□リテラシーを包含することになるかもしれない。だとすれば、「金融のことはよくわからないけど、ＡＩリテラシーはあるから投資に強い」というような若者が増える未来が訪れるのも早いか遅いかの時間の問題であろう。

2　金融リテラシーの重要性

以上の時流に対してまず私の考えを述べておこう。ＡＩリテラシーの台頭に伴って「未来では金融リテラシーは不要になる」という主張に諸手をあげて賛成しているわけではない。金融リテラシーはＡＩ技術に限らず、経済情勢や人間心理などあらゆる知識を集約させたリテラシーである。ＡＩの背景にある未来予測のプログラミングには、少なからず経済情勢や人間心理などの明文化することが困難な対象を捉えるようにはデザインされておらず、その分野のリテラシーが要求される。そこで、本稿では、金融リテラシーの重要性を紹介するため、原油ＥＴＦ投資における筆者の失敗例を紹介したい。

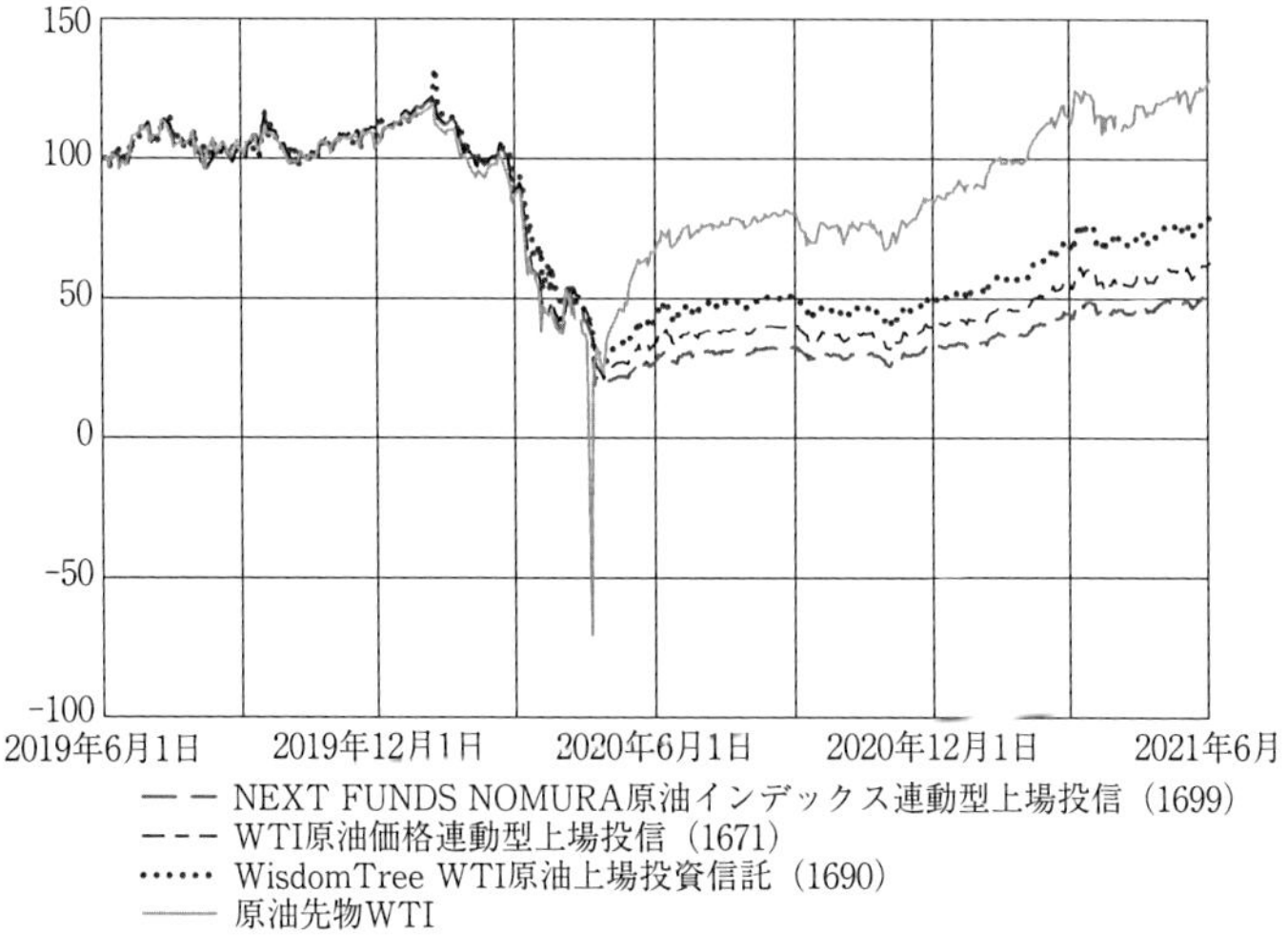

図１ WTI 原油価格と原油 ETF の比較チャート

注 1. 各価格は，2019 年 6 月 1 日を 100 として指数化。
注 2. Investing.com よりデータを取得し，筆者作成。

原油ＥＴＦの年次推移を図１に示す。図１は、国内に上場している３つの「原油ＥＴＦ」の比較チャートであるが、東京証券取引所には、NEXT FUNDS NOMURA 原油インデックス連動型上場投信（１６９９）、WisdomTree WTI 原油上場投資信託（１６９０）の２つの原油ＥＴＦが上場しており、大阪証券取引所には、ＷＴＩ原油価格連動型上場投信（１６７１）が上場している。これらのＥＴＦは、ファンドの値動きが原油価格に連動するように設計・運用されており、ベンチマーク、その形態や仕組みなどに違いがあり、そのチャートにも違いが見て取れる。

図１の中でも、原油ＥＴＦが２０２０年に大きくその株価を下落させたこと

は特筆すべきことである。この急落の要因を簡単に説明すると、まず２０２０年は新型コロナウイルス感染症の影響で、石油の需要が大幅に減少し、需要調整をうまく行うことができていない。同時に、サウジアラビアとロシアの原油価格戦争で、市場には原油が溢れ、その結果、サウジアラビアは産出した原油の大半を洋上で保管するほかなかった。世界のスーパータンカーの少なくとも10隻に１隻は、洋上の「原油保管施設」として使われ、原油を満載したまま、買い手がつかずに海上を漂うという事態に発展したのである。

また、２０２０年の原油価格急落時は、西テキサス地方で産出されるＷＴＩ原油先物価格が一時マイナスになった。大きく下落してその後急回復したその４月のパフォーマンスは（４／１～４／30）ＷＴＩ原油先物のマイナス７・２％に対して、NEXT FUNDS NOMURA 原油インデックス連動型ＥＴＦ（１６９９）はマイナス46・６％、WisdomTree WTI 原油上場ＥＴＦ（１６９０）はマイナス42％、ＷＴＩ原油価格連動型ＥＴＦ（１６７１）はマイナス39・８％となっており、原油価格が上昇している時にＷＴＩ原油価格とＥＴＦの乖離が大きくなっている。先高観が強ければ強いほど、原油先物はコンタンゴ（期日が遠い先物価格の方が、期日が近い先物価格よりも価格が高い）になりやすく、原油先物価格が上昇に転じても単純には指標の上昇に追随できず、大物個人投資家や東証までが注意喚起をする事態に発展した。

これほどまでに原油価格が短期間で下落したケースは、グローバル化やインターネットが普及してからは初めてであろう。当然、この変化をＡＩは予測することができなかった。ＡＩ

は過去の事例をベースに未来を予測することに長けるが、過去に例のない事例については予測の不確実性が大きく増し、ＡＩリテラシーのみに頼って投資を行っていた人であれば、おそらくはこの損失を避けられないであろう。実際に筆者も、この投資において失敗を経験した。

一方で、金融リテラシーを深く備えた人であれば、この損失は回避できたはずである。この原油ＥＴＦはいわゆる先物型ＥＴＦにあたるが、この時はコンタンゴの状態にあった。先物型ＥＴＦのような先物には決済の期日が定められており、この決済までの期日が長いほど、ボラが大きくなるため、上記のような状態では、先物の時間的な価値が増大し、その結果、先物価格が高くなる。また、原油は劣化しやすい、保管コストがかかるなどの理由から、コンタンゴになりやすい。そして、先物型ＥＴＦの運用者は、期日が近い先物を売り、期日が遠い先物を買うこと（ロールオーバー）を繰り返す。特に原油ＥＴＦはコンタンゴにより期日が遠い先物の方が高いことが多いため、「安く売って高く買い直す」を繰り返すことから、時間が経てば経つほど、先物型ＥＴＦの価格が減価していく。そのため、投資しているＥＴＦや投資信託のパフォーマンスは、実際のＷＴＩ原油先物の動きに比べて悪くなるのである。

3　ＡＩと金融リテラシーの未来

ここまで、原油ＥＴＦは金融リテラシーが大きく試される商品であったことを説明した。

ＡＩ技術が進展する未来、原油ＥＴＦのように複雑な商品であっても、その商品を理解して投資の判断や売買をすべてＡＩで自動化し利益を生み出す、そんな日が来るのかもしれない。仮にそのようなマシーンが開発されても、金融リテラシーの必要性がなくなるわけではない。複雑な計算を行うのはＡＩであっても、そのプログラミングを組むのは人間である以上、金融リテラシーは形を変えて存続する。そして、金融リテラシーがＡＩリテラシーと融合していく過程において、これまでは見過ごされてきた多くの株価などの変動要因を人々は発見するかもしれない。

金融庁は、国民の将来のお金の不安を解消するために、長期にわたる投資を推奨している。しかし、多くの人が投資の手法等を理解できていないことから、投資はギャンブルといった思い込みがあることにより、多くの人が資産を増やせずにいる。どちらか一方のみでは、不確定要素の大きい投資判断になる可能性があるが、ＡＩリテラシーと金融リテラシーの融合は、これまで投資に悩んできた日本人を幸福な方向に導く可能性があるのではないだろうか。

参考文献

阿部信太郎・山岡道男・淺野忠克（２０１６）「高校生・大学生の経済リテラシーの分析と課題」『経済教育』35：90－94頁。

第2章　地方創生と文化交流

第1節　「引っ越さなくていい」社会へ向けて

京都大学大学院准教授　川端祐一郎

1　東京に移動し続ける人口

東京、千葉、神奈川、埼玉の1都3県には、日本の人口の約30％が居住している。日本以外のG7諸国をみると、最大都市圏への人口集中は数％から十数％にとどまっているので、日本における東京一極集中はかなり甚だしいものといえる。第2次大戦直後は日本の集中度もこれらの諸国と大差ないものであったが、日本だけが過去70年にわたりどんどん集中化を進めて、例外的な水準に到達してしまった。

戦前にはこれほど集中化していたわけではなかったが、戦後の高度成長期以降に東京集中が一気に進展した。まず1950年代から60年代には、急速な工業化に伴って、地方から東京・名古屋・大阪の三大都市圏への大きな人口移動が生じた。そして1970年代以降は、農村・漁村から大都市への人口移動が一段落し、田中角栄などが主導した地方への投資の活発化もあって速度が鈍化するものの、集中化そのものは緩やかに続き、特にバブル期以降は国内の大都市圏の中でも東京の「一人勝ち」が進んでいる。

高度成長期の三大都市圏集中は、地方から大都市への若い労働力人口の流出を意味した。当初は機械化やインフラ整備等による第一次産業の生産性上昇も伴っていたので、この労働力移動は経済成長のための人口の最適配分という観点から望ましい変化だった面もある。しかし地方からの若い人口の流出は、結果的には、第一次産業の担い手の不足や、地方経済の決定的な衰退を招くこととなった。東京の過密化も問題ではあるが、地方の過疎化はそれ以上に深刻な問題なのである。

日本全体での人口移動は1970年頃にピークとなって、その後減り続けてはいる。都道府県をまたぐ転居も、都道府県内での転居も、ピーク時は人口10万人あたり年間4、000人程度存在したが、現在では半減した。かつてのような農業から商工業への大規模な産業転換が存在せず、少子高齢化で進学や就職をする若者が減少したためだが、それでも人口移動自体は継続し、東京一極集中も緩やかにではあるが進む一方である。

転居をするのは、今も昔も、20代から30代にかけての若者が多い。高校を卒業する18歳で大きく増え、22歳でピークになることから、進学と就職に伴う移動が中心であることがわかる。東京が人口流入において一人勝ちを続けているということは、就学や就業の機会が東京に偏在しており、他地域の若者は否応なしに転居せざるを得ないのであろう。

2 移動したくない若者たち

ところで、2000年以降に行われたさまざまな調査の結果をみると、かつてのように若者が「都会への進出」に憧れるわけではなくなってきており、むしろ、本音では地元に留まって生活を続けたいと考える若者が増えているようである。しかし、地元に魅力的な進学先や就職先がないために、都市部への転居を強いられるケースが多いのだ。

一例として、2011年に福井県若狭町の子供と若者2,333名を対象に行われたアンケートの結果をみると、「地元に住み続けたい」と思う割合は小学5年生で約6割、これが年齢とともに減少して高校1年で約3割となるのだが、興味深いことに高校を卒業した学生や社会人の年齢になると、約6割に戻る。中学生の間は「都会への憧れ」が地元脱出志向につながっているのに対し、高校生になるとそうした傾向は弱まっていく。「都会に出て地元よりも良い学歴や職業を得よう」と考える上昇志向の生徒も、昔に比べて少ないようだ。ただ、地元に残りたいと答える人が6割存在するのに対し、実際には6割が地元外に進学・就職する。特に、進学する学力や意欲がある人は近隣に選択肢が少なく、ほぼ全員が地元を離れざるを得ないのが現状である。

社会学者の土井隆義は、若者の「地元志向」の高まりについて以下のように述べている。

「かつての常識からすれば、若者というものは、地元でのしきたりやしがらみを嫌悪し、その桎梏から逃れようともがく存在だったはずである。だから、鬱陶しい地元の人間関係を完全にリセットしてしまおうと、都会へ旅立つ若者も多かったし、そのような人間関係の軋轢のなかで、いわば葛藤の発露として起こされる犯罪も珍しくはなかった。ところが昨今では、そのメンタリティがまるで正反対のベクトルを示すようになっている。」

そしていまや、「地元のしがらみ」よりも「地元の喪失」のほうが深刻な問題になっていると土井は言う。2008年に東京の秋葉原で、25歳の青年が通行人25人を無差別に殺傷する事件が起きた。派遣労働の苦しみやネット掲示板で味わった孤独などが原因であると言われたが、それだけではなく彼には「地元」への強いこだわりがあった。地元コミュニティとのつながりを喪失したことが、彼のアイデンティティを大きく揺さぶったのである。

意に反して地元を離れることの心身への影響は、想像以上に大きい可能性がある。アメリカの例になるが、90年代から2000年代にかけて、調査開始時点で20歳から75歳であった市民7、108名に対し10年の期間をあけて行ったパネル調査データを分析した研究があり、子供の頃に転居している回数が多いほど幸福度が低下することが明らかになっている。ちなみに、その影響があるのは内向的な性格を持つ人の場合である。外向的な人は、転居回数が多くても新たな人間関係を構築するのが比較的容易で、悪影響が出にくいようだ。また、内向的な人は、転居回数が多ければ多いほど、調査期間の10年のあいだに死亡している確率が高かった。報告されている数値から大雑把に推測すると、最も内向的な人から数えて3割～4割程度の人は、子供の頃の転居回数が増えるほど幸福感が低下し、そればかりか寿命すら短くなる可能性がある。

3　「移動からの自由」による充実

地元志向の若者が増え、意に反した転居は心身に悪影響を及ぼすというのであれば、我々は「引っ越しをしなくても生きていけるような社会を目指す」という長期目標を持ってもよいのではないだろうか。この「引っ越しをしなくていい」という目標は、地味なようで、強力な社会変革の契機となる可能性を持っており、今後の国土や都市デザインにさまざまなアイディアをもたらすだろうと私は思っている。

近代国家は、国内においては大幅な移動の自由を認めることで、労働力の柔軟な配置と都市への集積を可能にし、そのことが経済発展の原動力の1つとなった。また、日本でも

1980年代頃までは、地元の理不尽な「しがらみ」から抜け出して都会へ移住することが、自由や解放の象徴であり憧れの対象でもあって、歌謡曲などでもそうした価値観がたびたび唄われてきた。しかし社会が成熟段階を迎えるにつれて、「地元の喪失」という問題が新たに浮上した。特に、優秀な若者にとっては、「地元で自分の能力に見合った職に就く」という選択肢が少なく、大きな不自由を強いられていると言える。

ヒト・モノ・カネが活発に流動し、絶えず変化が生み出されることを好む人もいる一方で、余計な変化が起きず、慣れ親しんだものとともに暮らすことによってこそ真の充実が得られるという人もいる。そして現代の社会で増えているのはどうやら後者のようだ。

物流の世界では、「モノをなるべく動かさずに済むのが究極の物流である」と言われる。モノの生産や保管の場所とタイミングが最適化されていれば、それを動かす必要性はどんどん小さくなる。物流とはモノを運ぶことであるから逆説的なのだが、移動がなるべく少なくなるように計画を立てることこそが、真の意味ですぐれた物流なのである。

「転居」「転勤」「出張」なども本来はそうで、活発な移動が可能になることよりも、むしろその必要性が最小化された世界こそが効率的だと言える。地元に愛着があるのに職業的成功を目指して上京しなければならないのは、本来は、宅配便の再配達に似た「無駄」と捉えるべきなのだ。「移動の自由」を制限する必要はないにしても、「移動からの自由」が幸福の源であり得るという発想を、都市計画の基本に据えるのである。

4 「引っ越さなくていい社会」の効用

各地域に十分な教育や雇用の機会が確保され、多くの人が地元に長く定住して暮らすようになると、何がどう変わるだろうか。先ほど述べたように、人口の3〜4割程度を占める内向的な人々においては、転居を繰り返すことで幸福感が低下し、寿命まで短くなる可能性がある。逆に言えば、そうした人々にとって、定住が可能になることは直接的に心身の健康につながるということでもある。

多くの人が地元に定住するようになると、子育ての手間も大幅に減るだろう。まず人口の分散化によって保育園の確保がしやすくなる上に（現在、待機児童が多いのは大都市圏である）、夫婦が「地元」に住んでいれば、夫婦の両親や親戚の手も借りやすい。保育園や児童館へ子供を迎えにいくのに「じじばば」の助けがあるだけでも、若い夫婦にとっては「仕事」と「生活」の両立がはるかにしやすくなる。

地域住民同士の交流や信頼のネットワークは、社会学や政治学で「社会関係資本（ソーシャル・キャピタル）」と呼ばれているが、これが充実していると、その地域の政治・行政のパフォーマンスも経済活動の効率性も向上することが知られている。人々の間の信頼関係が、さまざまな場面でコミュニケーションコストや取り引きコストを引き下げ、またコミュニティに対する貢献の意志を高めるからだが、これも定住型社会に期待できるポジティブな帰結の1つである。

地元で生活すると、折に触れて「懐かしいもの」と出会い、昔を思い出すようになる。じつはこれも、住民の幸福感につながる可能性がある。最近行われた心理学の実験研究で、毎日5分から10分程度「懐かしい出来事」を想起するだけで、主観的な幸福感が大幅に上昇することが報告されている。地元に住み続けていると、自分の子供時代の出来事を思い出したり、昔からある店を訪れたり、幼馴染に出会ったりする機会も必然的に多くなるが、それらは幸福感をもたらす重要な源泉なのだ。

最近の若い人は昭和的な「近所付き合い」を鬱陶しいと感じる傾向があり、過度な定住化は「面倒なしがらみ」のような弊害を伴う可能性もある。ただ、たとえば2008年の内閣府の調査によると、日頃のストレスの要因として「近所付き合い」を挙げる人は7・6%しかおらず、「収入や家計に関すること」の39・9%、「職場や学校における人間関係」の34・4%、「家族関係」の21・8%などと比べてはるかに少ない。近所付き合いに対する忌避感は、案外大きいものではないのかもしれない。

5 まずは政策思想の転換から

ただし、この社会から引っ越しをなくすのは簡単なことではない。すべてをなくすのはもちろん不可能で、「本人の意に反する引っ越しを半減させる」というぐらいの目標を掲げるのが現実的だと思われるが、それだけでも相当な長期間を要すると考えるべきだ。

まずそもそも、一定程度は、東京圏から地方部への人口の逆流を促進する必要がある。東京一極集中状態のまま東京圏の定住者が増えたのでは災害等への脆弱性が問題となり、また人口の分散化を進めないことには地方に定住可能な経済圏を作ることもできないからだ。各地域が経済圏としてある程度自立できる環境を整備した上で、新たに無駄な引っ越しを発生させないよう、国土開発、都市計画、社会政策の基本原則に枠をはめていくという手順になる。

一番難しいのは、雇用の確保だろう。各地域において職業の多様性が確保されるとともに、高学歴層にとって魅力のある雇用が地方部にもなくてはならない。これについては現時点で妙策があるわけではなく、大企業における（リモートワーク等も活用した）本社機能の分散化を誘導したり、公務員の雇用を増やしたりすることなど、少しずつ努力を積み重ねるしかない。

まずは政策の基本理念を転換することが重要で、その上で創意工夫を促すのがよいかもしれない。戦後のヨーロッパでは、農業生産性の低い地域に農家として定住することが「権利」として認められるという政策思想の転換が生じた。もともとヨーロッパ諸国政府の農業支援政策は、食糧の生産性向上と安定供給、農業従事者の所得増加、市場価格の安定などを目的としていたが、1970年代頃からは、山岳・丘陵部など生産性の点で条件が不利な地域の農家への補償政策が増えていった。生産効率が悪く市場競争力を持ちにくい地域であっても、そこに住み続けて農業を営むことが可能となるように、各国政府やEUは価格の支持や所得の補償に力を入れ、また医療や教育などに公平にアクセスできるようインフラ整備を進めている。ポイントは、これらは生産性向上のための支援ではなく、むしろ、低効率で生産を続けることを「権利」として認める思想に基づいているということである。

失業の概念も拡張する必要があるかもしれない。今のところ失業とは、「働く意思があるのに仕事に就けない状態」、つまりいわゆる「非自発的失業」の状態にあることを意味するものとされている。しかし本来、たとえば「満足のいく給料をもらえていない労働者」や「やりたい仕事に就いていない労働者」などは、準失業状態にあるとも言える。それと同じ意味で、「生まれ育った町で働くことができない」のも、「生まれ育った町に自分の能力に見合った職がない」のも、一種の準失業状態と捉えるべきではないか。

70年かけて進んだ東京集中を反転させるのだから、「引っ越さなくていい社会」の実現にも、数十年にわたる努力が必要になるだろう。しかし時間がかかるとしても、真に充実した成熟社会を迎えるために、取り組み甲斐のある目標であると私は信じている。

参考文献

土井隆義（２０１０）「地方の空洞化と若者の地元志向：フラット化する日常空間のアイロニー」『社会学ジャーナル』（筑波大学社会学研究室）、35、97－１０８頁。

西出　崇（２０１６）「地方部における若年層の居住地選択志向に対する都会イメージおよび価値観の影響」『政策科学』23（４）、１５９－１７７頁。

平子真里絵・川口　潤（２０１７）「なつかしい出来事の反復想起がもたらす心理的効果―主観的幸福感の向上およびその持続」『日本認知心理学会発表論文集』15、16頁。

Oishi, S. & Schimmack, U.（2010）"Residential mobility, well-being, and mortality", *Journal of personality and social psychology*, 98（6）, pp.980-994.

第2節

ハイブリッドワーク環境の未来図

慶應義塾大学客員研究員　庵原　悠

1　コロナ禍を経て、ホワイトワーカーはどこで働く？

２０２０年に突如としてやってきた新型コロナウイルス感染症（COVID-19）の感染拡大により、私たちの働き方には大きな変化が訪れた。多くの人が在宅勤務を経験し、オフィスに出社せずに働くリモートワークを実践する人が増え、オフィスや在宅、あるいはシェアオフィス、コワーキングスペース、駅構内などのテレワークブースといった新たな働く場所を組み合わせて利用しながら働くハイブリッドワークも急速に定着し始めている。

振り返ると、ＩＴを活用した、場所と時間にとらわれない柔軟な働き方として提唱されたテレワークの歴史は古い。日本においては、一般社団法人日本テレワーク協会が１９９１年に任意団体（旧名は日本サテライトオフィス協会）として設立され、普及啓蒙を継続してきたが、コロナ禍に入るまでテレワークの普及が進んでいたとは言い難い。２０１７年に行われた国土交通省のテレワーク人口実態調査によると、「テレワーク制度等に基づく雇用型テレワーカー」の割合はわずか9・0%だった。それがいま、コロナ禍という外的要因によって半強制的にテレワークの実施が余儀なくされ、企業も多様な働き方を受け入れる変革の対応に追われている。また、コロナ禍に限らず、莫大な経済損失のリスクを抱えるデジタルトランスフォーメーションへの対応や、就労人口減を見越した従業員の確保、人事戦略など、企業は変革に対応しなければならない理由を多く抱えており、日本においてもいよいよ場所と時間にとらわれない柔軟な働き方が本格的に普及されようとしているのである。

コロナ禍を経て、場所と時間を自由に選択しながら働くことのできる時代に突入しようとしている中で、ホワイトワーカーたちは、いったいどこで働くことを選択するのだろうか。オフィスやオフィス以外の場所も含めた選択可能な場所を「ハイブリッドワーク環境」と定義し、その未来像について考えていく。

2 大都市部の可能性

東京都の発表によると、東京都の人口推移は2025年の1、398万人をピークに減少に転じ、2060年には1、173万人になると見込まれている。一方で、東京都の人口割合は2015年で10・1%だったのに対して、2035年には11・4%と、1・3ポイントも増加すると予測されており、東京の人口一極集中化はいっそう加速すると見られている。

東京における再開発計画も2035年頃までを目標とした大規模な計画が数多く発表されており、老朽オフィスビルの新陳代謝と同時に、新たな働く場が用意されようとしているのである。ただ、これらの新しく建てられるオフィスビルがこれまでと同様のオフィスビルになろうとしているかと言われると、そうとは言えない。オフィスビルの開発現場においても、旧来の働き方ではなく、これからの働き方を前提としたサービス提供やニーズへの対応が求められ始めているのである。

多くの企業はコロナ禍以降に経験したオフィスと在宅などを併用するハイブリッドワークを、有事の対応策としてではなく選択可能な働き方の1つとすることを前提に、自社オフィスの在り方の見直しを行い始めている。在宅ワークによって稼働率が減ったオフィスには、ワーカーのための席数は従来ほど必要とならず、企業は必要な席数や機能を確保したうえでオフィス面積を減らす施策を取り、同時にそれによって浮いた賃料を新たな財源として、働きやすさの向上を狙った施策にまわすことを計画している。とくに着目されているのが、シェアオフィスやコワーキングスペースサービスの利用である。家族を抱え、在宅では集中して作業することが難しいなど、家の就労環境が整っていないワーカーにとっては、在宅ワークは必ずしも好ましいものではなく、オフィスと在宅だけではハイブリッドワークが成立しづらいワーカーが一定数存在していることは、さまざまな調査から発表されている。そこで、第3の働く場所として首都圏のターミナル駅を中心に多くのサテライトオフィスを抱え、それらを自由に利用することを可能にするコワーキングスペースサービスを利用する企業が増えているのである。企業が働く場所の選択肢を増やす方向に変革を図る中で、オフィスビル開発もそのニーズに応えるように、コワーキングスペースサービスをビル内に誘致したり、ビル入居企業が共用できるワークスペースや貸会議室、ラウンジなどの提供を企画し、場づくりしたりするケースもまた増加しているのである。

いまからさらに20年後を想像すると、それらの多様な働く場所を選択し利用する働き方のモデルが一般化されたうえで、さらに変化が起きていると考えられるが、どういったポイントが重要となるだろうか。筆者が考えるポイントは、「人が集まることそのものの価値を最大化すること」である。いつでも、どこでも働くことができるからこそ、わざわざその場を利用する、オフィスに出社する意味が問われ始め、いかに人が集まる意味や価値を高めるかを考える環境づくりがいっそう進むのではないだろうか。たとえば、オフィスに出社した際に、さまざまな人と出会い、新しい気づきや情報を得たり、特別な機材でコラボレーションを行ったり、価値創造を達成していく。あるいは、働くことだけに留まらず、自身の心身の健康を整えたり、所属する企業とは違うコミュニティに関わったり、その中で自身のＱＯＬ（クオリティ・オブ・ライフ）を高めるような学びを得たり、個人の生活向上に関わることも求められてくるのではないだろうか。オフィスの中に留まらず、徒歩圏内の周辺の施設や店なども含めて、その働く場を利用する導線上やその導線の近辺で得られる多種多様な経験価値づくりが重要になるだろう。ビルの外も含めてオフィスビルや複合施設を1つのまちとして捉えた新たな経済圏づくりがいっそう活性化し、企業やワーカーはそれらを比較評価し、選ぶことになるのではないだろうか。

3　地方都市の可能性

2022年1月、岸田総理大臣による年頭記者会見において「デジタル田園都市国家構想」の実現に関する決意表明がなされた。人口減少に則して進む東京都の過密化と地方の過疎化は、日本の社会に深刻な影響をもたらすことが予測されている中で、地方を活性化し、日本全体の活力維持をはかる地方創生もまた喫緊の課題である。地方創生に向けた内閣府による施策の1つに、「地方テレワーク」という事業がある。地方のサテライトオフィスを増やし、会社を辞めずに地方に移り住む「転職なき移住」、ワーケーションなどによる「関係人口の増加」、東京圏企業による「地方サテライトオフィスの設置」などによって、地方の活性化を促そうとしているのである。デジタル田園都市国家構想に伴う5GなどのICTインフラ整備事業も伴って、地方都市におけるサテライトオフィスづくりやデータセンター、コールセンターづくりは加速することが予想されるが、すでにそうしたことが起き始めている代表例としてあげられるのが、徳島県神山町である。町に訪れた人が誰でも使えるコワーキングスペースが存在することをはじめ、名刺管理サービスを提供するSansan株式会社が2010年にサテライトオフィスを開設するなど、さまざまな企業がサテライトオフィスを現地に開設し、多様なワーカーを受け入れている。また、2019年にはSansanの創業者が発起人となり、私立の高等専門学校の設立が発表され、2023年4月に開校するなど、前述したような、働くことに限らず個人の生活も含めて質の高い経験価値を提供できる、新たな経済圏づくりがまさに行われているのである。神山町と同様に、大企業の地方進出というダイナミックな転機が今後増加していくかどうかは未知数ではあるが、同様の成功を目指し取り組みを加速させる自治体が増えていることは間違いなく、こうした流れの中で地方都市におけるハイブリッドワーク環境が充実され始めようとしているのである。

今後の地方でのハイブリッドワーク環境の発展を考えるにあたって欠かせないことは、「都市部から地方への人の流れ」をいかに生むか、その戦略を考えていくことだろう。筆者は、それを達成するために必要なこととして、以下の3つを考える。

- まちのリソースの集約と観光資源化
- 企業の受け入れ
- 未来に向けた課題解決、価値創造の取り組み

前述の通り、今後はいつでも、どこでも働くことができる時代となるからこそ、わざわざその場を利用する、その場に行く意味が大きく問われるようになる。そのまちに行きたくな

ると思える価値を伝え、実際に訪れた際にはその滞在期間の経験価値を最大化させられるように、受け入れ側は努めなければならない。ただでさえ大都市と比べてリソースの少ない地方都市においては、サテライトオフィスを中心に「ヒト・カネ・モノ」のリソースを集約し、必ずしも車に頼らないコンパクトな範囲での経済圏を再構築する必要がある。そして、その集約したリソースをすべて観光資源化し、「行きたい」と思える価値に変換し伝える必要もある。そのまちにある「ヒト・カネ・モノ」を最大限活用し、そのまちでの経験価値を最大化することこそが、まず行われるべきことである。そして、地方テレワークの取り組みを一時的なムーブメントではなく継続的な都市発展とするためには、地域経済の活性化を目指さなければならない。そこで必要となるのが、企業の受け入れと未来に向けた課題解決、価値創造の取り組みである。産業が少なく、限定的であることの多い地方都市において、安定的な経済活性化に直結する企業の受け入れを生み出していくためには、企業がサテライトオフィスを構える理由となる価値がそこに存在しなければならない。未来に向けた課題解決や価値創造の取り組みは、まさにその価値になり得るのではないだろうか。地価や人件費などが安く、社会課題に直面している地方都市だからこそ、テーマによっては大都市よりもそれらの取り組みを行いやすい環境を有しているケースはあり得ると筆者は考える。そのような取り組みから地域経済を活性化していき、まち全体で新たな経済圏づくり、価値づくりを行うことが、企業やワーカーに選ばれ、訪れに来てもらう理由になっていくのではないだろうか。

4　多様化はともすると分断、より重要性が増すウィークタイとストロングタイ

働き方が多様化し、その受け入れを前提とした環境が整っていくことが予測される一方で、既存モデルの働き方や働く環境が一切無くなることは考えづらい。たとえば、工場のような生産現場や工事現場などは、リモート化することが困難な作業領域が存在するし、局所集中し、効率的にコミュニケーションを取ることが求められる仕事も永続的に存在し得るだろう。それらも含めて働き方が多様化するということは、異なる働き方をする人たち同士での価値観の違いが、新たな分断を引き起こす可能性を否定できない。いままで以上に企業の中や社会の中で一体感を持つことが難しくなる可能性があるのだ。オフィスは働く場所であるだけでなく、所属するワーカーや関係者の帰属意識をつなぎ合わせ、一体感を高める機能も有していた。ハイブリッドワークが普及していく中で、帰属意識や一体感の醸成に向けた課題はより大きくなっていくと考えられ、その新たな課題がハイブリッドワークの普及の妨げとなる可能性も考えられる。

そうした課題も解消しながら、日本社会全体がこれからの社会課題を乗り越えられる働き方に向かうにはどうしたらよいのだろうか。筆者は「ウィークタイ」と「ストロングタイ」

の考え方が重要になってくると考える。「ウィークタイ」とは、アメリカの社会学研究者であるマーク・グラノヴェッターが、1973年に発表した考え方で、「自分とは離れた環境に過ごす、稀にしか会うことのないゆるやかな」人間関係を示す。ウィークタイとの接触は、これまでには得られなかった新奇な情報へアクセスし、新しいアイデアの発生をもたらしてくれるだけでなく、ウィークタイを複数つなぎあうことで「ストロングタイ（強い人間関係）」を作ることができるとされている。これからの社会、つまりいつでもどこでも働くことを選択できるハイブリッドワーク環境においては、同じ企業に所属する社員同士であっても、それはもはやウィークタイの関係であると言える。むしろその関係性を前提としたコミュニケーションやコミュニティの在り方を考え、支援することが重要になってくるのではないだろうか。いま現在、大都市部を中心に普及が進むコワーキングスペースサービスは、個人で利用するワークスペースとしての機能のみが備えられているケースが多い。しかし、今後のコワーキングスペースサービスは、ウィークタイを重視し、適度なコミュニケーション支援や利用者コミュニティを備えることが求められるのではないだろうか。また、「ストロングタイ」の重要性も高まると考えている。情報過多が進み、フェイクニュースなどの誤情報も増加の一途をたどる中で、信頼性のある情報筋やコミュニティは貴重な存在となっていくだろう。前述したリソースの集約の重要性も含めて、改めて構築されたストロングタイのコミュニティの役割は大きくなっていくのではないだろうか。偏った情報源にとらわれないように、いくつかのウィークタイとストロングタイを課題解決の糸口として、あるいはセーフティネットとして抱えている状態が求められるのではないだろうか。

イギリスの組織論学者であるリンダ・グラットンは、著書である『ワーク・シフト』の中で、今後は関心分野を共有するコミュニティ以外にも、多様なアイデアの源となる「ビッグアイディアクラウド」、そして安らぎと活力を与えてくれる「自己再生のコミュニティ」という人的ネットワークを築く努力が必要であると述べている。本著はコロナ禍からはだいぶさかのぼる２０１１年に出版されているが、テレワークの普及の歴史を考えれば、10年前に出版された本著に記述された内容はすでに未来を予見しているかもしれない。

参考文献

国土交通省（２０１７）「テレワーク人口実態調査」２０１７年（H29年）調査結果、https://www.mlit.go.jp.（閲覧日：２０２２年６月12日）
内閣府（２０２２）「地方創生テレワーク」https://www.chisou.go.jp/chitele/index.html（閲覧日：２０２２年６月12日）
永野惣一・藤　桂（２０１６）「弱い紐帯との交流によるキャリア・リフレクションとその効果」『心理学研究』87巻５号、４６３-４７３頁。
リンダ・グラットン（２０１２）『ワーク・シフト　―孤独と貧困から自由になる働き方の未来図〈２０２５〉』（池村千秋訳）プレジデント社。
Granovetter, M. S. (1973) "The Strength of Weak Ties", *American Journal of Sociology*, 78(6), pp.1360–1380.

第3節 食のローカライズと日本のMottainai精神による ニッポン・ビーガンの可能性

明治大学客員研究員　臼井悦規

1 はじめに

日本を離れて、ドイツ・ベルリンにやってきて3年。もちろん一時帰国したい思いはあったが、残念なことに私がドイツに来てから数カ月で世界中にコロナが蔓延、ロックダウン、ウクライナとロシアの戦争により物価や航空チケットも高騰し、同時にあれこれとやることが増え、一時帰国を断念。この気持ちをアジアンマーケットで買った日本の調味料で自炊し、やり過ごすことにした。

そこらの店舗に行けば、ほとんどが中国人、韓国、ベトナム人のオーナー。ただ日本の醤油、味噌、みりんなどは割高ではあるが手に入る。中国製の醤油は味が微妙に違うがやはり安い。みりんの代わりはハチミツで代用できることを知り、なかなかアジアンマーケットに行けない場合は使用する。本来の味とは違うが、遠からず。他にも小豆の代わりにレンズ豆を煮込んだり、和風だしの素を使う代わりにビーフブイヨンを使用したり、ドイツでは安くておいしいソーセージを餃子に入れたりと、騙し騙しやればなんとかなるものだ。

私はもともとあまり料理を作るのが好きではなかった。しかし、このように長く海外に住んでいると、どうしても和食が食べたくなる。ただ、レストランで食べる和食は日本に比べれば1・5倍から2倍ほどし、割高に感じる。かつ、和食というよりは、和食風、日本風のレストランが多々存在し、それらは我々にとって少々満足できない部分がある。見た目や味は「おや？　日本人の私が知っている日本食と違うぞ」となることがあるからだ。それゆえ、私は自炊が多いが、ここでの状況や環境を考えるとそれも理解できる。

2　ローカライズが引き起こす文化誕生の可能性

これは面白い問題で、我々日本人が美味しいと思うものが必ずしも現地の人に受けるとは限らない。海外進出あるあるとしてローカライズは無視できない。また、食材も日本と同じようなものが入手できるとは限らないからだ。また入手できたとしても使用すると儲けが出ないというケースもあるだろう。

以前住んでいたインドネシアで、このような話を聞いたことがあった。日本の味からズレないように日本から必要な食材を提供し、レシピを日本から来た社長がしっかりと現地社員に伝え、オープンから数カ月は日本人社員も厨房に入っていたが、しばらくしてその日本人社員がいなくなり、月日が経つと味が変わってしまうようだ。もちろんラーメンは少なからずブレが出てしまうものではあるが。これを現地人によるローカライズと呼ぶのか、ブレと呼ぶのか、はたまた言われたことを守っていないだけなのか。日本からインドネシアという距離でも、食文化の違いも相まってこのような問題が起きてしまうのだ。ただ、これはひょっとすると新しい味への進化の途中なのかもしれない。なぜなら新しい料理はいつも異文化の狭間でできるからだ。

ドイツの地図を見ると、中央にヨーロッパ、左にアメリカ大陸、下にアフリカ大陸。右にずーっと行き、東欧を横切り、アラブ諸国を通り抜け、タイやインドを跨ぎ、巨大な中国を越えてもまだ韓国。ここでやっと海を飛び越え、ようやく日本。さすが「極東（Far East）」と言われる、地図の右端に日本が存在しているだけある。そりゃ遠い。

ヨーロッパ人にとっては日本よりも距離的にも近いタイや、インドの方が親近感がわく「アジア」なのかもしれない。それほど日本は遠いため、確かに地理的に正しく色んな情報が伝わることはなさそうなのが容易に想像できる。

このネット時代、簡単に情報が手に入りそうだと思いきや、なかなか日本語を日本語で理解してもらわないと伝えにくいし、伝わりにくい。また、それを理解する人の考え方が日本の文化や考え方をベースに話を聞いてもらうことも必要。そして異文化に対するリスペクトが肝心だろう。

海外にいる日本好きな外国人の方の庭や和服の着こなし、料理も色々と「おや?」と思う部分はあるが、彼らには少ない情報の中でも大好きな日本に近づこうとする努力と、リスペクトを感じる。どうしても近づきたい、でも何か少し違う。その状態に続く未来は、ひょっとしたら我々日本人が知っているモノとは違うだろうが、新しいものになるのではないか。

実際に日本の母の味、肉じゃがは諸説あるが、東郷平八郎がイギリス留学時に食べたビーフシチューの味が忘れられず、軍艦の調理員に「牛肉・にんじん・たまねぎ・じゃがいも」をヒントにし、作らせたようだ。イギリス人からするとまったく新しい食べ物。実際ビーフシチューを知っている私たちからしても、まったく違う料理となっている。ただ、結果はどうであろうか。料理人が少しでも近づけようとしたこの料理は、今や日本の母の味となっている。

日本には「中華料理」というジャンルがある。これは中国料理を日本人に合うようにアレンジした料理であり、日本発祥だ。中国の人からすると「おや?」と思う、似て非なる料理。またこれだけ愛されているラーメンだって、中国本土とは別の、日本独自の進化を遂げている。距離的、そして文化的にはヨーロッパよりも中国は日本に近いが、それでさえこのような本家とは違う進化を遂げる。

ドイツはどうだろうか。特にベルリンはトルコ系の移民が多く、トルコ系のレストランがたくさんある。ケバブは特にベルリンではどこにでもある。感覚的には日本でコンビニを見つけるほどに簡単だ。また土日や深夜も店舗は開いているため、それらの時間帯に閉まっているドイツ系のお店が多い中、重宝される。これもまた諸説あるが、このケバブ（正確にはドナーケバブ）は、１９７０年代にトルコから移住してきたKadir Nurmanという人がドイツに広め、今や国民食になったという。実際は彼が移住するよりも前にそのような食べ物が存在していたが、トルコで生まれ育ったトルコ人にとっては若干の違いを感じる可能性があるだろう。

また、アメリカのホットドッグは、１８９０年代にドイツからの移民がアメリカに広めた国民食。このように人々の移動は食文化を広め、またそれらが多かれ少なかれローカライズされて、新しい料理として進化していく。

3　避けては通れないグローバル化の流れ

先ほど述べた、地理的なヨーロッパと日本の距離。日本とドイツを歩くとしたら気が遠くなるような9,000㎞を超える隔たりがあるが、現在は飛行機がある。ひと昔前は海外旅行と言えばエリート会社員か、金持ちの休暇のように思えたが、今は私のような一般庶民も気楽に楽しめる。反対に海外から日本に来る人もしかり。

このコロナ禍の中、人々の移動は制限されてきたが、この先の未来を見ると、これは一時的なものであり、ますます人の行き来は増えるだろう。日本は世界的に見ても文化的に独特な上、サムライや忍者の歴史や、漫画やアニメなどのカルチャーなどがあり、四季折々の美しさも相まって、ミステリアスな国である。また北は北海道、南は沖縄とサマースポーツからウィンタースポーツまで楽しめる。国土の3分の2が森林にもかかわらず、海も近いため、何泊もすれば同じ県内でそれらどちらの自然も楽しめ、得られる食料のバリエーションも豊富。アーバンライフを楽しみたければ世界的な都市、東京だってある。ただ、それぞれの地域に根付いて暮らす外国人の数はヨーロッパに比べると少ないだろう。

ヨーロッパで暮らしていると、ドイツのベルリンということもあって色んな国の人がいる。ヨーロッパはもちろん、アフリカやアラブ諸国も多い。地理的に近い上に、アラブ諸国に関しては陸続きだからだ。もちろん容易に来られるわけではない。今まで出会った人に、モロッコから交通事故に遭いながらも松葉杖をついてここまで歩いてきた人もいれば、ガンビアから砂漠を集団で渡り、同じ車に乗っていた人が何人も厳しい暑さで亡くなる中、命からがらやってきた人も実際に会った人の中にはいた。

一方、日本はどうだろうか。大陸から離れている島国、かつ英語や外国語を話せる人がそれらの国々に比べて少ない。ゆえに外国からの移住も簡単ではない。もちろんドイツにだって英語を話せない人がいるが、スイス、オーストリア、リヒテンシュタイン、ルクセンブルク、ベルギーではドイツ語を母国語、公用語として話す人も多いため、他国への外国人としても移住が幾分かは楽である。フランスの旧植民地であった一部のアフリカ諸国では、今でもフランス語が使用されている地域もあり、それぞれの国々での移住や短期滞在のハードルは低い。それらを踏まえると日本への移住はなかなかのチャレンジとなる。

それでも日本のグローバル化は止められないであろう。一部の企業では公用語を英語にしているし、観光業に関しても、今はコロナの入国規制が撤廃され、円安となっているため非常に訪れやすいだろう。Ｇｏｏｇｌｅ翻訳や翻訳アプリの精度も上がってきているし、旅行で心底困るということもないだろうし、こちらが話を聞く意思があれば、単語とジェスチャーで案外どうにでもなる（逆に相手が迷惑そうな顔をしてくると心が折れそうになるが）。

外国人に関してはそうだが、今後ハーフやクウォーター、両親は日本人であるが海外で育ったため、日本人の家庭で生まれ育った日本人とは感覚が違う人も増えるだろう。反対に、両親は外国人であるが日本で育った日本マインドの人もいる。The Blue Hearts の「青空」という歌の歌詞に「生まれたところや 皮膚や目の色で いったい、このぼくの 何がわかるというのだろう」というのがあるが、まさにその通りだ。

4　日本国内の人々のさまざまな地域への移住がもたらす食生活の未来

移民も増えれば異文化交流も増える。日本人が海外移住すれば、学校の中に異文化のバックグラウンドのある子供、大人が溢れている。なぜならここでは自分が外国人になるのだから。

大人になった時に「私が小さい頃に東南アジアの両親を持つ子供がクラスにいた」「アフリカ系の先生から学んだ」「スポーツクラブの先生が中東出身だった」など経験があればそれらの国々に親しみを抱くだろう。

幼少期から異文化に触れ、良いイメージさえあれば、さまざまなことに寛容になる可能性を秘めている。もちろんその反対の恐れもあるが。

食事に対する意識も変わるかもしれない。私が小さい頃は、ACジャパンのCMで「もったいないお化け」というものがあり、子供たちが嫌いな食べ物を食べずに粗末にしていると、夜中にそれらの食べ物が化けて出てきて、翌日から子供たちが食べ物を残さず食べるようになるというストーリーだ。

日本人の倫理観の中には、その「もったいない」という気持ちが存在している。少し食べ物を残すことに気が引けてしまうのは私だけではないだろう。この言葉は日本発の言葉として「Ｍｏｔｔａｉｎａｉ」という英語になり、環境保護の観点から広がってきている。２００５年の国連総会ではケニアの社会活動家、Wangari Maathai さんがその言葉に感銘を受け、環境保護のスローガンとしてその言葉を紹介したくらいだ。日本人の海外移住と共にこの言葉が広がれば、ひょっとしたら世界の食品ロスを大きく救えるかもしれない。

現在、日本をはじめとする先進国では多くの食品ロスが加工段階、流通段階で起きている。それらは外観に問題があり弾かれたり、食品として店頭に並んだが、賞味期限が近いため廃棄されたりしているためだ。我々にはもったいない精神があるにも関わらず、このような問題を抱えている。なんとなく日本で暮らしていると特に意識をしないが、海外に行ったり、暮らしたりすると自分自身が日本人であることを自覚しやすく、我々の強みを考えるようになれば、この言葉を意識できるようになるだろう。

私の中で「よくもまあ再利用されていらっしゃいますね」と思える日本食材は米ぬか、酒粕、おからである。世界では日本米、日本酒、豆腐は認知されているが、それらを生産するために発生するカスはあまり知られていない。これを「もったいない」の文脈と共に世界に紹介すれば、人気になる可能性を秘めている。

ここからは私の勝手な想像であるが、ひょっとするとこれらを食べることが将来的にトレンドになり、ベジタリアンの中に「日本食で構成されたビーガン料理を食べる人」という意味で「ニッポン・ビーガン」という新しい造語が作られるかもしれない。同時多発的にそれらのグループが世界で発生し、それぞれの現地に移住した日本人が「おや？　これはビジネスになりそうだぞ」となり、料理教室やセミナーを開き、「本来はもったいないの精神から食材を選ぶことが大切であり、この教えを理解した後にその食生活を実施すべき」という教えを広げ、ニッポン・ビーガン協会が設立され、そこで発行するシールがなければ業者やスーパーはそれを謳って製造・販売できないようになり、さらに実は同時多発的に存在していた似て非なる「ニホン・ビーガン」協会と対立しはじめ、元祖 対 本家の戦いになり、勢力争いが大きくなり、オリジナル料理をお互いが量産し、いつの間にか大量に作られたその食品が廃棄されるという本末転倒の未来になるように思われたが、それぞれの協会の代表がある日、夢の中で大量に廃棄される自分たちの商品がもったいないお化けとなって出てきて、そのような夢を見た両協会の代表は初心に返り、共に食品ロスを減らす志のもと、各国の企業や政府に「日本にはＭｏｔｔａｉｎａｉという言葉があり、必要ない生産を減らし、資源や食品を再利用し、またそれらに対する尊敬の念も含まれ…」と伝えることで感銘を受けた彼らと協力関係となり、同時に一般消費者に伝えるためのキャンペーンにも協力してもらい、それが浸透することでトレンドが常識となり、「昔は食品ロスという言葉があって、多くの廃棄が…」と語る年寄りに、子供が「えっそうなの？　なんてもったいない！」という会話をする姿が海外であるかもしれない。

ヨーロッパでは２０５０年までに食品の損失と廃棄を50％削減するという目標が発表され

ている。国家規模での改善と、個人でできる小さな行動が未来へとつながるだろう。日本人の各国への移住、食文化の発展とともに、このＭｏｔｔａｉｎａｉという考えも広がればよいと強く思う。そして日本では見たことがない各国の日本食とのフュージョン料理が、いつか逆輸入されてくるのも楽しみだ。

参考文献

農林水産省「うちの郷土料理」「呉の肉じゃが 広島県」
https://www.maff.go.jp/j/keikaku/syokubunka/k_ryouri/search_menu/menu/42_20_hiroshima.html（閲覧日：２０２２年5月30日）

Culture trip, Lily Cichanowicz (2017)「A Brief History Of The Döner Kebab」
https://theculturetrip.com/europe/germany/articles/a-brief-history-of-the-doner-kebab/（閲覧日：２０２２年5月30日）

National Hot Dog & Sausage Council,「Hot Dog History」
https://www.hot-dog.org/culture/hot-dog-history#:~:text=References%20to%20dachshund%20sausages%20and,small%2C%20long%2C%20thin%20dogs.（閲覧日：２０２２年4月21日）

UNHCR The UN Refugee Agency,「Germany」
https://www.unhcr.org/germany.html（閲覧日：２０２２年3月21日）

「Japan's ancient way to save the planet」
https://www.bbc.com/travel/article/20200308-japans-ancient-way-to-save-the-planet（閲覧日：２０２２年10月23日）

Devdiscourse International Development News「Is Japanese 'Mottainai' a valid solution to today's waste management system?」
https://www.devdiscourse.com/article/science-environment/929024-is-japanese-mottainai-a-valid-solution-to-todays-waste-management-system（閲覧日：２０２２年３月21日）
Forbes「The Enormous Scale Of Global Food Waste [Infographic]」
https://www.forbes.com/sites/niallmccarthy/2021/03/05/the-enormous-scale-of-global-food-waste-infographic/?sh=144f2c4226ac（閲覧日：２０２２年３月21日）
WORLD RESOURCES INSTITUTE「10 Ways to Cut Global Food Loss and Waste」
https://www.wri.org/insights/10-ways-cut-global-food-loss-and-waste（閲覧日：２０２２年10月26日）

第4節　移住をめぐる環境の未来像

行政ジャーナリスト　佐藤大樹

1　我が国の移住をめぐる環境

新型コロナを契機として、若い層を中心に地方への移住を考える者が増えている。内閣官房まち・ひと・しごと創生本部事務局の「移住等の増加に向けた広報戦略の立案・実施のための調査事業報告書」によると、1年以内または条件が整えばすぐに移住を考えている層のうち、6割以上を20代・30代が占めている（平均は35・7歳）。それを裏付けるように、東京都では令和2年後半6カ月連続で転出超過となり、人口流出が続いている。

また、地方への移住に関連して、二地域居住の機運も高まっており、その向上を目的に、令和3年3月には「全国二地域居住等促進協議会」が設立された。約600の地方自治体をはじめ、関係省庁、関係団体が参加している。そして、場所の縛りなく働くためのコワーキングスペースへの関心も高まっており、たとえば、長野県が実施する、同県内のコワーキングスペースを数カ月間利用できる助成制度「おためしナガノ」は、令和2年度の応募者数が前年度比3倍（約170名）となった。このように、二地域居住などといった新たな生活のあり方も現れてくるなど、地方への移住は今後、我が国において確実に増えていくことが予想される。

そうした中で、移住先となる地域はそれに向けて、しっかりとした受入れ体制を整えるとともに、多くの人々から移住先として選ばれるようにするために、地域の魅力を高めていかなければならない。我が国では、全国的に高齢化・過疎化が進んでおり、どの地域も多くの人々に移住してもらうことを望んでいる。そのため、地域間で移住者の奪い合いになることから、地域の魅力を高め、他の地域より優位に立つ必要があるのである。

そうしたことから、今後、我が国では、それぞれの地域がその魅力を高めるために、創意工夫を凝らした取り組みを行っていくものと考えられる。そこで、今回は、筆者なりに考えた移住をめぐる環境の未来像を想像してみたい。

2　移住先として選ばれるための取り組み

移住をめぐる環境の未来像を想像するにあたり、まずは、移住先として選ばれるために、どのようなことを行うべきなのか、現状の取り組み事例を踏まえ、簡単に整理してみたい。

全国の先進的な移住施策を行っている地方自治体の事例を分析すると、①住まいの確保、

②仕事の確保、③情報発信、④移住相談・定住支援などの取り組みについては、多くの地方自治体で一般的に行われているといえる。これらの取り組みは、移住を希望する者が地方自治体などに対して通常望むものであり、移住者を呼び込むための基盤的な取り組みといえる。

具体的な地方自治体の取り組みの事例として、①住まいの確保であれば、農業を始めたい者向けに空き住宅・空き農地情報を提供する「空き農家・農地情報バンク制度」（石川県羽咋市）、②仕事の確保であれば、就農希望者向けにベテラン農家の下で研修できる制度（福島県南会津町）、③情報発信であれば、市民がライターとなり暮らしのリアルな情報をWebで発信する取り組み（兵庫県豊岡市）、④移住相談・定住支援であれば、移住コーディネーターがオンラインで移住相談を実施する取り組み（北海道下川町）、移住者で構成される「田舎暮らし案内人」によるサポート制度（長野県原村）などが行われている。

このような取り組みが基盤的な取り組みとなるわけだが、これらは行って当たり前というものである。つまり、全国に数多くある移住先の候補地の中から選ばれるためには、このような取り組みを行った上で、それらに加えて、さらに、独自性のある地域の魅力を高めるような取り組みを行うことが必要になる。それこそが今後の移住をめぐる環境を考える上で最も重要なポイントとなるのであるが、ではどのような取り組みが未来で行われ、移住者を呼び寄せるのか、以降で示したい。

3　地域の魅力を活かした地域づくりによる移住の促進

独自性のある魅力を高めるためにはどうしたらよいのか。どの地域でもこの問いへの答えを求めて試行錯誤していることであろう。この答えを考える上での1つのヒントは、その地域の歴史や文化、自然環境を改めて考えることである。

かつて、幕末以前の我が国は、各地域が独立国のような状況を呈しており、地域の独自性が極めて強かった。その影響はさまざまな事柄に影響し、日本という1つの国の中にあっても、今日的な視点から見ると、別々の国と言えるくらいさまざまな違いがあった。たとえば、言葉を考えてみるとわかりやすい。幕末以前までは、人の移動が現代と比べて少なかったことから、言語（方言）間の接触がほとんど発生せず、言葉（方言）がそれぞれ独自に進化していた状況にあった。たとえば、幕末には、薩摩藩士と津軽藩士の間では、それぞれの言葉（方言）を理解できず、意思疎通が難しいことがあったようである。こうした独自性といったものは言葉（方言）に限らず、食事内容や作法、住居、服装など幅広い分野にみられ、同じ国とはいえ、さまざまな分野で多様性が広く存在していた。また、準独立国家的な統治機構（江戸時代であれば藩）が存在し、政治的にも経済的にも独自性が発揮されていた。このように、幕末以前においては、地域の独自性が極めて強く、そして、その地域で生活する人々はその独自性に愛着を持ち、自らのアイデンティティとしていた。

また、地域に存在する自然環境も、地域の独自性に大きな影響を与えてきた。我が国には海や山、川、湖などが多数存在するとともに、四季もはっきりしており、同じ国といっても、さまざまな自然環境を有しているが、それらは地域の独自性を形成してきた。たとえば、東北地方の内陸部の最上地方は、山に囲まれた盆地であり、冬は豪雪となるため、冬に備えて、春から夏にかけてとれた山菜や野菜を干したり、塩漬けにしたりして保存する食文化が根づくなど、食生活への影響を受けた。また、沖縄県は、夏に台風が襲来することから、石垣や屋敷林を設け、被害を最小限にしようとするなど、建築文化への影響を受けた。これらは一例であるが、全国それぞれの地域で異なった自然環境を有しており、それが地域の文化や暮らしなどに影響を及ぼし、地域の独自性を発展させてきたわけである。

一方で、現代においては、文化的にも政治的にも経済的にも均一化・同質化が進むとともに、技術進歩により自然環境の影響もかつてほどは受けなくなった。その結果、かつて存在した地域の独自性は薄れているといえるわけだが、だからこそ、今、地域の独自性が改めて見出されたのであれば、それは地域の大きな魅力になるといえる。移住者を呼び込む、魅力的な移住地となるための効果的な手段の1つとして、地域の歴史や文化、自然環境を活かした地域の独自性を発揮した地域づくりを進めるということが考えられるのではないだろうか。以下が、筆者の希望的観測を多分に含めた、移住者を呼び込む、魅力的な地域の姿である。

（1）アイヌ文化を活かした北海道・北方領土

北海道には、古くからアイヌ人が居住し、日本文化とは異なった独自の文化が育まれ、代々受け継がれてきた。アイヌ文化は、かつては我が国において差別的な扱いがされたことがあったものの、近年においては、独特なリズムを奏でる歌や踊り、洗練されたデザインの衣装、歴史上の出来事や伝説をもとにした口承の叙事詩などが注目され、多くの人々の関心を集めている。このような特色を持ったアイヌ文化は、独自性溢れる魅力といえるものであり、アイヌ文化に惹かれて、北海道に移住しようと考える人もいるだろう。

ただ、アイヌ文化は、時代と共に失われつつある。現在、アイヌ文化が主にみられるのは、アイヌ文化の保存に積極的な団体が活動しているような地域である。そのため、北海道でアイヌ文化を後世に継承していくというのは容易なことではない。

そうした中で、注目すべきは北方領土である。北方領土は、疑いもなく我が国の固有の領土であるものの、先の大戦のどさくさに紛れて、ロシアにより違法かつ不当に占領され、今に至っている。しかし、ロシアによるウクライナ侵攻により、国際的にロシアの行為の違法性、非道義性が明らかになるとともに、各国によるさまざまな制裁の結果として国際的な孤立を深めていることなどを踏まえると、早晩ロシアの国力は低下する可能性がある。その結果として、希望的な観測も含めてであるが、我が国が北方領土を取り戻せる可能性があると考えられる。

そして、北方領土を取り戻せたとして、北方領土は、ゼロから地域づくりを行うフロンティアと呼べる地域といえる。ゼロから地域を作るからこそ、他の地域ではできないような、アイヌ文化を活かした思い切った取り組みを行うことができるだろう。

まず、アイヌ語を日本語とともに、第一言語的な扱いとする。現在、アイヌ語は母語話者数が二桁であり、消滅の危機に瀕している。保存活動も行われているものの、母語話者が存在しなくなってしまっては一気に消滅に向かってしまう。そこで、北方領土でアイヌ語を行政で用いる言語としたり、義務教育で用いる言語とするなどし、普及する（たとえば、アイルランドでは、アイルランド人が本来用いていたアイルランド語は第一公用語、英国から導入された英語は第二公用語であるものの、数世紀にわたり英国の支配を受けた結果、ほとんどのアイルランド人は日常では英語を用いており、アイルランド語の使用はわずかである。そのため、義務教育でアイルランド語を使用したり、交通標識をアイルランド語と英語で併記するなどして、アイルランド語の復興を進めている）。アイヌ語が日常的に用いられる環境はアイヌ文化に関心のある者にとっては大変魅力的なことに思えるだろう。

次に、アイヌ文化に根差した建物の整備を進める。アイヌ人はチセと呼ばれる木造の掘立柱建物を住居としてきた。木がふんだんに用いられ、温かみのある建物といえる。現代においては、そのまま住居とするには適さないかもしれないが、たとえば、チセの外観を活かしたアイヌ風の建物を建設し、一体感があり温かみのあるまちを作るなどということが考えられる。移住してきた者は、そうした建物に住めるようにし、アイヌ文化の雰囲気を強く感じながら、生活を送ることができるようにする。

第三に、アイヌ文化に関するさまざまな活動を振興・支援する。アイヌ文化においては、音楽が重要な意義を持ち、棒を用いてリズムを取りながら語るユーカラ（叙事詩）によって過去の歴史を後世に伝えてきた。また、輪になって踊るリムセによって、喜びや悲しみを表現してきた。音楽はアイヌ文化の基幹ともいえるものであり、アイヌ文化の大きな魅力の1つである。他にも、刺繍の入った衣装であるアットゥシなどもアイヌ文化を象徴するものである。このように、アイヌ文化にはさまざまな魅力的な事物がある。これらを振興・支援し、普及することによって、他の地域にはない特性とする。

このような取り組みを行うことによって、北方領土をアイヌ文化が花開いた地とし、他の地域にはない、魅力を持つ移住先として人を呼び込むことが想像される。

(2) 温泉文化を活かした医療・介護都市・別府

大分県別府市は、古くから温泉が湧くことで知られ、多くの人々を惹きつけ、人々の心と体を癒してきた。遡れる限りでも、奈良時代初期に編纂された「豊後国風土記」において、現在の別府温泉に相当する「赤湯の泉（赤湯泉）」や「玖倍理《くべり》湯の井」等が記載されていることから、少なくともおよそ1300年前からその存在が知られていたと考えられる。その後、長い歴史を通じて、湯治場として利用され、権力者から庶民に至るまでさまざまな人々に愛されてきた。湯治場近くには、湯治場への来訪者向けにさまざまな店が並び、旅館が設けられ、客をもてなすための文化芸能も発展してきた。温泉を中心に街が作られてきたのである。

このように、別府市は温泉を中心に発展してきた町であり、温泉は別府市が地域の独自性を発揮するための大きな魅力であるといえる。これを活用して、別府市の魅力をさらに高めることで、移住を促進することが考えられる。ただ、別府の温泉は我が国の中でも他の地域と比べて泉質がよいなど優位性があるものの、それだけでは、独自性を発揮する上では十分とはいえない。広く浅くではなく、特定の層を対象として設定し、その人たちが移住したくなるような取り組みを集中して行うことが特に効果的であるといえる。健康状態、家族構成や年齢によって、移住先に求める条件は異なるものであり、それに適合した町になることが移住者を呼び込む上で最も重要なのである。では、別府市が対象とすべき特定の層としては、どのような人たちが望ましいか？　それは、健康に関心があり、趣味や余暇を楽しみたいと考える高齢者である。

増田寛也が述べているように、東京圏では、増加する人口に比して、医療・介護施設が不足している（増田、２０１４）。今後、その傾向はさらに深刻なものになるだろう。そこで、地方で医療・介護を受けられないかということになるわけだが、日本創成会議がまとめた

「東京圏高齢化危機回避戦略」では、医療・介護ともに高齢者の受け入れ能力のある圏域として、全国から41圏域を抽出している。その中でも別府市に注目しており、別府市周辺には、急性期医療を担う一般病床が非常に多く、市内には大規模な病院が設置され、療養病床やリハビリ人材も多いとしている。一方で、地元の医療需要は減少しているとともに、介護需要も長期的には減少していくと見込まれるとしている。このように、別府市は十分な医療・介護体制を有しており、高齢者が疾病や要介護になっても安心して医療・介護が受けられる都市といえる。別府市は温泉があり、それを活用した温泉療法を進める九州大学病院別府病院があるなど医療・介護施設が充実していることから、まさに高齢者が移住するにふさわしいのである。

ここまで示してきたように、別府市は、温泉という、人を惹きつける魅力を有している。今後は、移住者をさらに呼び込むべく、先に述べた高齢者を対象として、医療・介護をテーマに、他の地域ではできないような、温泉を活かした思いきった取り組みを行うことが想像される。

まず、温泉施設を備えた介護施設を設置する。近年、介護施設の中には、大浴場を備え、高級レストラン並みの質の高い食事を提供するなど、入居者が楽しく生活できるようさまざまな工夫を凝らしているところがある。このような施設は、利用費こそ高いものの、残りの人生を楽しく過ごしたいと思う高齢者からは人気を集めているようである。そのような潮流の中で、別府市の天然温泉をいつでも堪能できるような大浴場がある介護施設を設置すれば、多くの高齢者の関心を誘うだろう。その際には、単に大浴場を備えるだけでなく、近年はやりのスーパー銭湯のように、リラックスできるスペースを設置したり、さまざまな本を置いたり、レストランで食事できるようにしたりする。介護施設というよりも、レジャー施設であるかのような施設にすることで、観光都市である別府市の魅力を最大限発揮させるのである。

次に、医療機関を中心として温泉療法を推進する。温泉に入るとリラックスできると感じる人は多いが、それは単なる主観ではなく、その効果は医学的にも証明されている。九州大学教授や九州大学生体防御医学研究所付属病院（現・九州大学病院別府病院）院長を務めた温泉療法医である延永正博士によると、温泉には、疲労回復だけでなく、たとえば、神経痛、慢性呼吸器疾患、慢性湿疹、リウマチ性疾患、貧血更年期障害等、さらに、生活習慣病全般に効能があるようである（延永、２００３）。我が国において、温泉療法はかつてに比べると下火になってしまっているが、高齢者の増加や健康への関心の高まり等を踏まえると、その価値を再度見直すべきと考えられる。先に述べた温泉施設を備えた介護施設をはじめとして、旅館・ホテルや温泉施設等と医療機関が連携して、本格的な温泉療法を行えるようにする。たとえば、医療機関で入院した場合、そのうち一定期間を旅館・ホテル等に滞在しながら治療を受けることができるようにするなどである。また、海外では、温泉療法が健康保険の適用対象となっている国もあることを踏まえ、別府市を温泉療法の特区的な地域に位置づけ、温泉療法を健康保険の適用対象とする。本格的な温泉療法を受けられる体制を整えることで、健康に関心のある高齢者を惹きつけるだろう。

第三に、温泉療法が盛んな国内外の地域との交流を活発化し、別府市に居住しながら世界中の温泉に出向き楽しめるようにする。温泉療法は世界中で盛んだが、特に、ドイツ等のヨーロッパの国々の温泉療法は、医学的根拠に基づいたものとなっており、温泉浴に加え、マッサージや温熱療法のような理学療法、温泉プールでの水中運動、食事療法、心理的リラクゼーション法等が組み合わされて行われている。また、療養施設だけでなく、劇場やカジノ、音楽施設、遊歩道、ハーブ園等が設けられ、楽しみながら療養できるようになっている。こうした温泉療法の先進的な地域との交流を活発化し、たとえば、1年の半分は別府市で、残りの半分はヨーロッパの国々で療養できるようにする。日本とは一味違った雰囲気を味わいながらゆっくりと過ごすことで心身ともにリラックスできるだろう。また、単に、滞在するというだけではなく、他に療養している人や現地の人との交流をできるようにするのもよいだろう。別府市が持つ価値を国内外の地域と交流することによってさらに高めるのである。別府市にはさまざまな人々が集まり、活気があふれることとなり、これまで以上に魅力的な地域となることが想像される。

ここまで2つの地域を例としてあげたが、それぞれの地域の独自性を改めて見出し、それらを育んでいくことが地域の魅力を高め、移住先として選ばれることにつながると考えられる。これら以外の地域でも、独自の歴史や他にはない特徴的な文化、街並み、自然環境などが存在する。そうしたものを活用し、魅力溢れる地域となるように努力をしていくことが、今後ますます重要になってくるだろう。

4　おわりに

今回示した移住をめぐる環境の未来像は、筆者の願望を含めた、やや飛躍したものである。失われつつある文化の復活などは現実的でないかもしれない。しかし、我が国において、衰退しつつある地域に再び活気を取り戻すためには、特徴的な文化や自然環境、街並みなどを含め、それぞれの地域が持つ独自性のある魅力を磨き上げていく必要があると考える。単に、東京のような大都市を模倣しただけでは、人を惹きつけることはできない。その地域でなくては、経験できないようなモノ・コトがあってはじめて人を惹きつけることができるのである。

どの地域にも必ず、他にはない魅力というものがあるはずである。古くから当たり前のように存在しているものが魅力となるのかもしれない。今後、多くの地域がその魅力を見つけ、移住先として多くの人々を呼び込むことができるようになることを望んでやまない。

参考文献

アイヌ民族博物館監修（2018）『アイヌ文化の基礎知識』草風館。

飯島裕一（1998）『温泉の医学』講談社。

石川理夫（2018）『温泉の日本史―記紀の古湯、武将の隠し湯、温泉番付』中央公論新社。

榎森　進（2003）『アイヌの歴史と文化（1）』創童舎。

合田純人（2011）『温泉からの思考　温泉文化と地域の再生のために』新泉社。

瀬川拓郎（2015）『アイヌ学入門』講談社。

全国二地域居住等促進協議会　https://www.mlit.go.jp/2chiiki/（閲覧日：2023年5月1日）

内閣官房まち・ひと・しごと創生本部事務局（2020）「移住等の増加に向けた広報戦略の立案・実施のための調査事業報告書」。

長野県「おためしナガノ」　https://otameshinagano.com/（閲覧日：2023年5月1日）

日本創成会議（2015）『東京圏高齢化危機回避戦略』。

延永　正（2003）「温泉医学の復興を」『日本温泉気候物理医学会雑誌』第66巻4号、日本温泉気候物理医学会、203頁。

増田寛也（2014）『地方消滅―東京一極集中が招く人口急減』中央公論新社。

増田寛也（2015）『東京消滅―介護破綻と地方移住』中央公論新社。

第3章　国際化と経済社会

第1節　持続可能性の推進：新国富指標の活用

九州大学都市研究センター特任助教　武田美都里
九州大学主幹教授・都市研究センター長　馬奈木俊介

1　持続可能性の世界的潮流

国際社会は従前、資本主義と市場原理主義に則り、経済成長を第一に活動を続けてきた。その結果として経済格差の拡大と、環境破壊ならびに気候変動、そして公害による健康被害などさまざまな問題が生じたといえよう。こうした反省を背景に、国際社会には、「経済を第一に据えた社会」を見直す潮流が存在する。２０００年には途上国の貧困と健康、教育の改善を目的としたミレニアム開発目標（Millennium Development Goals：ＭＤＧｓ）が採択され、多くの人々の生命が守られ一定の成果が上がったと総括されている。その後、環境や経済、社会の問題には途上国のみでなく全世界の課題として取り組むべきであるという考えが示されたことにより、２０１５年にＭＤＧｓの後継として、持続可能な開発目標（Sustainable Development Goals：ＳＤＧｓ）が策定された。

ＳＤＧｓは、２０３０年までに「持続可能なより良い世界を目指すこと」を目標に掲げ、17項目のより包括的なゴールが設定されている点に大きな特徴がある。この進捗を評価するために、２０１７年の国際会議において２３２の指標が承認され、目標達成度を測る基準となった。しかしながら、従来の目標達成度の測定手法の課題として、数値で測ることが難しい質的目標については、完全には解決されていない。加えてＳＤＧｓの目標や指標はグローバルレベルで示されることから、国や地域レベルでの政策決定には、より明確な指標が必要とされていた。

２「新国富」指標：国内外における持続可能性の評価方法とその活用

「新国富」指標（Inclusive Wealth Index：ＩＷＩ）は、質的目標をも包括した指標として２０１２年の国連持続可能な開発機構（リオ＋20）において初めて示された指標である（馬奈木、２０１７、２０２１）。「包括的な富に関する報告書（Inclusive Wealth Report）」によって定義された新国富指標は、人工資本、人的資本、自然資本の３項目から構成され、

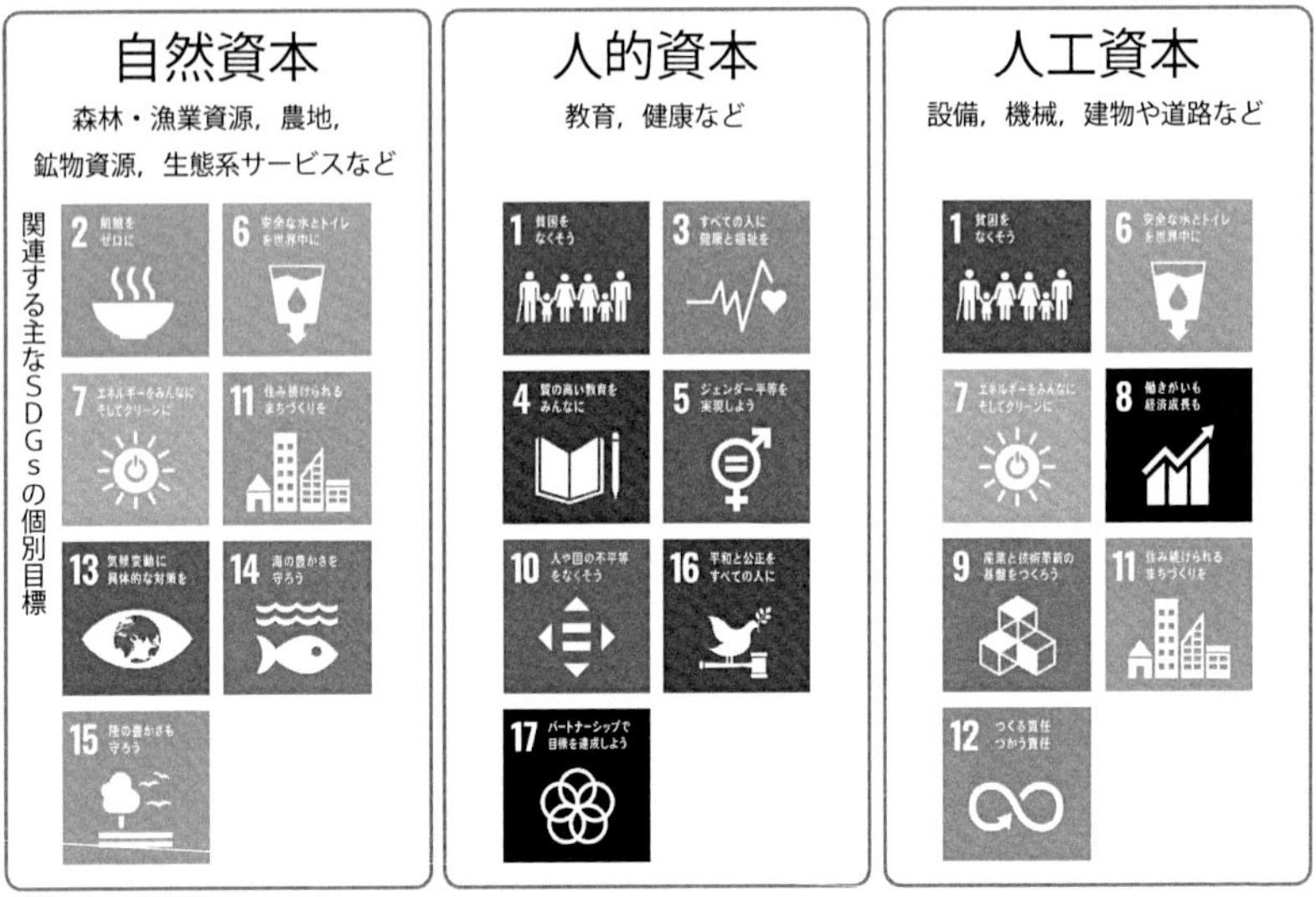

図１　新国富指標とSDGsの対照関係

出所：馬奈木（2021）。

それぞれの資本が与える影響を考慮し荷重したものを合計値として、包括的な富（新国富）を計算する。実際にこの指標を用いて、地域の豊かさと持続可能性についての一貫した客観的評価が市町村別に明確に示されている（EvaCva-sustainable、http://www.managi-lab.com/　図1参照）。

　残念なことに日本においては未だ新国富指標の国レベルの活用は進んでいない。一方イギリス財務省は、ケンブリッジ大学のダスグプタ教授に調査を依頼することで、新国富指標を用いた「ダスグプタ報告書」を発表した。本報告書は、今後の経済成長に対する生物多様性の損失調査につき、持続可能性の評価に新国富指標の活用を提案している。また、途上国においても新国富指標が富の分析に使用され始めている点は、非常に勇気づけられる。一例としてパキスタン気候変動省は、国連環境計画（United Nations Environment Programme：ＵＮＥＰ）と共同で過去30年のパキスタンの新国富を評価し、２０２１年に「パキスタンの新国富（Inclusive Wealth of Pakistan）」とした報告書を発表した。本報告書執筆の過程でパキスタンの自然資本の減少が発見され、現在パキスタン政府は１００億本の植樹を目指し計画を進行中である。さらに多国間レベルにおいても、２０２２年のインドネシアＧ20主要国サミットの場において、Ｇ20シンクタンク代表機関により構成される多国間フォーラムであるＴ20により、新国富指標の政策活用の重要性が提言されるなど、その活用の場は広がる一方である。

上記のように、世界においては国を主体としたトップダウンでの政策が多く採用されている一方で、日本においては国レベルの施策を行うことが難しい現状が存在する。我が国においては、新しい政治的施策は一般に反発を受ける傾向が強い。したがって、こうした状況を回避するため、民間企業や大学から政策を提案するボトムアップ方式での指標の導入を進めることが重要であると筆者らは考える。喜ばしいことに、この数年、新国富指標を用いたＳＤＧｓへの取り組みを評価、運用をする企業が増えてきた。こうした具体例としてはソフトバンク株式会社、株式会社サステナブルスケール（Sustainable Scale）、株式会社インクルーシヴシティ（Inclusive City Co. Ltd.）があげられる。

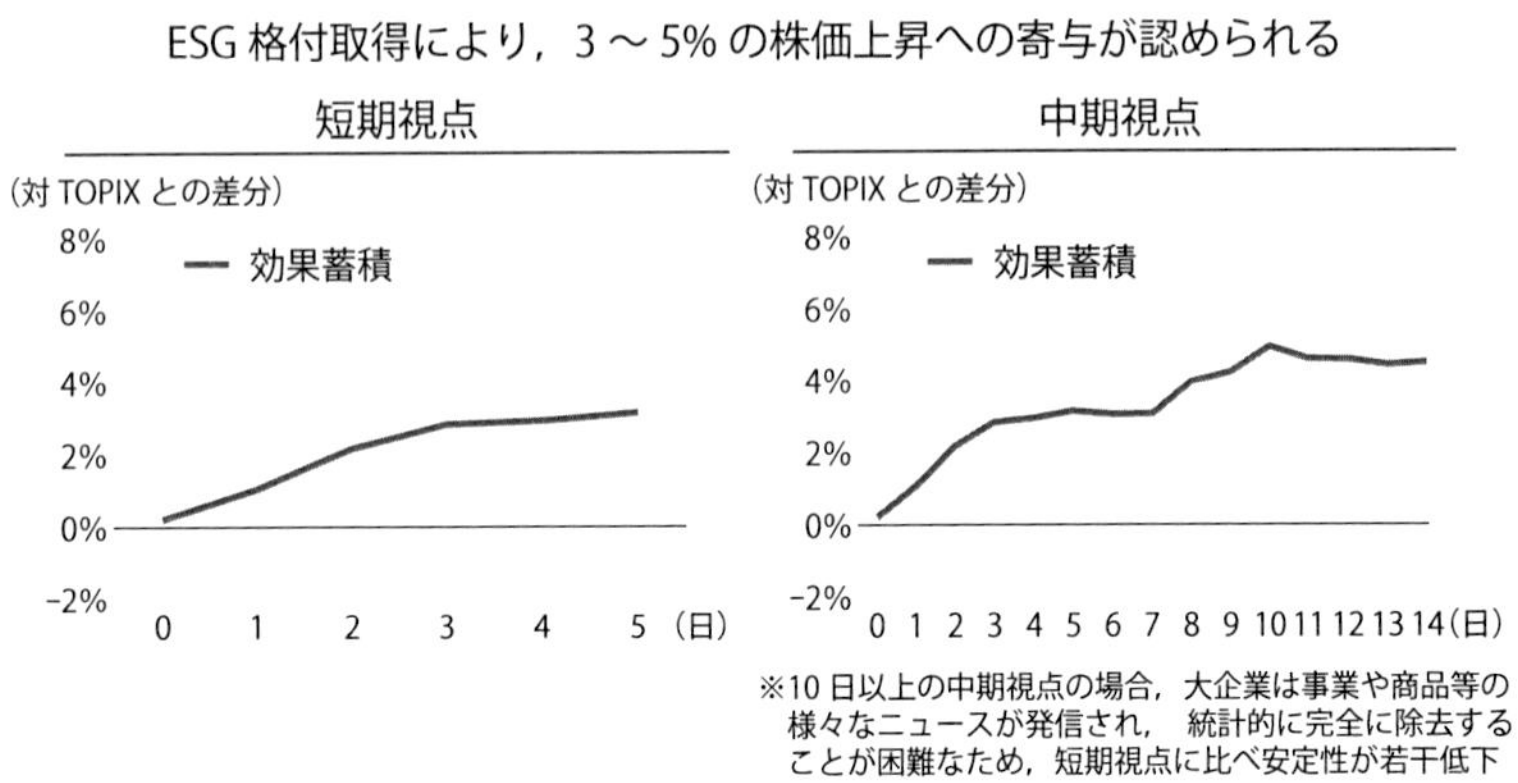

図2　ESG・SDGs活動の強化による株価へのプラス影響
出所：九州大学都市研究センター。

ソフトバンク株式会社は、SDGsを中心としたサステナビリティ活動に加え、ESG（Environment Social Governance＝環境・社会・ガバナンス）企業評価についても注力し取り組んでいる。同社は委員会等においてSDGs・ESGに関する対応内容ならびに結果を共有することで、サステナブル経営の評価方法の構築について九州大学都市研究センターとともに共同研究を実施している。結果として、SDGsやESGの取り組みを強化することにより、株価にして3～5%のプラスの影響があることが示されている（図2、参照）。株式会社サステナブルスケールは、ふくおかフィナンシャルグループの子会社として設立され、企業の持続可能性について独自の指標を用いた評価を行う企業である。SDGsとESGについて企業の長期的な持続可能性を評価し、SDGsへ向けた支援を行っている。インクルーシヴシティは、２０２２年に株式会社シティアスコムから独立した企業である。新国富指標を用い、さまざまな社会問題を解決するための評価と支援を行っている。特にＩＣＴ（Information and Communication Technology：情報通信技術）を用いることで、教育や健康問題の改善に積極的に取り組んでいる。株式会社インクルーシヴシティはさらに「新国富指標を用いた地域医療課題の解決」を目的として、地域医療体制や地域住民の健康増進と病気予防のために、多数の新たな仕組みを構築してきた。以上に例示した企業3社の取り組みは日本で初めての事例ではあるが、多数の企業や個人のＳＤＧｓ達成に大いに貢献している。こうした企業レベルでの動きに加え、最近では九州大学都市研究センター主導のもと、市や県レベルの自治体においてもまた、ＳＤＧｓの取り組みが進められている。

3 「生活の質」の持続可能性評価

我が国では、医療や公衆衛生、教育と経済水準の向上により、戦後、平均寿命が右肩上がりに上昇してきた。特に女性の平均寿命は１９８５年から２０２０年に至るまで先進国中1位を維持し、2位との差は広がる一方である。２０２０年の平均寿命は男性81・64歳、女性87・74歳であり、これはヒトとしての寿命の限界に近いといえる。平均寿命が伸びた背景としては、感染症による死亡が減ったことが大きな要因を占める。一方、２０２０年の死因内訳を見ると悪性新生物、心疾患、脳血管疾患の生活習慣病が50％を占める（厚生労働省人口動態統計月報年計、参照）。今後、高齢化社会が進展するにあたり、こうした疾患の割合はより大きくなることが予想される。加えて生活習慣病は生命を脅かすと同時に、生活の質（Quality Of Life：ＱＯＬ）もまた著しく低下させる。これらの理由から、平均寿命でなく、健康寿命やＱＯＬをもまた重要な指標と位置づけて改善を目指すことが重要であることは、論を俟たない。

世界保健機構（World Health Organization：ＷＨＯ）はＱＯＬを「個人が生活している文化や価値観の中で、自分の目標、期待、基準、関心事に関連した生活状況の認識」と定義する。すなわち、身体のみでなく精神的、社会的要素をも含めた個人の幸福と換言可能である。１９９０年代以降、ＷＨＯは国際比較のために統一した調査票の開発を行い、現在では身体的・心理的・社会的・環境的領域の４項目についてＱＯＬを測定する、ＷＨＯＱＯＬという枠組みが存在する。しかし未だ、ＱＯＬそのものの評価についての概念的基盤、次元、指標、分析単位は目的によって議論が継続している。

4　地域に必要な持続可能システムを目指す

従来のＱＯＬは人生のある時点における指標であったが、著者らはよりＳＤＧｓや新国富的な考えを取り入れた、長期的で持続可能な生活の質を測定する指標として「Ｍインデックス」を提唱する。QOLには労働者の生産性が大きく寄与する。ここでは健康、技能、知識を持つ人口と、それを再生産できる持続可能性が重要であり、そのためには医療資源、教育資源を効率よく用いる必要がある。本章では、生活の質を包括する人的資本について、医療システムと教育の局面から、新国富指標と地域性を考慮した新しい算出方法で評価を行い、今後の地域における持続可能性に向けての指針を考案した結果を紹介する。

(1) 病院インデックス

病院や教育機関の効率と持続可能性を同時に評価する指標は、今までほとんど存在しなかった。2000年代からWHOを主体として医療の質(Quality Indicator:QI)や病院機能指標(Hospital Performance Indicators:HPI)など、医療の有効性や効率、安全性、患者評価などを中心とした指標が開発されてきた。また、病院や教育機関の経営者の意思決定のために開発された、財務を重要視した重要業績評価指標(Key Performance Indicator:KPI)も存在する。しかし近年、日本では経営不振の病院が多く、特に地域病院では医療資源の効率的な使用が求められている。そこで、著者らは病院と大学の持続可能性を包括的に評価する指標として、Mインデックスを構築した。

M病院インデックス(Managi Index for Hospitals:MIH)を用いて、全国の10病院の評価を行った結果を図3に示す。本結果は、病床稼働率が低いほど、病院運営の効率が高いことを

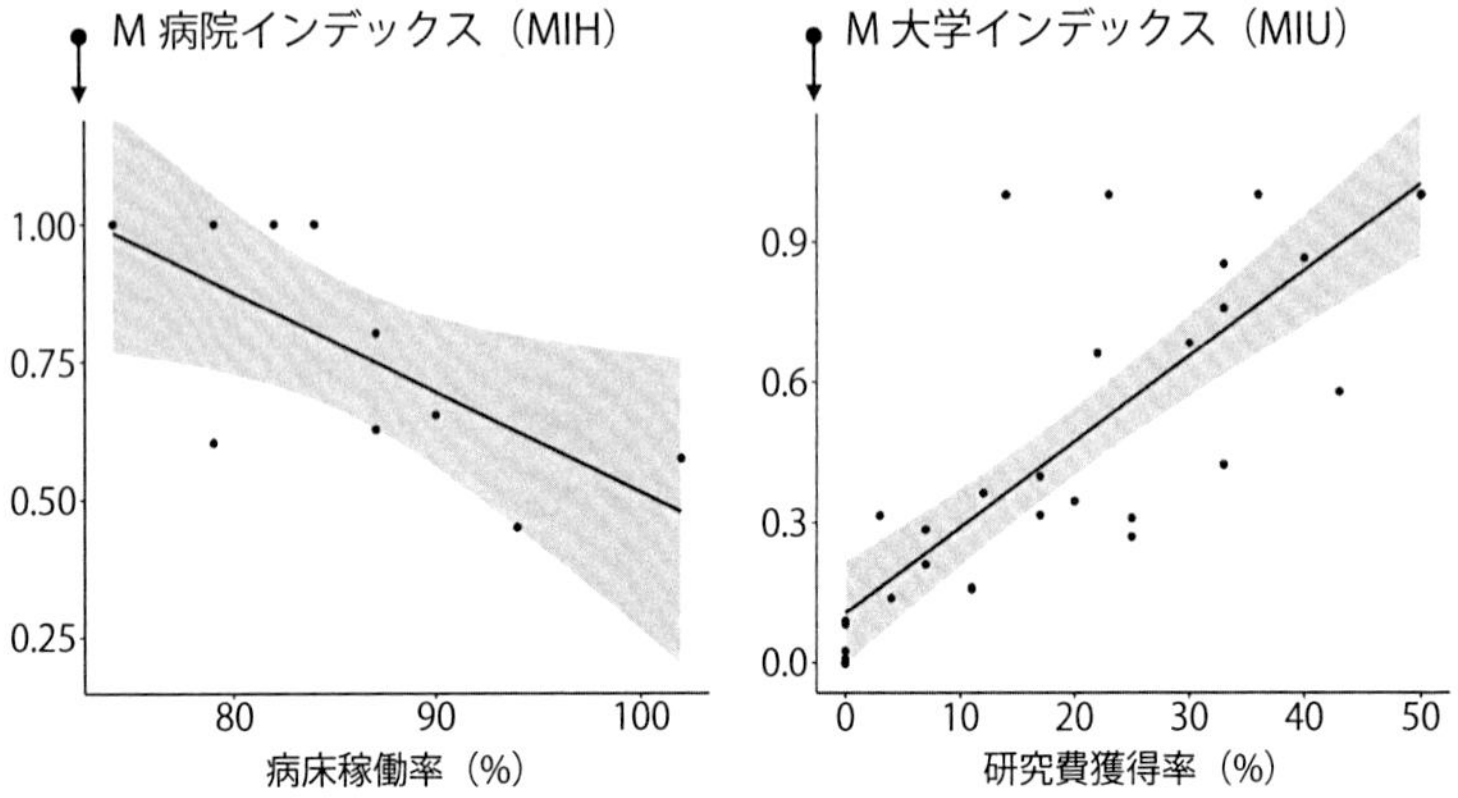

図３　社会課題への指標による病院および大学の評価

出所：九州大学都市研究センター。

示している（図３左）。これは、病院稼働率が高く病院リソースが逼迫状態にあると、病院の効率が下がることを可視化したものである。すなわち、これは病床を埋めることが効率の良い病院運営ではないことを、定量的に示した結果であるといえる。医療資源の逼迫と低効率化は明らかに病院としての持続可能性を低下させ、こうした病院運営は改善の必要がある。さらに、１、０９０病院の追加解析により、病院の規模が大きくなるにつれてリソースが逼迫する傾向もまた明らかとなっている。これは、現在、政府が推進しているかかりつけ医制度促進の必要性を定量的に表したものである。

(2) 大学インデックス

少子高齢化による子供の減少とともに、教育の絶対的な需要は必然的に減少する。これが、我が国の教育機関が直面する持続可能性の最大の課題である。国立大学は研究志向が強いため、ここでは、教育の役割に特化している私立大学に注目する。私立大学は、需要減少に伴いより競争的な運営が求められる。したがって、少子化の影響をより強く受ける私立大学について、持続可能性を測定することには強い必要性が存在する。そこで同様に、全国の私立大学37校についてM大学インデックス（Managi Index for Universities：ＭＩＵ）を試算し、大学運営効率と持続可能性の評価を実施した。

解析の結果、研究費獲得率が高い大学ほど、効率と持続可能性を示すM大学インデックスもまた高いことが判明した（図3右）。これは、私立大学の持続可能性にも研究の重視が大切であることを示す結果である。この知見は、国立大学だけではなく、私立大学においても研究の重要視が大学の存続につながることを示唆する。

以上のように、個人から地域、国、世界における包括的な持続可能性について、Mインデックスは意思決定に有用であることが示されている。今後のさらなる研究によって、病院や私立大学だけではなく、医療・教育システム全体につき企業も含めた多様な指標を作ることにより、より良い環境の持続可能性社会の実現に貢献して行きたい。

参考文献

馬奈木俊介（２０２１）『ＥＳＧ経営の実践 新国富指標による非財務価値の評価』事業構想大学院大学出版部。
馬奈木俊介（２０１７）『豊かさの価値評価―新国富指標の構築』中央経済社。

第2節

日本経済を取り巻く国際環境の未来図

明治大学教授　水野勝之

1　はじめに

近年、政治家を含めて保守的な人々が増え、強気な発言が続出している。次第に世論も巻き込まれ、一見勇ましく見える保守の流れへと進んでいる。だが、中国に敵対的な発言をする威勢のよい人たちは続出するが、かつて世界第2位だった日本経済の地位を再び取り戻そうという真に勢いのある人は皆無である。なぜか。日本の誰もが心の中で、中国に負けていること、勝てないことを知っているからである。中国を心の底から大国と認めてしまっているからである。

経済面で日本と中国の地位の推移を見てみよう。ここで取り上げたのは実質GDPの推移である。GDPはその国の総所得、つまり経済力を表す。1990年から2018年までの日本と中国のGDPである。

当初、日本が中国を上回っていた実質GDPであるが、両者は2005年で逆転し、その

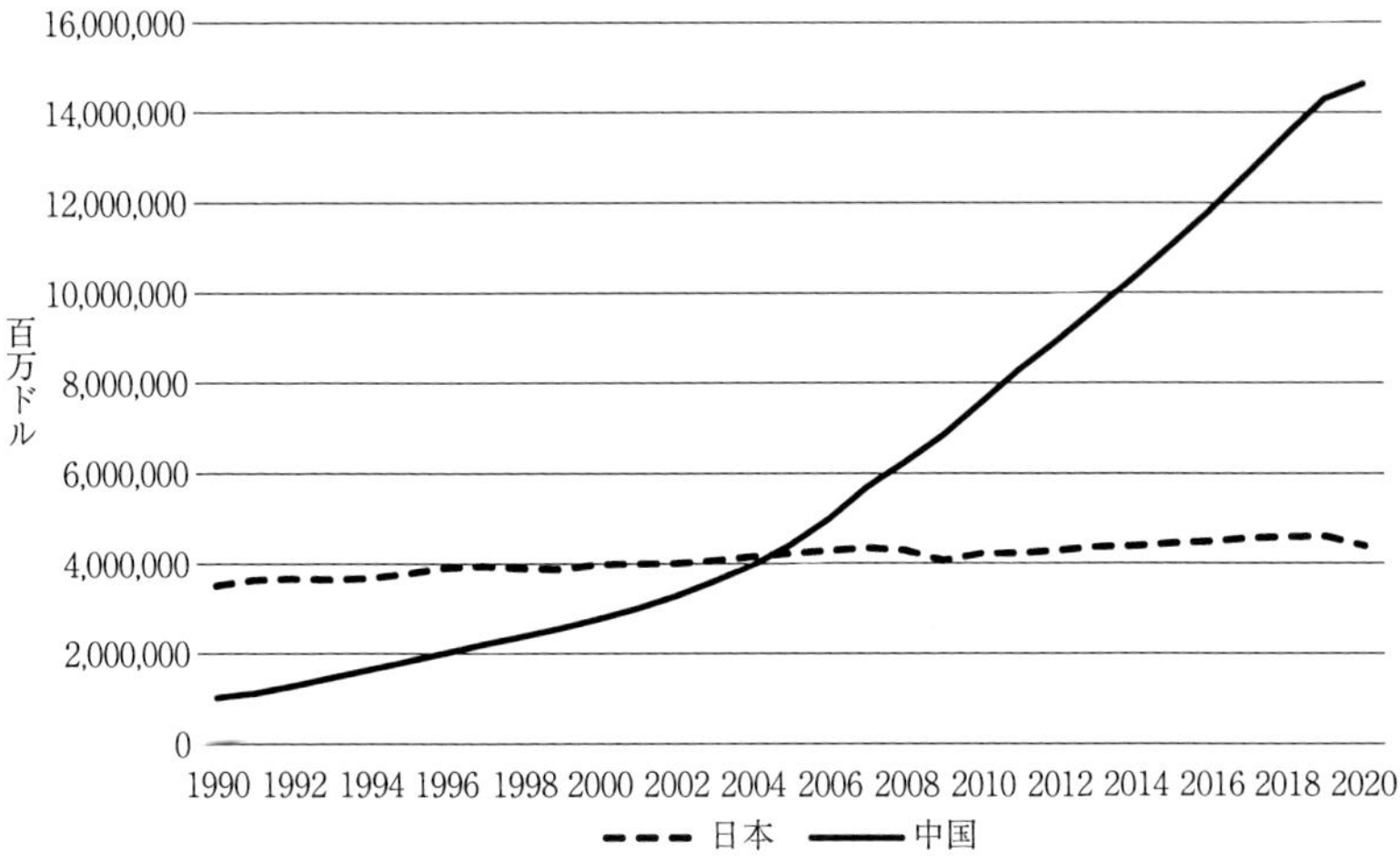

図1　日本と中国のGDP（実質，2015年価格）　単位100万ドル
出所：国連統計。

後は差が開くばかりとなっている。日本はほぼ変化がないのに対して中国は加速度的に増加し続けてきた。２０１８年の段階で、日本のＧＤＰは中国のＧＤＰの３分の１になってしまった。意外なことに、経済学者や経済評論家がなぜ逆転されたかをあまり口にしない。よって一般の人たちはなぜなのか明確な理由がわからない。実は、マグマがたまっていた中国経済のふたが開いたのは２００１年のＷＴＯ（世界貿易機関）加盟の時であった。ＷＴＯのルールの下、関税が引き下げられるなど、世界貿易に中国は本格的に参入した。そこで一気に中国にたまっていた経済力エネルギーが噴出した。１９９０年代、日本企業は中国経済市場の潜在性に着目し、いち早く進出を図るも、伸び悩んでいた。テレビの「おし

ん」のモデルとなったヤオハンも中国に複数の支店を設けたが、結局失敗に終わってしまった。なぜか。少しだけ時期が早かったからである。まさに２００1年の宝箱のふたが開く時期を見誤ったからである。その機会を待っていられなかったのであった。

2　アメリカに頭が上がらない

安倍晋三元首相を「アメリカのポチ」と揶揄する面々が少なくなかったが、個人を冷笑するより、日本全体での滑稽さに目を向けるべきである。日本全体が経済力で中国には勝てない、ましてやアメリカには勝てないと観念し、「アメリカなくして日本なし」と思い込んでしまっている。そこで、アメリカの見解に従って中国への敵対化が激しくなっている。最近、日本の中で、対中国に関して勢いのある言葉がひんぱんに飛ぶ。中国を目の敵にするような保守派政治家が多く台頭する。強気な発言をすればするほど国内で支持を得て選挙で有利になるのか、より一層強気な姿勢になる。

日本は中国に日本の科学技術を盗まれるのを嫌っている。軍事技術転用の可能性がある機械の輸出に関しては厳しい罰則まである。だが、まねされて困るのは、日本ではなく逆に中国ではないか。世界の研究力のランキングが発表されるたびに1位、2位の常連が中国である。文部科学省科学技術・学術政策研究所の研究報告書の「科学指標」での算定によれば（注

1)、2017~2019年までの世界の研究論文の分析の結果、論文の量でも質でも中国が世界一であった。どちらも2位がアメリカ。日本は量では4位であったが、質では10位であった。「10位」が「1位」に向かって「盗むな」「真似するな」と意気がっている。

他方、アメリカに対しては日本全体がほぼポチ状態。アメとムチで飼いならされている。近年の世界での大虐殺に対して大声をあげて非難しているが、広島、長崎でのアメリカによる大虐殺を声高に非難する者はほとんどいない。安倍晋三元首相と親友と言われていたトランプ前大統領に鉄鋼関税を25%に引き上げられてもニコニコ。そもそも敗戦後、学校給食で子どもたちがパンの味を覚えさせられてアメリカ産の小麦と切っても切れない仲になり、昭和50年代後半の日米貿易摩擦では自動車の輸出自主規制をさせられ、アメリカのコントロール下が心地よくなっているかのようである。挙句は日本の得意技であった半導体までも輸出の自主規制をさせられ（「日米半導体協定」1986年）、いまや台湾、韓国が世界の市場を占める中、半導体が手に入らず日本人は新車を買うにも数カ月から数年待たなければならなくなっていた。アメリカに対して何ら不満を口にしない。図2に見られるように、GDPでもアメリカに差を付けられる一方である。日本は人が好い。あるいは図1と図2を見ると（人口や資源のせいにしているが）経済政策運営がアメリカや中国に比べて極度に劣っているのではないか。つまり下手なのではないか。いくら少子高齢化が進んでいるからと言って、日本経済だけが飽和しきっているはずがない。結局、中国経済の後塵を拝するようになった

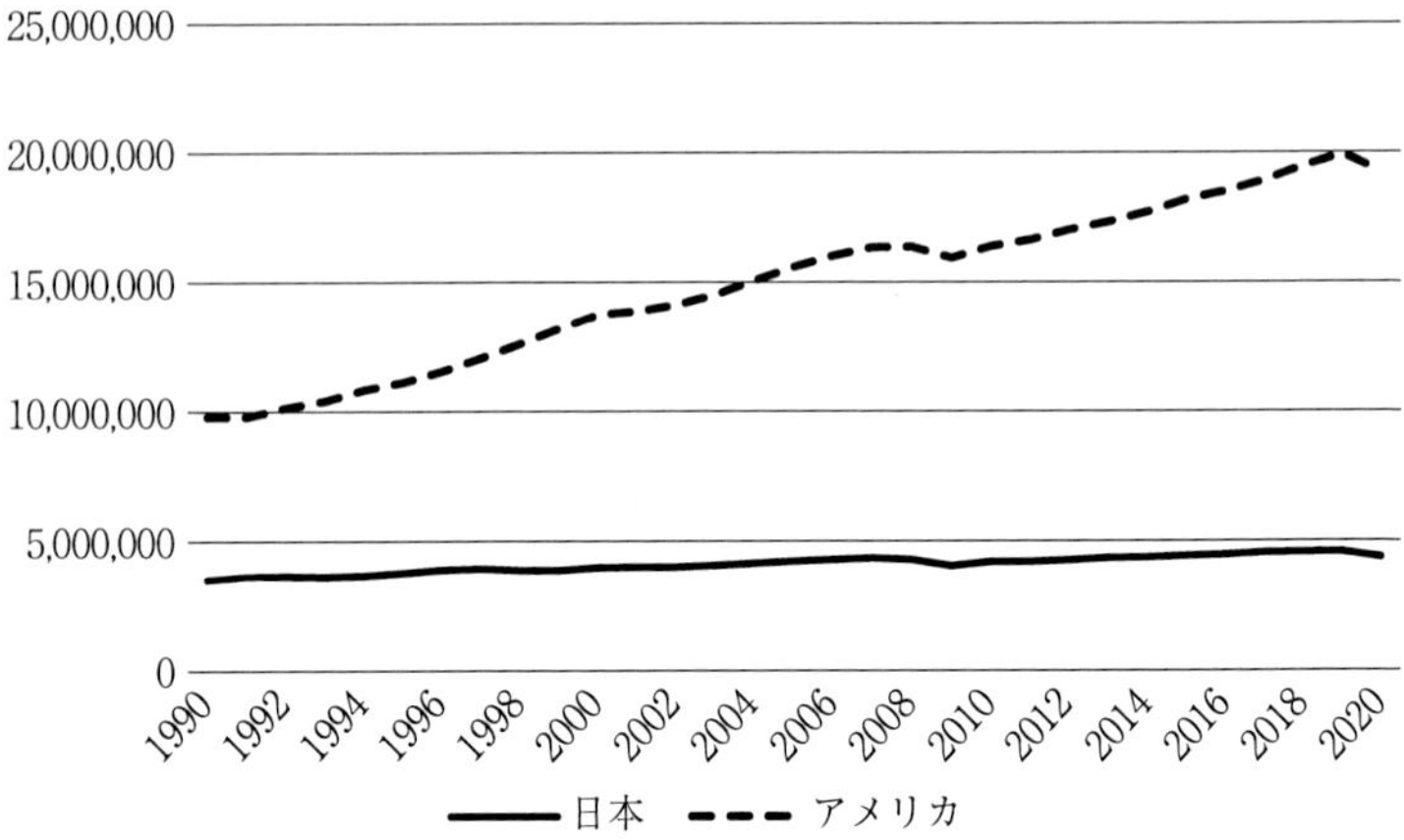

図2　日本とアメリカのGDP（実質，2015年価格）　単位100万ドル
出所：国連統計。

のは、アメリカがそうさせたのも大きな理由の1つである。にもかかわらず、中国を目の敵にするだけで、再び中国経済を抜き返そうと主張する者が日本の中に出てこないのはさみしい限りである。

3　真の勇ましさ

現在、防衛面で防衛費をＧＤＰの2％に引き上げる方向で話が進んでいる。保守の間からの強烈な主張であった。だが、防衛費の主たる費目は人件費と防衛備品であり、突然短期間で2％に引き上げられたところで、現状では人件費に消えるか、アメリカから防衛備品を買わされる恐れがある。その分が国民への増税で賄われようとしている。後者では日本のお金がまたもやアメリカに吸い上げられ、図2の乖離がますます広がってしまう。水野他（2020）で述べているように、国内防衛産業の研究力、技術力、生産力の育成が急務であるにもかかわらず（注2）、日本政府はアメリカの先端防衛備品を整備しアメリカを喜ばすようなことばかりに終始してきた。結局、日本は、アメリカにうまく経済力3位の位置に押し込められているわけである。アメリカは出る杭を体裁よく打ち続けてきたし、これからも打ち続けるであろう。日本に中国を敵対視させながら、他方で中国経済を抜き返す力を日本から奪い続けている。

本稿は、「中国を抜き返し、世界の経済力2位を取り戻そう」という威勢の良い人物が日本に登場しない情けなさを憂う。ここでの主張は、そのような人物にこそ真の保守派の称号が与えられるべきであるということである。現状、GDPが中国の3分の1、しかも中国は人口が多い、資源も多い、研究力は世界一、この事実を見ると「抜き返そう」という意欲がなくなるのはわかる。

本来、日本の技術力は高いはずである。ずっと負い目だった「独創力のなさ」は多くのノーベル賞研究者の輩出によって、あたかも日本人全体に独創力があるかのような錯覚を起こした。だが、彼らの独創性を経済に本格的に生かしたのは外国であり、日本は独創力と経済を一体化させることに失敗してきた。いつの間にか、日本人は「独創力がある経済」という錯覚に陥っている。原点に立ち戻り、「独創力が経済に生かせない日本」「そもそも独創力に乏しい日本」という認識の下、昭和の時の「ワイルドさ」を取り戻すべきである。他人のふんどしで相撲を取るマッチング会社などが大流行の中、自分たちが開発した技術力でグローバル市場を制しようとするワイルドな意気込みを持つ人材を育成できていない。

4 中国経済を抜き返そう

人口も多い、資源も豊富、研究力も世界一の中国経済を抜き返せるのか。近年の経済力の差を見せつけられて、日本は怖気づいてしまっている。「経済安全保障」は語呂は良いが、まさに「守り」である。唯一、（アメリカを利することになる）防衛面だけ勇ましく対抗しようとしている。ここで、中国経済を再度抜き返す（＝攻める）ことに必要な条件を挙げてみたい。

まず第1に、「日本経済は中国経済に負けない」という気持ちを日本人に抱かせることが肝心な第1歩である。つまり、日本人がそのような気概を持つことである。防衛の面を強調し中国に対抗するのではなく、経済力で抜き返すことで国民の気持ちを高めたらどうか。絵に描いた餅のようでにわかに信じがたいと思われるであろうか。それを口にした政治家は嘘つきと思われるのであろうか。一般人でも同様である。したがって、日本では「再び中国を抜いて世界第2位の経済大国になろう」とは誰も言わない。不可能だと思い込んでいるから、より一層差を広げられて行ってしまっている。それでは今後も差が拡大し続ける危険がある。そのことに気づくべきである。世の中、不可能なものはないというではないか。

第2に、日本は宇宙開発技術をより一層進歩させるべきである。中国は、すでに宇宙に人を送っている。独自の宇宙ステーションまで保持し、そこで人が過ごして戻ってきている。だが、日本は打ち上げロケットの失敗率が低いと誇っているものの、近年その失敗も目のあたりにしている。宇宙の空間という資源獲得に大きく後れを取っている。民間独自のロケット打ち上げは、多くの人の期待の下、ことごとく失敗している。アメリカでは民間会社が宇宙旅行を実施している時代であるにもかかわらず。

中国は地上、地下でも資源が豊富な上に、天の空間でも資源を増やしている。アメリカと中国の間で月や火星の開発競争が始まっている。GAFAに匹敵する企業を産めなかった日本には、世界を経済的に制覇する、宇宙を経済的に制覇するという気概がまったく足りない。

防衛技術と並んで、宇宙開発技術は次から次に新たな技術を生み出す。制約のある防衛技術開発とは違い、宇宙開発の技術には制限がないはずである。将来の月や火星の資源化を狙って、アメリカはそこに人を送り込む計画まで立てようとしている。日本も宇宙を自国のさまざまな産業のテリトリーにするべく、積極的に動くべきである。宇宙技術の進歩は、防衛技術のスピンオフと同様、他の産業にも高度な技術を波及させる。アメリカが軍事技術のインターネットを民間転用して経済を大きく変えたように、もし日本の宇宙開発技術が大きく伸びれば、日本の経済を大きく変革する可能性がある（注3）。

第3は、2018年に日本が加盟したTPP11（環太平洋パートナーシップに関する包括的および先進的な協定）を土台に、日本の経済市場を広げることである。将来の人口減少、高齢化の中で日本国内の市場が狭まるならば、日本国内と同じ条件の市場、すなわち関税のない自由市場を広げればよい。まさにＴＰＰ11がそれにあたる。残念ながらアメリカは加入しなかったものの、アメリカは日本を自由に操る存在なので、いると逆に厄介だったかもしれない。とりあえず現状のＴＰＰ11を良しとし（注４）、新規加盟国を増やし、これを拡大しながら活用していけばよい。日本の高齢者比率が増える中、若者向け製品の開発力はあるのに作った商品やサービスが売れないという危険があったが、ＴＰＰ11の国々の若者を対象に販売する道筋はできた。２０１９年には日ＥＵ経済連携協定（日ＥＵ・ＥＰＡ）も発効しているので、日本は徐々に自由貿易市場を増やしている。築き上げた巨大自由貿易市場を有効に活かすことができれば、中国市場に引けを取らない経済を日本も構築し直すことができる。

中国経済を抜き返すことをファンタジーというなかれ。経済的な条件を揃えられれば、それは実現可能である。現在の日本にはその気概がなくなっている。それをもっとも懸念する。

5　結　び（注５）

勢いのある人たちは国防を力説し、防衛費の増額を主張している。欧米では自国で武器を生産しているので防衛費（軍事費）を増額しても自国産業を富ませることができる。しかし、日本の場合、突然の防衛費の増額だと先端防衛備品のほとんどおよび先端技術力のほとんどはアメリカを主とした海外に頼る。国内での調達が8割とはいいながらアメリカから後年度負担のローンで買い込み、アメリカの思うがままになってきた。先端防衛装備品を海外調達しているだけでは、民間企業の技術力が向上しない。2014年度の防衛備品の輸出解禁でも完成品輸出の実績はフィリピン向けのレーダーしかないことが日本の防衛備品への評価を物語っている（注6）。高度な技術を持つ防衛備品の場合、海外に依頼しなければならない。防衛費を増額するならば技術力向上の伴った国内防衛産業の大いなる成長を図るべきである。

将来的には大国にうまくコントロールされるのを避け、独自の成長を探るべきだ。アメリカに言われて中国を敵対視するのではなく、経済のライバルとして日本国民で中国経済を抜き返そうとすればよいではないか。「小国が大国に勝つ経済学」はまだ開発されていないかもしれないが、その一番の実際のモデルは昭和の日本経済ではなかったか。日本経済が大国に勝つ経済モデルの実現、それは決して夢ではないと思っている。実現しよう。

【注】

（1）アレン琴子（2021）を参照。これ以外、イギリス科学誌ネイチャー発表（自然科学分野。2019年。「質」に関しての調整前）の国別研究力ランキングでは1位がアメリカ、2位が中国。日本は5位。大学別でも、1

位は中国の中国科学院、２位はアメリカのハーバード大学であった。上位１００位の中に日本は東京大学と京都大学が入っている。

東京工業大学情報活用ＩＲ室ＨＰ（２０２２年4月6日確認）

https://www.irds.titech.ac.jp/%E8%B3%AA%E3%81%AE%E9%AB%98%E3%81%84%E8%AB%96%E6%96%87%E3%83%A9%E3%83%B3%E3%82%AD%E3%83%B3%E3%82%B0-oist/

（２）日本の防衛産業は他の産業から隔離された閉鎖状況にあることを計量的に証明した。よってスピンオフもスピンインも生じない状況になっている（技術の他産業への移転もなければ、他産業の技術を頻繁に使うこともない）。

（３）これに加えて日本の防衛産業を成長させる手立ても考えるべきだが、それについては前著（水野勝之他（２０２１））で述べたので本書では省く。

（４）今後新たな国が加入する可能性がある。

（５）「5　結び」については日本経済新聞「防衛を考える」２０２２年10月18日を参照。

（６）２０２０年10月19日現在。

参考文献

アレン琴子「中国、論文の数・質ともに世界一に　日本はインドにも抜かれ過去最下位に没落」THE OWNER HP ２０２１年9月4日（２０２２年4月6日確認）https://the-owner.jp/archives/6444

水野勝之・安藤詩緒・安藤　潤・井草　剛・竹田英司（２０２０）『防衛の計量経済分析』五弦舎。

水野勝之・土居拓務編著（２０２１）『イノベーションの未来予想図―専門家40名が提案する20年後の社会』創成社。

第3節

新自由主義に基づくグローバル化の先にある世界
――「国際化」への目標転換を！

九州大学教授　施　光恒

1　バラ色の未来？

約50年後の未来予想図が本書のテーマであるが、「未来予想図」ということで印象に残っているものに、都市計画家の市川宏雄氏の著書の一節がある。

市川氏は、東京・品川が特区となり、そこでさまざまな「構造改革」が実現した「バラ色」の未来を描いている（『山手線に新駅ができる本当の理由』メディアファクトリー新書、２０１２年）。私の言葉でいえば、これは、新自由主義に基づくグローバル化をめざす構造改革が実現した仮想の未来世界の予想図である。大規模再開発が進み、品川が「国際都心」に発展したという想定だ。

「２０２×年×月×日――。今日も朝６時に起きて、品川マリーナ周辺をジョギング。潮風が気持ちいい。いつも顔を合わせるＵＮＩＣＥＦ職員の夫妻（夫はドイツ人、夫人はフィンランド人だ）から、「キョウモ　アツク　ナリソウデスネ」と日本語で挨拶されて驚く。なんでも、近くの国際語学大学で「日本語」の夜間講義を夫婦で受け始めたとか…」（188頁）。

こういう調子で、仮想の多文化共生都市・品川が描かれる。その世界では、国際連合児童基金（UNICEF）本部が品川に誘致され、多様な国々出身の数百人の職員とその家族が移住してきているという。その他にもさまざまな規制緩和を通じて、「外国人がファミリーで暮らしやすい環境を整えたおかげで、外国企業や海外投資家も品川に数多く集まるようになった」（191頁）。

外国人子弟のため、都知事の鶴の一声で、英語や中国語、韓国語が通じる公立の外国人小学校、中学校、高校も開校する。外国人が母国語で受診できる医療機関も増える。外国人の看護師やハウスメイドも比較的自由に働いている。「少子高齢化で確かに日本人の人口は減っているが、海外から移住してくる外国人が多いため、労働力不足には至っていない」（193頁）。

2　グローバル化と新自由主義

だが、私は、現行の新自由主義に基づくグローバル化推進策の果てにこうした明るい未来予想図が描けるとはどうしても思えない。逆にいくつもの問題を引き起こし、社会を混乱に陥らせてしまうはずだ。

そのメカニズムを描き出す前に、まず、「グローバル化」や「新自由主義」について簡単に説明しよう。

「グローバル化」とは、「国境の垣根をなるべく引き下げ、ヒトやモノ、カネ（資本）、サービスの流れをできるだけ自由化・活発化しようとする動き」だ。この動向を望ましいものだと捉え、推進しようとする考え方が「グローバリズム」である。グローバル化は、ヒト・モノ・カネ・サービスの流れを自由化、活発化するために、各国の既存のルールや制度、文化や慣習を大幅に改造し、世界共通のより合理的だと考えられるものに置き換えようとする動向を伴う。

「新自由主義」は、グローバル化の背後にある考え方だ。いわゆる「小さな政府主義」である。「政府部門の縮小や市場競争の導入によって経済社会の効率化や活性化を目指す、一連の理論や運動の総称」だと言うことができる（原谷直樹「新自由主義（ネオリベラリズム）」佐伯啓思・柴山桂太編『現代社会論のキーワード――冷戦後世界を読み解く』ナカニシヤ出版、２００９年、所収）。英国や米国ではサッチャー首相、レーガン大統領の１９８０年代前半ごろから新自由主義は徐々に導入され、他の欧米諸国や日本でも１９９０年代半ばごろから主流の経済思想となり、政策にも多大な影響を及ぼしてきた。

新自由主義の政策には3つの柱があると言われている。貿易自由化、規制緩和、緊縮財政である。新自由主義の考えの下、グローバル化が各国で推し進められるようになった。

3 グローバルな企業や投資家の影響力の増大

新自由主義に基づくグローバル化路線は、しばしば指摘されるように、各国内で、①経済的格差の拡大や②民主主義の機能不全、③国民意識の分断、④国民的価値の衰退（それぞれの国の多くの人々が大事にしてきた価値の衰退）などのさまざまな社会問題を引き起こす。そうした問題が生じるメカニズムを見てみよう。

問題を生じさせる最も大きな要因は、グローバル化路線の進展に伴い、各国における政治的影響力のバランスが崩れてしまうことである。グローバルな企業や投資家の声が非常に強くなる一方、各国の庶民の声はあまり国政に反映されなくなる。

グローバル化路線の下で資本の国際的移動の規制が撤廃され、資本が国境を越えて動き回れるようになると、グローバルな企業や投資家は、各国政府に圧力をかけ、自分たちが稼ぎやすい環境を作らせることが容易になる。「法人税率を引き下げる税制改革を実行しないと貴国にはもう投資しない」「人件費を下げられるよう非正規労働者の雇用を容易にする改革を行え。さもないと生産拠点をこの国から移す」などと要求できるようになるからだ。

各国政府は、国内資本が流出することや、海外資本が入ってこなくなることを恐れ、グローバルな企業や投資家の好む政策を採用することが増える。これらの政策は必ずしも各国の庶民の生活向上には結びつかない。むしろ生活の不安定化や劣化につながる場合が多い。

実際、新自由主義が世界的に流行した1990年代以降、欧米諸国でも日本でもグローバルな企業や投資家に有利な政策が数多く採用されてきた。法人税率の引き下げ、雇用流動化の促進（雇用の非正規化の推進）、株主重視の企業統治改革、低賃金労働力としての外国人労働者や移民の受け入れ、不況下でも稼ぎやすいインフラ事業（電気やガス、水道、あるいは鉄道など）の民間開放や医療の営利産業化などである。

その結果、グローバルな企業や投資家は以前よりビジネスしやすくなった環境でさらに多く稼ぐようになる一方、各国庶民の生活は不安定化し、悪化した。そのため、①の経済的格差の拡大が生じた。また、これは②の民主主義の機能不全も引き起こした。各国の一般庶民の声が、グローバルな投資家や企業の政治的影響力に比べ弱くなり、政治に反映されにくくなったからだ。

加えて、③の国民意識の分断も顕著である。グローバルな企業関係者や投資家といったグローバル化から利益を得る層と、一般庶民層との意識の分断も目立つようになった。大都市に住むことが多い高学歴、高収入の管理職・専門職を中心とする層と、学歴や収入が平均かそれ以下の層（地方に暮らす者が多い）との対立と言ってもよい。EU離脱を巡る英国民の分断、トランプ前大統領の支持・不支持を巡る米国民の分断をはじめ、現在、欧米諸国ではグローバル化推進の賛否で、この2つの層に、選挙をすれば世論が真っ二つに割れる現象がみられる。

また、これまで各国の中間層が支えてきた価値や規範が衰退していく現象もみられるようになる。つまり、④の国民的価値の衰退も指摘できる。たとえば、勤勉さという価値が失われ、個々人がグローバル市場で生き抜くための経済的な抜け目なさといったものに取って代わられることが増える。

4　我が国の事例

我が国でもそうだ。新自由主義に基づくグローバル化を目指す構造改革がここ25年間、日本では盛んに行われた。たとえば、この10年で法人税率は約7％下がった（その反面、減った税収を補うため消費税率は5％上がった）。非正規雇用は今や勤労者の約4割だ。

また、日本企業が大きく変容し、すっかり英米型の株主中心主義になった。日本で新自由主義的改革が本格化したのは1997年以降だが、1997年と2018年を比べると、日本の資本金10億円以上の大企業は株主への配当金を約6倍にした一方、従業員への賃金支払い額はほとんど増やしていない（相川清「法人企業統計調査に見る企業業績の実態とリスク」

『日本経営倫理学会誌』第27号（2020年））。設備投資も増えていない。従業員を大切にし、研究開発にも力を注いだ「日本型経営」「日本型市場経済」など見る影もない。

2019年4月から外国人単純労働者の受け入れも事実上始まった。当然ながら、外国人労働者を受け入れる最大の理由は、人件費の切り下げだ。財界からの熱烈な要求があってのことだ。

これらの事例からわかるように、日本でも上記の4つの問題が生じている。ただ、①の経済的格差の拡大でいえば、日本では格差拡大というよりも、より目立つのは押しなべて中間層が没落したことであろう。最近、「安いニッポン」という言葉がしばしば使われる。日本の年間平均賃金は今や韓国よりも安い。資本を引き付ける力という意味での日本の「国際競争力」は上がった。だが、その反面、日本の一般国民の生活は劣化した。世帯の平均所得は1994年と2018年を比べると約17%も下落した。

また、消費税増税、およびその反面として法人税の減税がたびたび行われたこと、および事実上の移民政策につながる外国人単純労働者の大規模受け入れを認める入管法改正がさしたる議論もされず通ったことなどから鑑みても、②の民主主義の機能不全も生じているといえよう。グローバル企業や投資家の声が大きくなる一方、庶民の声が政府に届きにくくなった。

③の国民意識の分断に関していえば、欧米諸国に比べれば大したことはないかもしれな

い。ただ、日本でもネット世論を中心に「上級国民」「一般国民」という言葉が広まっている。

④の国民的価値の衰退も、いくつかの統計から推測できる。たとえば、日本でも「勤勉さ」という価値を信奉する若者が減ってきている。少々古い統計ではあるが、2014年の「国民性調査」によれば、1988年と2013年を比べると、「努力しても報われない」と考える若者、特に若い男性の数が大幅に増えている。20歳代では26％から37％、30歳代では24％から37％といった具合だ。

さらにいえば、少子高齢化で国民的価値の次世代への継承自体、脅かされているといえるかもしれない。ここで確認しておきたいのは、日本の少子化の主な要因は経済的なものだということだ。若者、特に若い男性の雇用や収入が安定しないことが、晩婚化や少子化が進んだ大きな要因だといえる。たとえば、平成25年度（2013年度）の厚生労働白書によれば、正規社員の男性は34歳までに59・3％が結婚しているが、非正規の男性は28・5％しか結婚していない。生活が安定しないので結婚できないのだ。

5 「グローバル化」ではなく「国際化」を

以上のように、新自由主義に基づくグローバル化路線の果てに、バラ色の未来を描くことは不可能だといえる。この路線の転換の必要がある。

ここでは2つだけ提案したい。1つは、「グローバル化」と「国際化」の概念的区別を明確にすることである。前述のとおり、「グローバル化」は、国境の垣根をできるかぎり引き下げ、ヒトやモノや資本の国境を超える動きを活発化・自由化させようとする動きである。他方、これとは異なる外国や外国人との交流の仕方として「国際化」がありうる。「国際化」は、国境や国籍の除去を良いとはみなさない。「国境や国籍は維持したままで、各国の伝統や文化、制度を尊重し、互いの相違を認めつつ、積極的に交流していく現象、およびそうすべきだという考え方」だといえる。

現在、「グローバル化」と「国際化」の概念的区別が行われていないため、グローバル化を批判することは、外国や外国人との交流自体を拒否することにつながると誤解されやすい。そのためグローバル化を批判すれば、「鎖国主義」「排外主義」を望む者だというあらぬ疑いをかけられてしまう。「グローバル化」と「国際化」の区別を明確にし、「グローバル化には反対だが、国際化には賛成だ」といえる環境を作る必要がある。

もう1つは、資本の国際的移動に国際協調の下、歯止めをかけることだ。先に見たように、資本の国際的移動が無規制であれば、各国の経済政策は、それぞれの国民一般ではなく、グローバルな投資家や企業の要求に過度に配慮したものとなってしまうからである。それゆえ、戦後の福祉国家の時代がそうであったように、国際協調の下、資本の国際的移動に一定の規制をかけ、各国の政策的自律性を回復する必要がある。

各国が政策的自律性を回復するということは、別の言い方をすれば、市場を民主的統制の下に置くということである。

国際協調の下、資本の国際的移動の自由に一定の歯止めをかけ、政府が市場をある程度、民主的に管理や調整できるようになれば、おのずから各国の文化・慣習、福祉に対する考え方、雇用慣行、発展の度合い、置かれた状況などの相違に応じて、各国の経済社会のあり方は異なってくる。たとえば、グローバル化が本格化した1990年代前半ごろまでよく言われたように、「アングロサクソン型」の市場経済だけでなく、「日本型」「ライン型（ドイツ型）」「北欧型」の市場経済といった、それぞれの特徴が生じてくるはずである。

各国は、国民主権を回復し、自国の一般市民がなじみやすく、力を発揮しやすい社会の建設をそれぞれ目指す。自由貿易を絶対視せず、各国それぞれの事情に基づき、どの分野を開放するか、あるいは保護するかは、他国との協調の下ではあるが、基本的には各国の国民が決定権を持つ。そのようなかたちで、各国の庶民層が政治・経済の主人公となりうる、文化多元的で多様な自由民主主義諸国の並立を可能にする世界秩序形成（いわば「グローバル化」ではなく「国際化」の秩序形成）へと舵を切るべきである。

※本節はＪＳＰＳ科研費JP23K01232の助成を受けた研究の成果に依拠しています。

第４節

地方自治体の国際活動環境の未来図

明治大学研究・知財推進機構客員研究員／一般社団法人ＰｉｎＧｒａｃｅ理事　本田知之

１　地方自治体が国際交流？

将来、国際的な仕事に携わりたいと希望する学生は多い。たとえば、学生向け就職支援サイトのマイナビが実施した２０２２年３月卒業見込みの全国の大学３年生、大学院１年生４１，７３１人を対象にしたアンケート調査の結果において、42・６％が海外勤務志向を持っていることが示されている。同社は過去６年間同様の調査を行っているが、一貫して、４割強が海外勤務を希望しており、その人気は根強いものであることが見て取れる。一方、国際的な仕事を志望する学生が思い浮かべる就職先としては、国際機関や外務省、ＪＥＴＲＯやＪＩＣＡなどの海外に特化した独立行政法人、商社・メーカーをはじめとした多国籍企業が主であり、市町村役場や都道府県庁などの自治体を思い浮かべる者は少ないのではないだろうか。むしろ、地方自治体の仕事はローカルで非国際的な仕事の最たる例といったイメージを持っている方も少なくないかもしれない。

表１　海外の自治体との姉妹提携を有する地方自治体数とその割合（2022年４月）

	姉妹提携件数	姉妹提携自治体数(b)	自治体数(a)	姉妹提携自治体の割合(b/a)
都道府県	171	43	47	91%
市	1,259	571	792	72%
区	41	21	23	91%
町	274	219	743	29%
村	40	37	189	20%
合計	1,785	891	1,794	50%

出所：（一財）自治体国際化協会（2021）『姉妹（友好）都市提携に基づく自治体の国際交流について（結果概要）』を基に筆者作成。

しかし、実際には、少なくとも都道府県・政令指定都市レベルでみれば、国際的な活動を行っていない自治体はないといっても過言ではない状況にあり、さらにその動きは年々拡大傾向にある。たとえば、２０１２年に１６５だった日本の自治体の海外拠点数は、２０２１年には２６７となっており、９年間で約６割も増大している。さらに、日本の自治体と海外の自治体との姉妹提携の件数も年々増大しており、表１の通り、２０２２年４月には日本国内の８９１自治体が海外の自治体と１、７８５件の姉妹提携を有するまでに至っている。これは日本の全１、７９４自治体のうちの約半数が海外自治体との姉妹提携を結び、国際活動を行っていることを意味する。加えて、包括的な姉妹提携とは別に、経済や学術のように分野を絞った海外自治体との交流協定・覚書も結ばれており、その数は２０１８年９月時点で３４６となっている。

本稿では、このように拡大する自治体の国際活動（海外での活動だけでなく国内での活動も含む）を取り巻く環境（「地方自治体の国際活動環境」）の実際について、趣の違う2つの市町村役場における事例を紹介するとともに、その未来予想について論じたい。

2　市町村役場の国際活動の事例①
神戸市役所のスタートアップ支援の国際展開

自治体の国際活動拡大の背景には、我が国にとって海外市場の重要性の高まりがあることは間違いない。たとえば、2019年から2021年の3年間で新たに設置された自治体の海外拠点は33拠点であるが、設置理由は、物産の輸出促進、観光客誘致、地元企業の海外進出支援、海外企業の誘致など、そのほとんどすべてが経済的な活動を目的としたものとなっている。この項では、経済分野に重きをおいた自治体の経済活動として、神戸市役所の事例を紹介する。

兵庫県神戸市は、米国シアトル市との姉妹都市関係（1957年締結）を背景として1961年に神戸市シアトル事務所を設置し、教育交流、文化交流、経済交流などの包括的な姉妹都市交流の促進のために長年活動をしてきたが、2015年に名称を神戸シアトルビジネスオフィスに変更し、米国西海岸のスタートアップの神戸市への誘致と神戸市内企業の米国進出への支援という経済内容に特化した活動を行っている。また、シアトルオフィスの代表が兼務する形で、２０１９年にはシリコンバレーオフィスも開設しており、２０２２年4月現在は市役所から派遣された職員1名と現地採用の1名（パートタイム）の２名で活動を行っている。神戸市ではもともと神戸における起業家支援・誘致に力を入れていたが、シアトルビジネスオフィスはその取り組みをより国際的に拡張するための人材交流を推進する役割を担っている。最も象徴的な取り組み事例は、シアトルオフィスの活動を通じてコネクションを形成した国際的アクセラレーター500 Global をパートナーとしたアクセラレータープログラム「500 KOBE accelerators」（２０２１年度からは「500 Founder Academy」に名称変更）の開催である。この取り組みでは、２０１６年度から毎年度、世界中のアーリーステージのスタートアップを対象とした4週間のアクセラレータープログラム（注１）を提供しており、これまでに参加したスタートアップが集めた投資額は１００億円超に至っている。さらに、神戸市の起業支援環境の認知が上がったことをきっかけに、２０２０年11月には、国連プロジェクトサービス機関（ＵＮＯＰＳ）が神戸市に世界で3番目のイノベーションセンターを開設し、グローバルなＳＤＧｓ課題の解決を目指す共創型のアクセラレーションプログラムを展開しており、起業支援のグローバル展開がさらに加速している。なお、これらのプログラムに参加し、法人の設立をした場合であっても、神戸市に法人登記する義務はない。しかし、外国人起業家が神戸市に対して起業準備活動の計画を提出し、認定されることで、最長で1年間、起業準備活動のために入国・在留することが可能となる「神戸市スタートアップビザ」制度を提供することなどで、神戸市での外国人起業家による会社設立を促進し、実際に海外スタートアップが神戸に拠点を形成している。

２０２２年は、神戸・シアトルの姉妹都市締結65周年に当たり、市長の相互訪問のほか、神戸市の企業関係者によるシアトルの主要企業（マイクロソフト等）訪問などが行われた。これをきっかけに、翌年２０２３年には、ＡＩなどの最新技術を使った共創を促す施設「マイクロソフト AI Co-Innovation Lab」が神戸市内に開設されることが決定するなど、神戸のグローバルスタートアップエコシステムのさらなる展開が期待されている。

3　市町村役場の国際活動の事例②
東川町役場の地域課題解決のための国際交流

北海道上川総合振興局管内の旭川市から車で約20分の距離に位置する東川町は、人口8、４４５人の小さな町である。町面積の約70％が森林で占められており、東部は日本国内最大の山岳公園である「大雪山国立公園」の区域となっている。東川町の人口は１９５０年の1万７５４人をピークに１９９３年3月には6、９７３人まで減少したが、１９９５年頃からの大規模な宅地造成や２０１０年代以降の東川町役場の本格的な移住定住政策や旭川空港・旭川市へのアクセスのよさが功を奏し、1993年から2021年までの間に21%の人口増を実現している。

東川町の取り組みが特徴的なのは、そういった地域振興政策の中に国際交流を位置づけ、地域課題の解決につなげている点である。東川町の国際交流は、1985年に「写真の町」宣言を行い、「東川町国際写真フェスティバル」を開始したことが事の発端である。現在も続くこのフェスティバルを通じて、海外在住のカメラマンをノミネートする人たちと東川町とのネットワークが形成された。2021年には、東川町がもともと「旭川家具」で有名な家具の名産地であることから、写真フェスティバルに加えて、国際的な建築家・隈研吾氏とタイアップした国際的な家具のデザインコンペ「KAGU Design Competition」を初開催したが、海外居住者とのネットワークを活かして、世界41カ国から1,876件ものエントリーを獲得している。また、2009年には、日本語を学びたい留学生の受け入れ（「東川町短期日本語・日本文化研修事業」）も開始し、それを発展させる形で2015年に全国初となる公立の日本語学校である「東川町立東川日本語学校」を設立した。この日本語学校の生徒の募集・選定や日本への送り出しは、台湾、タイ、中国、韓国、ベトナムにある東川町の海外拠点の「日本語留学生支援事務所」が担当している。これらの海外事務所は、海外居住の個人や法人への業務委託という形をとっているが、日本の「町」役場のうち、海外拠点を有しているのは全国でも東川町が唯一である。東川日本語学校のほかにも、東川町内の旭川福祉専門学校も日本語学科を設置しており、東川町内には常時300名程度の留学生が滞在している。東川町ではこれらの町内在住外国人に向けたウェブサイトも運営し、各種イベント情報を発信して日本人の町民との国際交流を促進しているほか、外国人向けの求人情報も発信している。これにより、アルバイトという形で不足する町の労働力の確保にもつながっている。また、東川町では高齢化率が32・8%(2020年)に達しており、介護福祉人材の確保が地域課題の1つとなっている。この課題の解決のために、東川日本語学校で日本語を学んだ留学生が、旭川福祉専門学校で介護・福祉を学ぶなど、介護福祉分野での外国人介護福祉人材の養成にも取り組んでいる。

東川町では、上記のような取り組みなどを運営するために、国の外国青年招致事業(JETプログラム)を通じて15カ国から19名もの外国人青年を役場などの公共機関に配置している。彼らの活躍によりさまざまな町民との交流イベントの実施、留学生へのより細やかなケア、海外との連携事業の拡大などにつながっている。

4 地方自治体の国際活動環境の未来

パンデミックの中においても、自治体の国際交流環境は拡大を続けている。たとえば、パンデミックが本格化した2020年、2021年の2年間の間も、日本の自治体は新たに18

件もの海外拠点を開設している。先述の通り、その背景には我が国にとっての海外市場の重要性の増大があるが、そのことを示す現象の1つとして農林水産物・食品の輸出額の拡大があげられる。日本の農林水産物・食品の輸出額は、2021年には1兆2、385億円（対前年25・6％増）と初めて大台を突破した。農林水産省は、2025年に2兆円、2030年に5兆円という意欲的な目標を掲げているが、農林水産物・食品などの地域の物産の海外販路の開拓については、各自治体による海外におけるブランド化などのプロモーション活動が果たす役割も非常に大きく、これらの活動は今後さらに加速するであろう。また、神戸市の実施しているような海外企業・人材の誘致などについても、世界に伍するスタートアップ・エコシステムを日本国内に発達させるため、内閣府は2020年7月に東京、名古屋・浜松、大阪・京都・神戸、福岡の国内4カ所をグローカル拠点都市と定めて、地域を重点化してその取り組みを加速させている。シリコンバレーやシアトル、深圳のように世界中から優秀な人材が集まる拠点を実現するためには、ビジネス環境の改善、外国人にとって住みやすい環境の確保やそれらの施策の世界的な認知度の向上が必要である。そのためには、国が行うような「大きな話」だけではなく、各地域におけるグラスルーツ的な活動が肝であり、国際化戦略の企画・実行のディティールにこだわることができる各自治体の役割が非常に重要となってくるであろう。

さらに、自治体の国際活動環境の拡大の必要性を後押しする要因として、在留外国人数の増加がある。パンデミックの影響のため、２０２０年、２０２１年は在留外国人数は減少しているものの、長期的には増加傾向であり、２０２１年の約２８２万人は10年前の約２０５万人に比べ、約4割も増加している。外国人住民の増加・多国籍化を受け、総務省は、２００６年に策定した「地域における多文化共生推進プラン」を２０２０年9月に改訂し、ＩＣＴを活用した行政・生活情報の多言語化、留学生の地域における就職の促進、外国人住民の地域活動への参画促進、都市部以外での外国人材の受け入れの実現などを掲げている。本稿でご紹介した東川町の取り組みはこれらの先進事例といえ、単に必要に迫られて取り組みを実施しているのではなく、国際化の取り組みを町おこしや地域課題の解決につなげ、発展させることができることを体現している。もちろん、どこまで国を国際社会に対して開き、どれくらい外国人を受け入れるべきかについては多くの議論があるが、海外出身の住民が活躍をし、自己実現を図れるような環境を整備することの重要性が増してくることは間違いない。

こういったことを背景に、地方自治体の国際交流の環境の未来図は、具体的にどうなっていくだろうか。新型コロナウィルスによるパンデミックは、自治体の国際活動環境にも大きな影響を与えた。（一財）自治体国際化協会（CLAIR）が実施した調査（回答数1、２８９自治体）によると、２０２０年度に国際交流事業を中止（延期含む）した自治体は、都道府県で53・３％、市町村で65・６％に及んだ。一方で、パンデミックをきっかけにオンラインでの国際交流に取り組む自治体が増えている。オンラインでの交流体験は、現時点では対面のものほどの鮮明さはないものの、メタバース技術等の進歩により、臨場感を持った体験が可能となれば、予算、人員、パンデミックによる渡航規制などの制約に影響されない新たな地方自治体の交流環境の創出につながる。自治体機能をメタバース上に再構築し、その一部として海外に向けた交流施設を創造し、それを拠点とすることで、海外に向けたさまざまな交流イベント、プログラムを開催・発信することができる。たとえば、姉妹都市間で共催の文化祭りや、海外のバイヤーに向けた地域物産品の商談会などの経済イベントなどもメタバース上で開催されることになる。今まではできなかった頻度や気軽さでさまざまな国際活動が展開されることとなり、従来はなかった人と人のマッチング・協業を生むであろう。さらに、オンライン技術・メタバース技術は、参加への気軽さのために、これまで国際交流には縁のなかった住民の参加を呼び込む。従来の姉妹都市交流では、市町村長などの有力者、学生のみが参加していたが、地理的制約のないメタバースの世界では極論をいえば町ごと、コミュニティごとのお付き合いも実現できる。筆者は、これまでは参加していなかった（できなかった）住民を国際交流に巻き込むことで、さまざまな社会課題の解決につながる可能性を秘めていると考えている。

その1つの可能性をお示ししたい。少子高齢化が進む中で、独居高齢者の孤独（心）のケアをいかに行うかということが、日本全体として社会課題となっている。高齢化率の高い地方では、高齢者の心身の健康の維持はコミュニティ全体の活力にも関わる喫緊の課題である。従来であれば、このような独居高齢者が国際交流の場に参加するということはほとんどなかったであろうが、メタバースの世界では彼らは主役になりうる。彼らは潜在的なニーズとして「会話相手がほしい」というものを抱えているが、一方で、世界を見渡すと、それに対応するニーズを抱えている集団もいる。日本語学習者である。2018年の国際交流基金の調査によると、海外で日本語を学習しているものは385万人にも上ると言われているが、彼らは必ずしも日本語のネイティブ・スピーカーとの会話の機会に恵まれておらず、日本語のネイティブ・スピーカーとの会話の機会を欲している。メタバース上の交流施設で、これら二者をつなぐイベントを開催することで、独居高齢者は学習者との会話の機会を得て日々の活力を取り戻すことができるし、日本語学習者にとってはネイティブ・スピーカーとの日本語の会話練習や日本の文化を知る機会を得ることとなり、ひいては知日派・親日派の育成にもつながる。

少子高齢化の進行により自治体、地域の国際交流を維持することは難しくなるだろうという見方もあるが、むしろ人口が減少しているからこそ外部との多様なつながりを維持・発展させることが自治体・地域コミュニティが活力を持って存続するために必要である。先端技術をうまく活用することで、交流に要するコスト・手間を削減するとともに、新たな形での地方自治体の国際交流・活動の形が実現される。そして、その交流を通し、人間同士のさまざまな化学反応が起こることで、自治体・地域コミュニティの生き残りのための活路が見えてくることも期待される。

【注】

（1）スタートアップのビジネスの成長を目的として、各種専門家からのメンタリングや協業候補者との出会い等を提供する短期集中プログラム。プログラムの最後にはビジネスアイディアのピッチを行い、優秀なビジネスアイディアには企業や投資家からの投資機会が得られる。

参考文献

（一財）自治体国際化協会（２０２２）「関係機関・自治体の窓口」http://www.clair.or.jp/j/inquiry/other.html#lg（閲覧日：２０２２年４月27日）

（一財）自治体国際化協会（２０２１）『姉妹（友好）都市提携に基づく自治体の国際交流について（結果概要）』

外務省（２０２２）「グローカル外交ネット　姉妹都市・友好都市提携」https://www.mofa.go.jp/mofaj/ms/lpc/page25_001879.html（閲覧日：２０２２年４月27日）

神戸市（２０２２）「創業（スタートアップ支援）」https://www.city.kobe.lg.jp/a14333/business/sangyoshinko/shokogyo/venture/newindustry/index.html（閲覧日：２０２２年４月27日）

総務省ホームページ「地域の国際化の推進」https://www.soumu.go.jp/kokusai/index.html（閲覧日：２０２２年４月29日）

谷脇茂樹（２０１９）「北海道東川町に見る小規模都市の地方創生」『富山国際大学現代社会部紀要』第11巻第２号、53－67頁、富山国際大学。

内閣府 科学技術・イノベーション推進事務局（2022）『スタートアップ・エコシステム拠点都市における取組について』。
東川町ホームページ https://higashikawa-town.jp/（閲覧日：2022年4月27日）
東川町立東川日本語学校ホームページ http://higashikawa-jls.com/（閲覧日：2022年4月27日）
本田知之（2022）「協定署名直後にパンデミックに。（愛知県小牧市・豊山町と米国グラント郡の交流）」https://www.mofa.go.jp/mofaj/gaikc/local/page23_003788.html（閲覧日：2022年4月29日）
（株）マイナビ（2021）『マイナビ 2022年卒大学就職意識調査』。

第5節

会計環境の未来図

国士舘大学教授　佐藤　恵

1　会計の役割の変化

会計の歴史をさかのぼると、富を把握し記録したいという人間の欲求が芽生えた古代メソポタミア文明にたどりつくとの説がある。過去から現在に向かって会計の変遷をたどると、ルネサンス期の北イタリアにおいては、海上貿易の出資者に富を分配する必要性から「簿記」が誕生した。そして、産業革命期のイギリスにおいては、鉄道会社の設備投資の必要性から減価償却といった「会計の技法」が発明された。さらに世界恐慌後のアメリカでは、証券市場の安定化を目指して「会計制度」が整備され、各国に普及するに至った。

このように歴史を俯瞰すると、会計は、経済社会環境が大きく変わる潮目にあわせて、「新たな役割」を付与されて複雑化してきたといえる。なぜなら、会計の使命は、企業・組織を取り巻くステークホルダー（投資家、債権者、取引先、経営管理者、従業員などの企業の利害関係者）のニーズに応える情報を提供することにあり、そのようなニーズが時代によって変化を遂げてきたからである。ここで企業・組織を取り巻くステークホルダーのニーズを「会計をかたちづくる環境要因」と捉えて「会計環境」と呼ぶことにしよう。

現在、会計環境は大きな変化の潮目にある。ＥＳＧ投資の高まりを受けて、企業に対するステークホルダーのニーズが大きく変化しているからである。ＥＳＧ投資とは、環境(Environment)・社会(Social)・ガバナンス(Governance)の観点を重視した投資の在り方をいい、投資にＥＳＧの観点を組み入れることを掲げた国連責任投資原則(ＰＲＩ)がその背景にある。日本では２０１５年に年金積立金管理運用独立行政法人(ＧＰＩＦ)がＰＲＩに署名したことを契機にＥＳＧ投資が広まった。

ＥＳＧ投資に際しては、当然ながら企業の財務情報だけでは不十分である。そこで投資家はＥＳＧに関する情報として、企業活動におけるサステナビリティ関連情報の開示を求めるようになった。

2　サステナビリティ開示基準の発展

冒頭で触れた会計の歴史とは、「財務情報」の適正開示に至る道程でもあった。ここで会計環境が一変し、「非財務情報」である企業のサステナビリティ関連情報の適正開示という難問にも直面することになった。結論からいえば、この難問に対して会計基準設定団体のみならず、環境問題に取り組むさまざまな専門団体が開示ガイダンスを公表する展開となった。代表的なガイダンスを列挙すると、国連環境計画（ＵＮＥＰ）の協力機関であるグローバル・レポーティング・イニシアチブ（ＧＲＩ）が２０００年に公表した「ＧＲＩスタンダード」、２０１０年に国際会計基準審議会（ＩＡＳＢ）が公表した「経営者による説明」（ＭＣ）、同じく２０１０年に気候変動開示基準審議会（ＣＤＳＢ）が公表した「気候変動報告フレームワーク」、２０１３年に国際統合報告協議会（ＩＩＲＣ）が公表した「国際統合報告フレームワーク」（ＩＲフレームワーク）、２０１７年に金融安定理事会（ＦＳＢ）の気候関連財務情報開示タスクフォース（ＴＣＦＤ）が公表した最終報告書（ＴＣＦＤ提言）、２０１８年に米国サステナビリティ会計基準審議会（ＳＡＳＢ）が公表した「ＳＡＳＢスタンダード」がある。

専門性が異なる複数の団体による開示ガイダンスが乱立することで、投資家は企業間で比較可能なサステナビリティ情報を入手できない事態に陥り、他方、企業自身もいずれのガイダンスを採用すべきかを判断するコストを負うこととなった。このような混乱を解決するために、２０２１年11月に国際会計基準（ＩＦＲＳ）財団が国際サステナビリティ基準審議会（ＩＳＳＢ）を設立し、２０２２年3月には、「ＩＦＲＳサステナビリティ開示基準」の公開草案を公表している。ＩＦＲＳサステナビリティ開示基準の内容は、上記のガイダンスを包含したものとなっている。

通常、会計基準の開発期間は長期にわたる。10年間の審議を経てようやく公表される基準も存在する。しかしながら、IFRSサステナビリティ開示基準に関しては、審議会設立から数カ月間で公開草案が示され、基準開発のスピードが加速している。サステナビリティ開示基準の発展は、ステークホルダーのニーズの急速な高まりという会計環境の変化が背景にある。

3 サステナビリティ開示基準の特徴～「負の情報」の開示

サステナビリティ基準の特徴の1つとして、負（ネガティブ）の情報の開示要請について取り上げる。ここでは最もわかりやすいガイダンスとして、2021年にIIRCが改訂したIRフレームワークの記述を参照する。

IRフレームワークでは、組織の長期にわたる価値創造に関する情報開示を要請している。価値創造とは、組織の事業活動とアウトプットによって資本が増加、減少、または変換された形で現れる。ここで資本とは、財務資本、製造資本、知的資本、人的資本、社会・関係資本、自然資本の6つの資本を指し、価値のストックをあらわす。そしてこれらのストックは、組織のビジネスモデルによって長期にわたり変化し、資本フローをもたらす。図1は、以上の価値創造プロセスを図式化したものである。

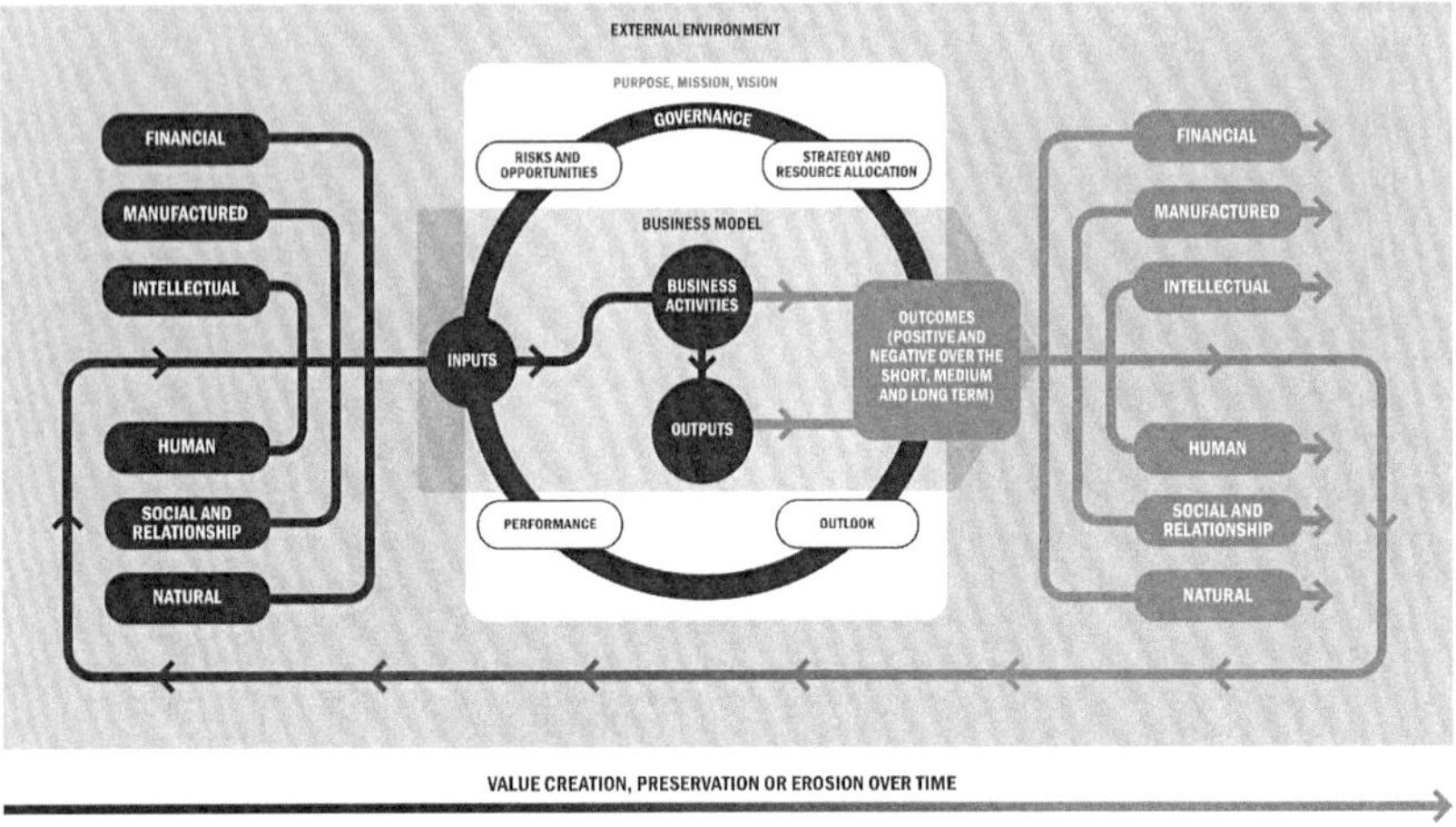

図1　IR フレームワークにおける「価値創造プロセス」
出所：IIRC（2021）Figure 2.

図1に示すように、組織の価値創造モデルの中央部にはビジネスモデルがある。ビジネスモデルは、インプット、事業活動、アウトプット、アウトカムで構成される。ここでアウトカムとは、事業活動とアウトプットの成果としてもたらされる資本の影響をいい、正（positive）と負（negative）の両面が含まれる。理解を促すために、自動車メーカーのケースで説明すると、ビジネスモデルのアウトプットは製品である自動車となる。そして、アウトカムは正と負の両面が開示対象となる。正のアウトカムとしては、①企業利益をはじめとする財務資本の増加、②ブランド・評判の向上といった社会・関係資本の増加、が開示される。他方、負のアウトカムとしては、③製品に起因する大気汚染といった自然資本の

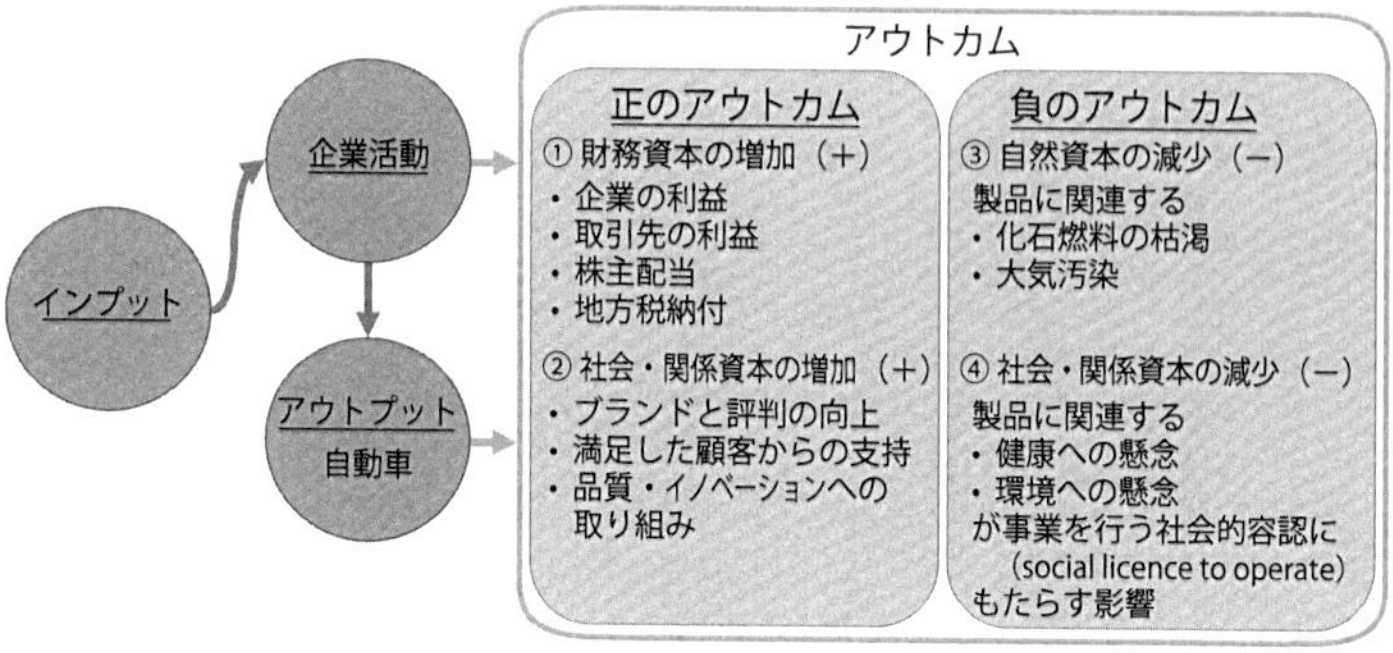

図２　ビジネスモデルにおけるアウトカムの開示例

出所：IIRC（2021）Figure 2 および p.43 に基づき筆者作成。周・佐藤（2022）の図に加筆した。

減少、④製品に起因する健康や環境への懸念がソーシャルライセンス（事業を継続するための社会的容認）にもたらす影響、すなわち社会・関係資本の減少、が開示されることになる。図２は、以上を図式化したものである。

この一例に示されるように、サステナビリティ開示基準では、アウトカム情報について、正のみならず、負の側面まで開示を要求するという特徴がある。

4　これからの会計の役割～企業が自ら「負の情報」を開示できるか？

サステナビリティ情報のうち、特に気候変動に対するアウトカムに関しては、世界的に開示規制が強化されつつある。日本においても２０２２年４月から東京証券取引所がプライム市場の上場企業に対して、ＴＣＦＤ提言に沿った気候変動情報の開示を求めている。

　周知のとおり、気候変動に対する企業の取り組みは、（熱量の高い企業であっても）本格化してまだ日が浅い。したがって、温室効果ガス（ＧＨＧ）排出量の削減目標に到達しないケースが多くを占め、負の情報開示が前提とならざるを得ない。これからは、自然資本や社会・関係資本などの減少を負の情報として企業が積極的に開示できるようガイダンスを整備していく必要がある。

　２０２２年10月に国連気候変動枠組み条約事務局が公表した報告書では、パリ協定締約国（１９３カ国・地域）がＧＨＧ排出量の削減目標を達成したとしても、今世紀末までに世界の気温が２・５度上昇する可能性があるとの厳しい結論が示された。（パリ協定の努力目標である）１・５度に抑えるためには各国の現行の削減目標では不十分であり、各国政府が対応策を強化し、確実に行動に移すことが喫緊の課題として指摘されている。

　ここで締約国に属する企業の行動を可視化するツールの１つとして、サステナビリティ開示基準に基づく企業報告に大きな期待が寄せられている。と同時に、会計の歴史を顧みても明らかなように、負の情報開示を回避する企業行動を抑止する手立てが必要視される。監査による情報の信頼性確保もさることながら、会計環境を整える――すなわち、ステークホルダーが短期投資に走らずに、長期的な視点をもって企業活動を見守る姿勢がより一層求められることになるだろう。

参考文献

グリーソン＝ホワイト、J（２０１３）『バランスシートで読みとく世界経済史』（川添節子訳）日経ＢＰ社。
佐藤　恵（２０２２）「非財務報告におけるレジリエンス概念の予備的考察―財務弾力性評価の現代的意義―」『横浜経営研究』第43巻第1号、２８８－３０６頁。
三代まり子（２０２１）「［改訂版］国際統合報告フレームワークと企業価値評価におけるポイント」『月刊資本市場』第４３２号、４－13頁。
周　炫宗・佐藤　恵（２０２２）「「失敗」からはじまるダブル・ループ組織学習に関する一考察―非財務報告における負の情報開示の意義―」『千葉経済論叢』第66号、１２７－１４５頁。
田中靖浩（２０１８）『会計の世界史　イタリア、イギリス、アメリカ―５００年の物語』日本経済新聞出版。
古庄　修（２０１８）『国際統合報告論』同文舘出版。
IIRC（2021）. The International IR Framework. IIRC.
United Nations Climate Change（2022）. Climate Plans Remain Insufficient: More Ambitious Action Needed Now. https://unfccc.int/news/（閲覧日２０２２年10月31日）

第4章　価値観と教育

第1節　多様な価値観が共有された未来の交友環境

明治大学兼任講師　土居拓務

1　情報化社会のずっと先にある社会

1994年、1枚の写真がスーダンの貧困の実情を世界に伝えた。その写真は『ハゲワシと少女』。同年にピューリッツァー賞を受賞したケビン・カーターにより撮影された。インターネット環境が普及していなかった当時、諸外国の実情を知る手段は限られていたため、その1枚の写真に世界が注目した。

マスメディアの影響力は情報発信の量と質に依存する。情報量が肥大化した現在は、ニュースの質が問われ、マスコミの善悪までが囁かれるようになる。画像処理技術も向上し、さも本人が発言したように加工されたフェイク動画も存在する。ウクライナのゼレンスキー大統領のフェイク動画がYouTubeで配信されたことは記憶に新しい。この先、人類は指数関数的に増え続ける情報の、その真偽も疑いつつ、それに接することになるのだろう。未来人が備える情報処理能力は我々のそれをはるかに凌駕する。

フェイク情報が出回ることは歓迎できない。しかし、とある情報が仮にフェイクだった際に人々が驚かなくなる社会も面白い。憤りの有無は別として、想定の範囲内として享受する。想定範囲を広くすることは、思考の幅を広げ、物事を柔軟に考えることにもつながる。

物事を柔軟に考えられる人は他者との衝突が少ない。他者の思考や動機を理解できるため、些細な小競り合いを回避できる。多くの情報に触れ、その情報を吟味する思考様式は、ずっと先の未来で『多様な価値観を共有する社会』を創り上げると予想できる。

2 自身と他者の価値観の違いを認識する心理テスト

有名な心理テストを紹介する（図1）。筆者がこのテストを知ったのは2006年に経営コンサルタント会社である合資会社ウェイクアップの越山和明代表から「ディベートとディスカッションの違い（注1）」を学んだ際である。一組数名のグループで図1の心理テストを行い『グループ内で意見を統一しなさい。ただし、グループ内全員が統一された意見に納得すること』という課題が与えられた。この課題解決には、ディベートではなく、ディスカ

L子とM男は愛し合っており，結婚資金として500万円を2人で貯金していました。

2人は大きな川を隔てた隣同士の村に住んでおり，1本の橋を渡って行き来していました（携帯電話などは存在せず，この橋が唯一の交流手段）。

ある日，大雨で川が氾濫し，唯一の橋が流されてしまいました。

川の流れは強く，泳いで渡ることはできません。

2人は交流する手段を失ってしまいました。

半年ほど経過しましたが，橋はまだ復旧しません。

L子はM男のことが気がかりでなりませんでした。


ある日，L子が川の向こうを眺めていると，一人の船頭（B男）がいました。

B男は立派な船を持っていて，「この船なら向こう岸に渡れる」と言いました。

そこでL子は「その船で私をM男さんのところに連れて行って」と事情を話してお願いしました。

それに対してB男は「構わない。ただ，条件がある。それは結婚資金として貯めた500万円を私に支払っていただきたい」と答えました。

L子は迷いましたが，（これは2人で貯めた資金だから…）とB男の条件を断りました。


またある日，L子が川の向こうを眺めていると，別の船頭（S男）がいました。

S男も立派な船を持っていて，「この船なら向こう岸に渡れる」と言いました。

L子は事情を説明して向こう岸に渡していただくようお願いします。

それに対してS男は「私はお金なんて要らない。ただ，条件として，L子さんを一度だけ抱かせてほしい」と言いました。

L子は迷いましたが，S男に抱かれることにしました。


こうして，向こう岸に渡ったL子は，無事，M男に会うことができました。

L子はこれまであったすべての経緯を正直にM男に話しました。

それを聞いたM男は「あなたとは結婚できない。別れよう」と言います。

L子は失意のまま，どうにか村へ帰りました。


L子が川を見つめて泣いていると，H男に声をかけられました。

「私はL子さんのことをずっと見ていました。あなたは理想の女性です。是非，お付き合いしてくれませんか」

—以上

質問

登場人物（L子，M男，B男，S男，H男）について，好感を持った順に並べてください。

図1　心理テスト

（注）本心理テストはアレンジ版を含め多くの種類が存在するが，ここでは有限会社ウェイクアップ越山代表に学んだ内容を掲載する。

ッションの手法を必要とした。

実際に図1をご覧いただき、知人とともに実施してみて欲しい。回答は当然のごとく相違し、知人はあなたにとって、むしろ驚きの意見を提示する。そして、この課題の困難さを実感するであろう。

心理テストの種明かしをすると、図1の物語に登場する人物は、それぞれが頭文字の価値観を体現した行動をとっている。L子はLove（愛情）、M男はMoral（道徳）、B男はBusiness（ビジネス）、S男はSex（性交）、H男はHumanity（人間性）である。好感を持つ順に並べることは、あなたが日常で重要視する価値観に順位付けすることを意味している。この順位付けには120通りが存在し、他者と完全に一致する確率は極めて低い。筆者も複数の知人と本心理テストを実施してみたが、これまで回答が一致したことはない。

本心理テストの実施後、多くの被験者は困惑する。ほとんどの人が他者の価値観は自身と同じ（または似通っているもの）と思い込んでいるからである。なかには他者の価値観を「間違っている」として罵倒することもある。自身の価値観の正しさを認めさせようとディベートを始めてしまう。

さて、この多様な価値観を話し合いで統一するにはどうしたら良いであろうか。それは一段高いところに共通認識を仮定してディスカッションを開始するのであるが、その詳細を説明すると本稿の趣旨から逸脱するため割愛する。

本稿の結論を先に言うと、現在は困難であろうこの課題が50年、100年後の未来には常識的に解ける課題になっている。その根拠は冒頭で説明した情報化社会の進展に加えて、近年の若者の傾向から補強できる。50年、100年後の社会を担うのは現在若者とされる世代の子孫である。そうなると現在の若者の傾向から未来社会における一般的な交友環境を考察するのは自然であろう。

3　近年の若者（注2）の傾向

現在の若者を前世代の若者と比較する際、その特徴として、多様な価値観を共有できることと、社会を客観視する環境が備わっていることが挙げられる。

『若者のトリセツ』（2009年）を執筆した岩間夏樹氏はインタビュー（注3）にて、現在の若者は多様な価値観に触れる機会に恵まれていることを指摘した。Web環境が備わらない頃、上司や先輩の価値観が部下や後輩に与える影響は大きかった。しかし、SNSが普及した近年は、より影響力のある人物とも容易につながることができる。上司や先輩の考え方に疑問を抱いたならば、すぐにWebで検索し、それについてのさまざまな意見を参照できる。「考え方は一様ではない」ことを現在の若者は常識的に認識している。

かつて尊敬された〝オトナの知見〟はSNSやWeb検索にとって代わられ、今や疑うべき偏見とまでに価値を落としているかもしれない。２０１８年にＯＥＣＤが「親や教師を尊敬しているか」と１８６カ国の中学生２万人にアンケートしたところ、日本では「はい」と回答した割合が最も少なかった。これは多様な価値観に触れてこなかった前世代の若者（現在のオトナ）が、現在の若者が触れている多様なそれを認識できず、年功序列を背景に強引に価値観を押し付けることへの反発と思えなくもない。

「統計学は何十年かの周期で流行する」とされ、現在もその真っ只中である。『Harvard Business Review』（２０１２年）が「データサイエンティストは21世紀で最もセクシーな職業」と紹介して早くも10年が経過するが、未だ廃れる様子はない。２００４年に提唱されていたＤＸ、ビッグデータ、ディープラーニングなどの概念とも結びつき、より重要性を高めている。２０２２年４月のクリックテック・ジャパンの報告（調査：米Ｑｌｉｋ）によると２０３０年に最も重宝される技術は人工知能や機械学習であるという。つまり、量的データを取り扱う統計学の流行は今後もしばらく続くのであろう。

若者は時間評価が長く、データサイエンスの流行から大きな影響を受ける。そのため現在の若者はオトナと比較して、量的データへの信用を高めているだろう。客観性の高い量的データを重んじる姿勢から、客観性を重視するという思考が無意識に備わっていると推察する。その姿勢は自身の行動や言動に対しても例外ではない。自身を客観視し、俯瞰して眺めることで、他者との価値観の相違に気づくことができる。そして、どうすれば価値観を近づけることができるか、なぜ他者は自身と違う価値観を有しているのかなどを冷静に考察できる。

近年の若者の行動特徴を「いい子症候群」と表現した金沢大学の金間大介教授は、最近の若者は協調性を重んじ、他者の意見を尊重し、競争を嫌う方向にシフトしていると説明する（注4）。この解説に筆者も大いに納得する。もはや［きょうそう］の漢字として『競争』を充てるのは間違いで、『共創』や『協奏』が正しく、「他者と競争するのでなく共走したい」と考えるのがこれからの若者ではないだろうか。

なお、共創や協奏、共走は、他者と連携するうえで重要視される素晴らしい概念である。他者の意見や価値観を認め、それらを統合して新たな意見や価値観を生み出すことである。競走と共創・協奏の概念の違いは、先の心理テスト課題におけるディベートとディスカッションの違いに相当する。

若者の傾向には賛否両論あるが、より社会を客観視することができ、より多様な価値観を認識することで、物事の本質的な問題に迫れる場面は少なくない。先の心理テストでは、自身と違った回答を提示した他者に対して「あなたは間違っている」と憤るのでなく「なぜ違う回答になったのだろう」と本質的な議論へと思考を向かわせることができる。

ここで面白い話を紹介したい。カリフォルニア大学のプロッコ教授によると、年長者が若者を劣っているよう誤認する心理には平均以上効果（注5）が関係しており、人類は過去

2600年間にわたり同じような不服を口にしてきた（注6）。この2600年とは文献で遡れた範囲であるそうだが、これが人類に備わった認知バイアスである以上、おそらくは人類が世に着地した頃から繰り返されてきたのであろう。

以上から未来を1つ予測すると、「最近の若者は…」と次世代の若者を蔑む風潮は、近い将来に終わりを告げるだろう。人類に普遍的に存在したように思えたバイアスに終止符が打たれることを考えると何とも感慨深い。

4 優柔なる人々で構成される未来社会

多様な価値観が共有されることで交友環境、つまり、コミュニケーションのあり方が変化し、社会でもさまざまな変化が起こる。以下は筆者が予想する未来のほんの一部である。

まずは日常語が変化する。現在、ごく一般に使われる『論破する』という言葉は死語になる。論破は他者の価値観を軽視する侮蔑的な表現として忌避される。また、否定的な意味で用いられている優柔不断の『優柔』という言葉にも変化が起こる。これは多くの事柄を考慮するあまりに判断が遅くなってしまう様を指すが、多様な価値観を比較考量して決断する未来社会では、日常的に発生する。そのため優柔に物事を考えられないことが逆に問題視され、否定的なニュアンスから一転して肯定的な場面で使われるようになる。例文を挙げるならば

「優柔な判断により素晴らしい成果を挙げた」などであろうか。なお、優柔不断の対義語である積極果敢などは、変わらず肯定的な四字熟語として引き継がれる。

現在は自信満々に発言することが求められるコメンテータであるが、未来では自信なさそうに勇気を持って発言する姿が最善とされる。テレビの視聴者も「勇気を出してよく言った」とコメンテータを評価する。そして、コメンテータは考えつく限りの多様な意見を視聴者に向けて発信することになる。

買い手の購買意欲に訴えかけるようなセールストークは価値を失う。未来の営業マンは客観的な判断に資する商品のデータを顧客に提供し、顧客の意向を汲み取ったうえで控えめに商品を宣伝する。宣伝方法による売上げの差異はほぼなくなり、開発の段階でいかに需要ある製品をプロダクトするかが企業の関心事になる。

とりわけ重要度を高める職業に教員があろう。この頃になると、生徒の両親も多様な価値観を共有し、教鞭を執る難しさを理解するため、モンスターペアレントは数を減らすであろう。ただ純粋に「多様な価値観を共有し、教示する」という作業が困難を極める。教育カリキュラムには価値観共有、他者理解などが加わり、他者は何を考えているのか、どのように価値観を共有するのかというテーマが義務教育（主に小学校・中学校）の主軸になる。現在、学習されている国語、算数などの従来型の科目はプログラミング授業に置き換わることで学習時間を大幅に削減することに成功する。そして、その削減された時間にこれら新科目が設置される。機械を扱うプログラミングと対置された新科目には当初から期待が集まり、50年、100年後の未来においても、なお、その重要性は高まり続けている。

多様な価値観を認知できるため、認識の食い違いによる些細な小競り合いは劇的に少なくなる。しかし、合理的な行動に裏打ちされた争いは絶えることがない。たとえば、未来の人々は飢餓や疫病で喘ぐ貧困国の苦しみをありありと感じることができよう。しかし、その人々を助けるメリットやデメリットなどを比較考量し、冷徹に見放すこともあるかもしれない。現在の我々であれば胸の痛むような見殺しも、図太い神経でこなしてしまう。客観主義、合理主義の善し悪しを如実に体現するのである。

未来人は頭が大きく手足の細い宇宙人のような姿で描かれることが多い。その姿に人間味のない冷徹さを感じるのは筆者だけであろうか。多様な価値観と知性を持ち合わせるも、面と向かって意見をぶつけ合えない未来では、穏やかながらもどこか冷たい風が吹いている。

【注】

（1）ディベートは意見の異なる他者に持論を認めさせることが目的なのに対して、ディスカッションは意見交換により有意義な結論を導くことが目的である。

（2）本稿のテーマである価値観概念を理解できる年齢であり、内閣府『子ども・若者白書』（2014）にて用いられた15－34歳頃を仮定する。

（3）東洋経済（2022）より概要を抜粋している。

（４）NRNOTE（２０１９）より概要を抜粋している。
（５）自身を集団内で比較評価したとき平均以上の能力であると評価する認知バイアスである。
（６）WIRED（２０１９）より概要を抜粋している。

参考文献

NRNOTE（２０１９）「【若者のトリセツ】職場の若者に「これまでの常識」が通用しないワケ「なぜ最近の若者は突然辞めるのか」」２０１９年11月７日記事、https://hrnote.jp/contents/b-contents-composition-wakamono-0813/（閲覧日：２０２２年４月12日）
東洋経済（２０２２）「なぜ今の若者は「人前でほめられたくない」のか「横並びでいたい」「浮くのが怖い」激変する心理」２０２２年３月18日記事、https://toyokeizai.net/articles/-/535352?page=3（閲覧日：２０２２年４月12日）
マイナビニュース（２０２２）「２０３０年にはＡＩ／ＭＬおよびデータリテラシーが最も需要の高いスキルに―米Ｑｌｉｋ」２０２２年４月11日記事、https://news.goo.ne.jp/article/mycom/business/mycom_2396673.html（閲覧日：２０２２年４月11日）
WIRED（２０１９）「「最近の若者は…」と言いたくなったら、それは思い込みが強くなり始めた兆候だった：研究結果」２０１９年12月26日記事、https://wired.jp/2019/12/26/kids-these-days/（閲覧日：２０２２年４月11日）

第2節 長寿社会の未来環境

明治大学客員研究員　河合芳樹

1　2043年4月のある朝に時空移動

2043年4月の最終金曜日に某コンサルティング会社の3週間に及ぶ新人研修の締めくくりとして、「私たちは何のために働くか」について講演する鈴木翔は、今や当たり前となったメタバースによる新人研修でプレゼンテーションをすることになっている。1年前に大学を卒業し、昨年は講演を聞く側にいた翔は、4月の土曜日の朝、プレゼンのテーマを考えながら、視聴用ゴーグルでドキュメンタリー番組、「日本人はなぜ変われたか」と題するウェルビーイングについての特集を見ながらランニングマシンの上にいた。番組は、国連の2043年公表の「世界幸福度調査」で日本の順位が8位になったことを踏まえての特集だった。国連の幸福度調査は、2012年以来毎年公表されている。日本でウェルビーイングについて関心が高くなった2020年頃、国連調査での日本の順位は毎年60位前後だった。働き方改革が叫ばれていた頃である。最初はながら視聴だった翔は、番組の内容に引きずり込まれ、プレゼンでは「高齢化が進む日本でのウェルビーイングの考え方がもたらした影響」について話すことに決めた。

国連が加盟国の幸福度調査を始めて10年が経った２０２２年は翔はまだ２歳で、ロシアのウクライナ侵攻の最中であったことは歴史の一項目になっている。日本は２０２０年に過去最低の62位になり、２０２１年は56位、２０２２年は54位とわずかに盛り返していた。幸福度調査の開始以来、日本は２０３０年代半ばまで先進国で最下位が続いた。翔が生まれた２０１９年末から数年、世界中がコロナ禍に苦しんだ時期であったことは両親からよく聞いた。

「世界幸福度調査」は、それぞれの国民の幸福度に対する主観的評価を基礎得点として、6つの項目、「一人当たりＧＤＰ」「社会的支援」「健康寿命」「人生の選択の自由」「寛容さ」と「腐敗の認識」の得点が加算される。２０２２年の公表値では、「人生の選択の自由」が75位、「寛容さ」が１４５位で、この2項目が総合順位を下げていた。「人生の選択の自由」は、「人生の進路において自由度に満足か不満足か」という質問に対する評価で、「寛容さ」は、「過去1ヵ月に慈善団体に金銭的寄附を行ったか」という質問に対する得点である（注1）。寄附金について、２０２０年当時の日本では、「ふるさと納税」だけは納税者の返礼品目当てと課税控除から人気もあったが、ＮＰＯ団体への寄附や教育支援は限られていた。こうした点から、日本人は互いに支え合うという意識が低いとみなされた。また、ＯＥＣＤによる『より良い暮らし指標』においても、当時の日本は「安全」や「知識と技能」の幸福度は高いが、「社会的交流」の幸福度が低かった（注2）。言うなれば、日本人は「おもてなし」の心はあるものの、「心の閉鎖性」も隠し持っていた。

翔は、プレゼンのテーマを大学時代の「ウェルビーイング論」の授業で得た知識をベースにして、副題を「ウェルビーイングの変遷から見る日本の今」とし、生成ＡＩに入力するプレゼンの概要をまとめた。

2　鈴木翔のプレゼンテーション概要

（1）2022年頃の日本

私（翔）はコロナ禍の最中、２０２０年初夏に生まれた。２０２２年はコロナ禍3年目に突入した年であった。当時の日本は、平均寿命は世界1位を香港と争う一方、ＧＤＰ総額は世界3位であったが、一人当たりＧＤＰは２１３カ国中29位（２０２０年、国連）、平均年収は35カ国中20位（２０２０年、ＯＥＣＤ）、男女賃金格差が大きい方から37カ国中3位（２０２０年、ＯＥＣＤ）、ジェンダーギャップ指数に至っては１５６カ国中１２０位（２０２１年、ＷＥＦ）であった。この当時のことを両親に聞くと、政治家もマスコミも遺憾なこととしてはいたが、切実感はなかったと言う。むしろ、最大の関心事は少子高齢化で

表１　2000年の高齢者人口に対する2020年の高齢者人口の増加倍率
（2020年人口／2000年人口）

行政区分	総人口	65歳以上	65～69歳	70～74歳	75～79歳	80～84歳	85～89歳	90～94歳	95～99歳	100歳以上
全国	0.99	1.61	1.14	1.53	1.67	2.03	2.39	3.12	4.16	6.49
特別区部	1.20	1.52	0.98	1.45	1.63	2.05	2.48	3.11	3.71	5.89
政令市	1.07	1.77	1.17	1.71	1.96	2.38	2.76	3.42	4.43	7.21
市部（除政令市）	0.95	1.57	1.14	1.49	1.61	1.95	2.31	3.05	4.13	6.38
郡部	0.86	1.35	1.07	1.23	1.24	1.58	2.01	2.77	3.80	5.40

（注）集計は，2000年国勢調査の3,235団体（3,212市町村と23特別区）を2020年国勢調査の1,742団体（1,719市町村と23特別区）の行政区分に廃置分合して行った。政令市は2020年時点の20市。
出所：総務省『平成12年国勢調査』『令和２年国勢調査』。

あった。２０１５年の国勢調査で総人口は０・８％減となり、２０２０年の国勢調査でも０・７％減と外国人の移入により減少幅は若干回復したが、人口減少は続いた。総人口に占める高齢化比率（65歳以上人口割合）は26・６％から28・６％に上昇した。一方、国の財政は予算規模が１００兆円を超え、２０２２年度予算では社会保障費は36兆円を上回る規模になり、新規国債発行は37兆円に迫っていた。当時の政策目標であったプライマリーバランスの黒字化はコロナ禍もあって後に置かれた。２０２２年度末債務残高の対ＧＤＰ比率は２６０％を超え、世界1位を更新中であった。２０２２年度は、団塊の世代が後期高齢者に突入し始める年であり、振り返れば、その後の高齢化対策として受益と負担と福祉を切り分けて考えるようになった分岐点の年になる。

　翔は、当時の医療技術や社会保障政策では行き詰まることを示唆した統計をＡＩから提示され、それが表

1に示す2020年の国勢調査による地域別高齢化割合の集計である。

2020年の日本人の平均寿命は、女性87・74歳、男性81・64歳、2000年以降20年間で、女性は約3歳、男性は約4歳寿命が延びた（注3）。その後20年経った2040年は、女性は89・46歳、男性は83・10歳（注4）で、2016年に話題となった人生100年は、2040年を過ぎた今では「人が本来有する125年の寿命を全うするための生き方」が問われ、超長寿化の階段を一歩一歩昇っている。2020年の国勢調査による高齢者人口を、その20年前の2000年の高齢者人口と比較すると、表1のように、全国では「総人口」が1％減少したが、「65歳以上」は1・61倍になり、年齢区分が上になるほど倍率は大きく、「100歳以上」は6・49倍になったことを示している。また、一般的に、市部よりも郡部（町村）の方が高齢化率は高いが、高齢化のスピードは大都市の方が早いことを表1が示している。2020年は団塊の世代が75歳の当時の後期高齢者になる直前で、人口減少と高齢化が財政と社会保障、さらに、地域間格差を巻き込んで課題を顕在化させた。しかし、コロナ禍やロシアのウクライナ侵攻がそれらを包み隠してしまった。

幸い、コロナ禍が収束するとともに、「人口減少や高齢化はマイナス要因だけではない」というポジティブ志向の意見も出てきた。人口減少や高齢化の進展は予測可能な事実であり、それを奇貨として人々に日本社会の未来を見つめ直す志向が拡がった。そうした考え方を牽引したのは、iPS細胞（人工多能性幹細胞）による再生医療の進化と「幸福学」や

「ウェルビーイング論」の浸透であった。すなわち、人は長寿だけでなく、〝生きている喜び〟を持ち合わせなければいけない、という考え方が強くなった。

(2) 健康寿命の延伸効果

iPS細胞は、平均寿命を延ばしただけでなく、健康寿命も延ばした。2020年頃、平均寿命の延伸とともに、健康寿命も延びたが、その延びは平均寿命に比べて小さかった。2021年の日本人の健康寿命は、女性が75・38歳、男性は72・68歳で、平均寿命と比べると、女性は約12歳、男性は約9歳の差がある。その差が大きいほど、高齢者はうつ病や認知症を罹患するリスクが高くなり、ガン等の発症リスクも増した。2020年頃は、高齢者介護は家族だけでなく社会的な負担が増大し、社会保障費の右肩上がりは続いた。

しかし、iPS細胞による再生医療の進展や難病と言われた病の治癒医療は、平均寿命と健康寿命との差を縮めた。それが高齢者の生活環境を変え、高齢者の多くが働き続ける、あるいは、社会貢献活動に従事することを可能にした。今では65歳を過ぎても半数以上が75歳まで働き、80歳を過ぎて働く者も多い。高齢者の定義が「75歳以上」であり、さらに「80歳以上」とするべき、という意見も聞こえる。このように高齢者が働き続けられることは、体力だけではなく、老若男女の意識を変えたことが大きい。それが、高齢者と若い人たちとの接点を増やした。認知症もその多くは治癒できる。新たなウイルスも克服してきた。なかでも、多くの高齢者を悩ませた軟骨の変異や減少による関節痛は、iPS細胞によって再生され、高齢者を足腰の関節痛から救った。これにより、心肺機能も改善され、高齢者のフルマラソンは年々タイムが短くなり、今や3時間を下回る人が増えている。iPS細胞は、健康寿命が延び平均寿命との差を縮めただけでなく、ガンや糖尿病などの治療薬の効果を治療前に特定できるようになったことは、治療費を抑制し、社会保障費や衛生費の増加を抑えた。これは、セキュリティ管理が徹底した医療カルテのデジタル化によって、医療費の重複を防ぎ、総合医療の観点から患者を診る体制が確立したことも大きい。

他方、国民皆保険制度の下、国民はほぼ等しい負担で診療を受けていたが、医療技術の進歩に合わせた高額な医療費を伴う自由診療を拡げ、新たな格差を生みつつあることは否めない。これに対して、2040年現在、民間保険はさまざまな治癒対応の保険を提供し、企業や団体の健康保険組合との提携によって、治癒対応保険とともに健康増進型の保険を充実させている。さらに、急速に進歩している予防医学が、高齢者自身で免疫力を増す生活習慣をもたらし、その結果、社会との関わりを持ち続けることを可能にした効果は大きい。免疫力の強化は、社会との持続的な関わりを維持し、それが再び免疫力を強化するという好循環を生んでいる。

このような習慣が人々の生活の中に浸透したのは、幸福学やウェルビーイング学の考え方を義務教育に取り込み、高校や大学ではウェルビーイングの一環としてボランティア活動を推奨した教育を行ってきたことが大きな要因となっている。今では、企業や官民の団体が経営、運営理念としてウェルビーイングの思想を理念としている。

(3)「幸福学」や「ウェルビーイング学」の浸透効果

では、「幸福学」や「ウェルビーイング学」について振り返ってみる。

幸福学の研究者前野隆司は、ウェルビーイングが緒に就いた頃、2022年の著書で、「自分の豊かさだけを追い求めるという従来の価値観が通用しなくなり、地球規模でよりよい社会をつくるという規範を設けなければならない時代が来ている一つの証左が、SDGs活動といえます。人々がより幸せに生きるためのよりよい社会をつくる。これこそ、広い意味でのウェルビーイングであり、十七の目標を包括する上位概念といってよいのではないでしょうか。」(注5)と記している。

当時の政府は、60歳定年を65歳に延ばし、さらに、65歳以上でも働くことを推奨していた。しかし、政府の目的は社会保障費の抑制として医療費の削減や年金支給を遅らせることが先にあり、実態は企業に委ねていた。こうした中、2020年末から蔓延し始めたコロナ禍は、すべての人の働き方、学び方を変え、生活スタイルの変革を余儀なくした。高齢者は好むと好まざるとに関わらず変革の渦に巻き込まれたが、高齢者だけでなく、世界中すべての人が同じ環境にあることから、抵抗感は薄かった。と言うのも、この頃の高齢者は翔の祖父よりも少し上の世代になるが、学生時代は大学紛争の最中で過ごし、第1次オイルショック（1973年）やその後の不景気を経験し、社会の上り坂と下り坂を否が応でも体にたたき込まれた。バブルと言われた頃は仕事の仕組みを体得してモウレツに働き、バブル崩壊後は失われた10年、否、20年と言われる中で意識の変革を迫られ、それがやや落ち着いたらリーマン・ショック、さらに東日本大震災を経た頃に定年を迎えた。こうして時代の変遷に翻弄されながらも、40～50年の間に変化への適応力を自ずと養っていたことが幸いし、そうした大きな群団が歩き始めた跡には広い街道ができ、その後の高齢者も同じ街道を維持管理に苦慮しながらも歩んだ。その子供たちは、21世紀初めに生産年齢人口（15～64歳）の中核を占め、古いしきたりから徐々に解放され選択の自由度を拡げた。こうした雰囲気は、21世紀になって生まれた小中高生にも及び、たとえば、学生服やセーラー服の着用を校則で縛ることはなくなり、心の束縛から解放された彼らが成長するに伴って自由な発想を生み、ボランティア活動の推奨と実践は「共助」の意識を育み、ウェルビーイングは無理なく社会に浸透した。

（4）2060年はどんな世界？

2060年、鈴木翔は40歳になり、人生で最も充実した時期を迎える。2040年現在、これからの20年はそれまでの20年よりも数倍の速さで技術が進歩することは誰もが疑う余地

表2　年次別年齢区分別人口割合

	15歳未満	15～64歳	65～74歳	75歳以上
2000年	15%	68%	10%	7%
2020年	12%	58%	14%	9%
2040年	11%	54%	15%	11%
2060年	10%	52%	12%	26%

（注）2000，2020年は国勢調査，2040，2060年は社会保障・人口問題研究所推計人口（中位数）に基づいて割合を計算。

はない。

表2は、２０６０年の推定人口における年齢区分別割合を示す。２０４０年の日本の人口は1億人を維持したが、２０４５年の国勢調査で1億人を下回ると言われている。こうした中で、従来の15～64歳の生産年齢人口は２０６０年に全人口の52％となるが、65～74歳の12％のうち7割が働いていること、さらには、汎用AIとハードワークロボットがさまざまな仕事を肩代わりすることが見込まれる。また、健康診断や人間ドックでの診断は、診断用ゴーグルを付けることで健康状態をチェックし、適切な助言を行い、必要な場合は診療法も指導する。治療薬の開発はさらに進み、75歳以上の人口割合が現時点で26％の予測値を上回ることはほぼ間違いはない。

ただし、国連の「世界幸福度調査」の順位が高い国は自殺率も高いという同調査開始以来の実態の解決は、各国の課題である。また、今回は掘り下げられなかったが、２００２年制定の都市再生特別措置法によるコンパクトシティの推進、２０２０年頃にICTの推進や脱炭素化で火が付いたスマートシティの推進、さらには、２０２０年から数年に及んだコロナ禍によって多くの人が実感した大都市への人口集中の問題などがその後の人口動態にどのような影響をもたらしたかについて言及できなかった。この点については、生成ＡＩが作成した動画もあったがプレゼンで用いることは止め、後日、同僚や後輩たちと語り合うこととして、翔はプレゼンを結んだ。

3　2023年4月に時空帰還

人口減少は大きな問題であるが、社会システムが崩壊するわけではない。国連の「２０２２世界幸福度調査」で10位以内の国はすべて1億人以下である。アイスランドやルクセンブルクは１００万人に満たない。経済成長率で見れば、先進国は成熟期に入り低成長が常態化しているし、今後、中国など多くの国も高齢化と低成長時代を迎える。ＧＤＰを競う時代から生活の質や心の安定を重視する時代に移っていくことが求められている。ＡＩロボットは言うまでもなく、生成ＡＩをはじめとした技術が日常生活に浸透している社会での幸せを考えていくことが必要である。

少なくとも、地球上での争いに時間や資源を費やしている時ではない。

【注】

（１）J. F. Helliwell, H. Huang, S. Wang, and M. Norton（2022）"Statistical Appendix for Happiness, benevolence, and trust during COVID-19 and beyond", Chapter 2 of World Happiness Report, p2.

（２）国土交通省、『国土利用白書２０２１』１３８－１３９頁。

（３）厚生労働省、www.mhlw.go.jp/toukei/saikin/hw/life/life20/dl/life18-02.pdf（閲覧日：２０２２年４月２日）。

（４）国立社会保障・人口問題研究所の推定、www.ipss.go.jp/pp-shicyoson/j/shicyoson18/6houkoku/houkoku.asp（閲覧日：２０２２年４月５日）。

（５）前野隆司・前野マドカ（２０２２）『ウェルビーイング』28－29頁、日経文庫。

第3節

短期大学環境の未来図

秋草学園短期大学学長　北野　大

1　はじめに

本稿では現在の短期大学の置かれた環境を「短期大学は絶滅危惧教育機関か？」「その生き残る道は何か？」「そのためには何が必要か？」の視点で論じる。

2　短期大学の歴史と推移

短期大学制度は1949年の学校教育法の一部改正により、

（1）旧制の高等学校、専門学校のうち、新制大学に転換することが困難であるものの救済

（2）保護者および学生の経済的負担の軽減

（3）短期間における実務者の養成、女子教育からの要望

などを踏まえ、暫定的な制度として1950年に発足し、その後、学校教育法の一部改正で短期大学は恒久的制度とされた。また2005年には短期大学卒業者に対する「短期大学士」の学位授与制度が創設された。全国の短期大学数は1996年の598校をピークとして4年制大学に改組転換、または学生募集停止などで2021年には315校と半減している。したがって、学生総数も1993年はピークで約53万人であったが、2021年は約10万2千人と最盛期の19%程度、5分の1に大幅に減少した。現在、全短期大学のうち私立短期大学は301校であり、実に95・5%が私立、また女子短期大学生は約8万9千人、比率は87・7%である。最も学生数の多い専門分野は教育系で、全体に占める学生比率で約36%（2013年時点）であり、まさに女子教育のための私立教育機関といえる。

一方、4年制大学は2000年から2021年の間だけでも649校から803校へと154校も増加しており、また学生総数は約274万人から292万人と18万人も増加している。2021年度のデータでは短期大学数は4年制大学の37%であるが、学生数では約3・5%、4年制大学に比しかなり小規模、単純に計算すれば10分の1程度の規模といえる。

3　短期大学衰退の原因

まず、18歳人口の減少が考えられる。短期大学の学生数がピークであった1993年の18

歳人口は２０４万人であるのに対し、２０２１年には１１４万人と56％に減少している。なお、18歳人口は今後も減少を続け、２０４０年には88万人と予測されている。女子の短期大学進学率であるが、１９７５年には20・２％であったが、２０１７年は８・６％と大幅に減少し、18歳人口の減少と短期大学進学率の減少のダブルパンチがまさに短大存続の危機の根本要因となっている。女子の４年制大学への進学率は、１９７５年には12・７％であったが、２０１７年には49・１％と大幅に増加しており、１９９８年にこの割合が逆転した。親の立場からいえば、子供が４年制大学に進学したい、しかも経済的にも可能ということになれば４年制大学進学を認めるのはやむをえないと思う。確かに学歴による生涯賃金の差や、非正規雇用者の割合からも、教育が子どもの幸せにつながるという親の教育神話は否定できない。また最近では、企業では合理化の名のもとに一般事務職の採用減があることも事実である。かつては企業へ行くと、受付には女子社員がいたが、現在では受付には電話機のみである。デパートでもエレベーター内やエスカレーター前での案内の女子社員はほとんど見かけない。

4　短期大学に生き残りの道はあるか

以下、著者の私案を述べる。

先に述べたように、短期大学では卒業生に「短期大学士」の学位を授与する権限が付されており、その卒業生は4年制大学の3年次または2年次に編入学することが可能である（学校教育法第104条第3項、同法第108条第7項）。また、短期大学専攻科で「学士」の学位取得も可能となっている。事実、著者の勤務する秋草学園短期大学は、1997年に学位授与機構認定の専攻科が設けられたが、入学定員数を確保することが難しく、2019年に学生募集を停止した。その理由として4年制大学卒と短大の専攻科卒は同じ学士であるのに対し、受け入れ側の無理解とこれに伴う社会での評価の低さがある。たとえば短期大学卒と短期大学の専攻科卒の給与の差は年齢からくる差のみであり、2年間の専攻科での学業は評価されていないという面を指摘したい。

「今後の各高等教育機関の役割・機能の強化に関する論点整理（2017年2月大学分科会まとめ）」において、短期大学における役割・機能の強化の検討の方向性として、以下の点があげられている。

（1）短期大学は、幅広い教養を踏まえて職業又は実際生活に必要な能力を育成する教育を行っている。短期間で学位が取れる高等教育機関・専門職業人材の育成・中小都市を含めた幅広い分布・高い自県内入学率・就職率（各7割）・学生の約9割が女性、大学よりも高い割合の社会人学生といった特徴を持ち、女性の社会進出、地域の発展と教育の機会均等に貢献してきた。

（2）４年制大学への進学率の増加に伴い、全体として学校数、学生数は大きく減少してきたが、近年では、幼稚園教諭、保育士、看護士、介護士、栄養士などの養成が強みとなっており、地方創生の観点からも地域に根差した教育を行う短期大学の役割は引き続き重要である。

（3）今後、４年制大学とのより円滑な接続、就職や転職を目指す社会人の再教育や生涯学習ニーズへの対応の強化、グローバル化への対応などについても強化が求められる。

たとえば上記の（2）の保育士資格であるが、これは４年制大学卒と短期大学卒でまったく同じである。また幼稚園教諭では、４年制大学卒は第１種、短期大卒は第２種であるが、第２種であっても数年の実務経験で１種資格が得られると聞いている。１種資格でも２種資格でも業務内容にはまったく差がない。したがって、保育関係の資格について議論する限り、短期大学卒と４年制大学卒の差はないといえる。

著者は当然であるが４年制大学を否定してはいない。４年制大学卒と短期大学卒は同じ保育士の資格ではあるが、短期大学の２倍在学していることによる教育内容は当然異なってくる。端的にいえば、短期大学卒より一般的に高い知識・教養を身に着けているのが４年制大学卒であろう。

４年という修学年限を一気に４年間ではなく、短期大学卒業後新たに４年制大学で２年間、２プラス２で合計４年間の学業となる選択はそれなりの意味があるのではないか。特に短期大学卒業後にいきなり4年制大学に編入するのではなく、1、2年程度社会で実務経験を積んでからの4年制大学編入は、後述するように大きな意味があると考えている。

上記（1）および（2）については短期大学の現状とこれまでの役割を述べたものであるが、（3）については傾聴すべき提言と思う。著者は特にこの中でも4年制大学との円滑な接続について、今後、短期大学側が力を注ぐべき領域と思っている。この件は「6　二十歳の選択」の中で論じることにする。

5　短期大学は4年制大学の下に位置する存在であろうか

ハイブリッドという言葉はもともと異種のものを組み合わせるという意味だが、著者は組み合わせることで1プラス1が2以上になるようなものをハイブリッドというと理解している。自動車でハイブリッド技術が開発されたが、この技術をガソリン車から電気自動車への過渡的存在とする意見もあるが、著者自身はそのようには理解していない。電気自動車とハイブリッドとは上下の関係ではなく、併存すべき存在と考える必要がある。ガソリンエンジンの良いところ、電気モーターの良いところを組み合わせ、1プラス1が2以上の効果を上げているのがハイブリッド技術といえる。

高等学校での教育をガソリンエンジン、4年制大学での教育を電気モーターとすれば、短期大学はハイブリッド、すなわち両方の良いところを組み合わせた存在となることが今後の生き残る道と思っている。1短期大学あたりの平均学生数は約370人であり、この数は4年制大学の1学科相当の学生数である。この小規模こそがまさに高等学校に見られる教師と生徒の近さを短期大学で可能にするものである。すなわち、全教員がメンターとなることが可能である。また、高度な教育を用意するのが短期大学の使命と考えている。社会の発展により今後は女性も一生働く時代になっており、そのためにも現在では出産休暇ばかりでなく育児休暇制度も用意されている。AIの発達で、現在の職種の50%程度は消えて無くなると予想されているが、人を相手にする仕事は絶対に無くならない。たとえば、教育関係、医療関係さらには旅行案内業、店員などである。先にも述べたが、短期大学の卒業生の3分の1は教育系であり、大きく学生数が減少する中、教育系は微減にとどまっている。この事実はとりもなおさず、この分野は今後も短期大学に対し社会から大きく期待をされる分野といえるのではないだろうか。

6 二十歳の選択

2014年のデータであるが、4年制大学の中途退学者の総数は、全学生数（中途退学者、休学者を含む）２、９９１、５７３人のうち２・65％（２００７年度比０・24ポイント増）に当たる７９、３１１人である。中途退学者のうち経済的理由による者は、20・４％（同６・４ポイント増）に当たる１６、１８１人。なお、休学者の総数は、全学生数（中途退学者、休学者を含む）２、９９１、５７３人のうち２・３％（同０・５ポイント増）に当たる６７、６５４人である。このように我が国の４年制大学の中退者は、全国で毎年約８万人にもなる。嫌なデータであるが、偏差値の高い大学ほどこの値が小さくなっている。偏差値の高い大学にはきちんとした目的意識を持って、かつ場合によっては浪人までして入学した大学であるので、簡単に入学できる大学に比べ中退することがもったいないという意識も働くのであろう。

４年制大学では中退になるが、短期大学では2年我慢すれば短期大学士の資格を得て、４年制大学に3年次から編入できることが第3項で述べたように法律的にも認められている。２０２１年の短期大学卒業生は４９、８９３人である。２０２１年の４年制大学への全編入学生数８、２９３人のうち、短期大学卒業生は４、０３５人、全編入学生の約半数になっている。もちろん18歳の選択を短期大学卒業後も継続する学生は約9割と多いが、約1割の短期大学卒業生は18歳の時と、その後20歳での2回、進学進路を選択する機会を得ている。

４年制大学側からクレームがつくのを承知で言うと、一般的には４年制大学の３年次編入は、１年次から入学するよりも敷居がかなり低く見える。３年次編入制度は、４年制大学側にとっても1、2年次に退学した学生の欠員を補えるという意味もあろう。

また、1つの考え方として、短期大学を卒業して一度社会に出て、短期大学で学んだことの社会での意味を知ることにより、4年制大学3年の編入後はより充実した学びにつながるともいえる。著者自身の経験でいえば、大学の学部を卒業して大手製薬会社の研究所に2年間勤務した。その中で学部時代に学んだ種々の化学の授業内容が、実際に企業でどのように生かされているかを学び、この経験が大学院進学後の研究と勉強に大きく役立った経験がある。

短期大学卒業生が4年制大学の3年次に編入できるという利点を、今後の短期大学の最大の武器として活かしていくことを提案する次第である。これには4年制大学側の協力、たとえば3年次編入制度を単なる中退者の埋め合わせでなく、多様な学びを持った学生に入学の機会を与えることで高校から直接入学してきた学生に刺激を与えうることでもあり、編入学生には入学金を免除または減額するなどの協力をお願いする次第である。短期大学卒業生は、これまでも社会にとって重要な役割を果たしてきており、その貢献をさらに強化するためにも、4年制大学をはじめとした社会全体の協力が必要であると考えている。

7 新たな短期大学に向けて、その未来は？

前項において、とりあえず生き残る道は二十歳の選択として4年制大学への3年次編入を述べた。その中で複数の進路の意味を述べた。中学を出て5年制の高専に進学し、その後4年制大学の3年次編入、理科系の場合は博士前期課程までの4年間のルートがあり、このルートはかなり確立されている。著者の述べている短大卒の4年制大学への編入と本質的には同様であるが、著者は短大卒後に1または2年の社会経験を積み、そのあとで編入することを推奨している。

先に述べた高専からのルートでは、ほとんどが社会経験なしに3年次編入であることが異なっている。

短期大学の未来を本質的に論じるときに、短期大学の中での教育の完成を考えねばならない。著者は保育系の短期大学に所属しており、他分野のことはわからないが、4年制大学卒と同じ保育士資格に対し、いかに付加価値をつけるかである。短期大学の修業年限は通常2年であり、内容的には4年制大学とまったく同じ実習期間、さらには多くの講義科目があり、教育期間は半分であるが、教育内容は実質的には4年制大学の半分ではない。これらの制約の中でいかに特色を持たせるか、著者は以下の2つを考えている

① 幼児のなぜに答えられる保育士、幼稚園教諭の育成

一般的にこれらの質問に正しくかつやさしく答えられる保育士、幼稚園教諭は少ないのが現状である。「三つ子の魂100までも」にあるように、小さい時にきちんとした科学教育が必要であり、技術立国を目指す我が国としても重要なテーマであると思っている。

② 文理融合型の人材育成

すでに本学ではデータサイエンス、SDGs入門などの講義を行っており、学問が細分化していく中で特にこのような融合型の授業は意味があると思っている。

③ 国際化への対応人材の育成

日本に滞在する外国人子弟の幼児教育、また海外に赴任している日本人子弟の幼児教育に当たれる保育士、幼稚園教諭を育成したい。このためには国語力と最低限の英会話力が必要となる。

これらの3つのアプローチは、卒業後に幼児を対象とする指導者に対して行うところに意味があるのではないだろうか。

土休日や春休み、夏休みを利用した集中講義などで、時間のやりくりが可能と思う。生意

気なことをいえば、4年制大学卒業者に欠けている内容をいかに短大卒に持たせるか、それが可能となれば修業年限も短く、かつ経済的にも有利な教育機関となり、短期大学の未来は明るいものとなろう。このような考え方は、短期大学のほかの専攻にもいえるのではないだろうか。

8 おわりに

天然資源、特に天然ガスや石油などのエネルギー資源、貴金属などをほとんど産出しない我が国は、教育によりここまで発展を遂げてきた。まさに人材が我が国の資源であり、人材は教育により生み出せるものであり、かつ非枯渇性、再生可能な資源である。その意味でも多様な教育ルートが必要であり、先にも述べたように短期大学は4年制大学の下にあるのではなく、4年制大学と並ぶ存在、できればそれ以上の存在でなければならない。

個人的なことで恐縮であるが、私の大学人としての人生は、1994年の短期大学教授就任に始まり、2年間の短大勤務の後、4年制大学に21年勤務し、その後、現在勤務している短期大学に移り5年が過ぎた。短期大学に始まり短期大学に終わる我が大学人人生でもあるだけに、地域に密着した小規模教育機関としての特徴を生かし、4年制大学人に負けない教育力、学生指導力、研究能力で、今後の短期大学が社会で存在感を持つことが必要であると考えている。

　事実、教員の教育能力に関しては、４年制大学教員とそん色がないといえる。たとえば、私の勤務している短期大学からも何人かの教員が４年制大学の教員として異動している。また短期大学教員の研究者としての資質も４年制大学教員とそん色がないと考えているが、残念ながら短期大学では４年制大学に比し、研究室制度が確立されていないことから、調査や実験を担当する助手や大学院生がいないことなど、研究体制が整っていないことを認めざるをえない。この面に関しては４年制大学や公的研究機関との共同研究などにより、その弱点を補うほか手立てがない。

　社会から短期大学は必要である、ぜひ残すべきであるとの要請の声が大きくなるよう、すべての短期大学関係者の努力に期待すると同時に、社会の皆様の支援をお願いしたい。

第4節

専門高校の高大連携環境の未来図

流通科学大学教授　川合宏之

1　高大連携環境の未来図

高大連携とは、文部科学省の中央教育審議会の提言による「高等学校と大学との接続における一人一人の能力を伸ばすための連携」が発展したものである（中央教育審議会、1999）。具体的には、高校生が大学の授業を受ける、大学教員が高校に出向いて授業を行うといった、高校生が大学レベルの教育研究に触れる機会を増やすような取り組み、高校の教員と大学の教員が相互理解を図るためのネットワークの構築、大学生に対する基礎学力向上のための補習授業の実施など多様である。その高大連携において、「高校生と大学生がともに学ぶ高大連携授業」（川合、2021）が今後中心的な存在となろう。つまり、「高校生と大学生が一緒に学ぶ環境」こそが、「高大連携環境」であると考える。

本節において筆者は、「高大連携環境」の未来図として「地域活性型六次産業支援高大連携プロジェクト」を提案する。現在、我が国における第一次産業はその担い手の高齢化に伴ってその維持存続が課題となっている。他方で、我が国の農林水産物は海外において安心安全、美味しい点で高く評価され、世界的な需要も高い。そこで、農林水産系の専門高校と大学が連携し、第一次産業継続に向けた研究を授業として進めるとともに、第二次産業の機械加工を工業系高校、流通などの第三次産業を商業系高校が担う。それぞれの高校と大学が高度に連携して、隘路を解消、これまでに無い視点で産業を創成してゆくことを目指すとともに、第一次産業と第二次産業、第二次産業と第三次産業など、他の担当の生徒とも交流を図ることで新たなアイデアが生まれ、生産的な議論が行われてゆくことが期待される。プロジェクトによって生み出された産業は、それぞれに携わった生徒たちの将来の雇用先となるほか、減少し続ける地方の新たな産業の創出にもつながることが期待される。本節では、「地域活性型六次産業支援高大連携プロジェクト」について概説したい。

2　我が国の産業と教育の現状

(1)　我が国の産業の見込みと高等教育

日本における少子高齢化は、世界でも類を見ない速度で進行している。日本の高齢者は2036年に高齢化率が33・3%を超え、国民の3分の1以上が高齢者となる時代に入ることが予想され（総務省、2019a）、人口増加の基準が2以上となる合計特殊出生率が

2016年では1・44と2を大きく下回った（総務省、2019b）。将来的に産業の担い手が不足することが予想されている。産業の中でも第一次産業の担い手不足は深刻である。1951年では、3,622万人の産業従事者のうち46%を第一次産業従事者が占めていた。その後、2020年では、6,676万人の産業従事者に占める第一次産業従事者は213万人と3%にまで減少している（労働政策研究・研修機構、2021）。これは、人口の都市部集中が進んだ結果であることが示唆される。第一次産業従事者の減少は、海外産の安価な農林水産物の輸入の影響でもある。昨今の国際情勢を鑑みれば、我が国の食料自給率を上げることが肝要な状況にある。

これからの子どもたちはこの状況の中で生きていかねばならず、低迷する我が国の社会経済を打破できる人材が求められ、教育ではそのスキルを育むことが求められる。第二次世界大戦後は、「詰め込み教育」や「ゆとり教育」と極端な教育が進められてきて、多くの批判を受けてきた。これらの反省から、平成11年に改定された学習指導要領では、これらの状況を鑑み「生きる力」を教育に取り入れることが示された。「生きる力」の教育では、豊かな人間性や基礎・基本を身につけ、個性を生かして自ら学び考えることが求められている。これは、高等学校、専門学校、大学等の高等教育機関でも同様である（文部科学省、2012）。我が国における高等教育機関への進学率は、2021年度の文部科学省の学校基本調査によれば、高等学校への進学率が98・9%であるのに対し、大学への進学率は

57・4％である。２０２１年3月卒の学科別大学進学率にみると、農業科では14・9％、工業科では14・9％、商業科では27・9％である。

大学は「学術の中心として、広く知識を授けるとともに、深く専門の学芸を教授研究し、知的、道徳的及び応用的能力を展開させることを目的とする」（文部科学省、１９４７）とあり、専門的な学びを深める場所として存在する。しかし、第二次世界大戦後、現在まで大学数は増加傾向にある一方で、学生数の減少は続いている。入学希望者の減少は、大学の入学へのハードルを下げ、質の低下を招く。日本の大学の質的な低下は、論文数に影響を顕著に見ることができる。論文の発表数は世界的に増加傾向にある。１９８０年に比べて２０１３年では、アメリカや中国は3倍以上、発表数が増加している。これに対して、日本の場合、十数パーセントの増加に留まっている。この影響を受けて、２０１２年度から２０１３年度にかけて、日本の論文発表数は、ルクセンブルク、ポーランド、スロバキアの3カ国に論文数で追い抜かれている。アジアには他にも新興国が存在していることから、今後さらに悪化する可能性がある（豊田、２０１５）ほか、今後「大学全入時代」へと突入する可能性もあり（舞田、２０１９）、さらに大学の質が低下してゆくことが危惧される。大学には学生の大学入学の目的にも問題がある。先に示したように、大学は「専門的な学びを深める場所」として存在すべきであるが、近年の多くの学生が大学に入学する目的は「学歴の形成」が中心になりつつある（渡辺、２００６）。社会が高度経済成長期、バブル期等の好景気期を中心に高学歴者を求め、大学での学びを重要視してこなかった結果であるといえよう。さらに、佐藤（２００２）は、大学生の不登校が問題になっていることをあげている。大学生の不登校は、高校時代に思い描いていた大学のキャンパスライフと現実の乖離によって起きるものであり、生徒の中にミスマッチが起きていることが要因である。高等学校でも、よりよい生徒を入学させるべく、上位大学への進学を強く勧める傾向にある。このため、現状の教育では、学生のミスマッチが増加してゆくことは容易に想像できよう。

専門高校は、専門性の高いスキルを身につけ、社会に即応できる人材を育成することを目的としている。しかしながら、近年の専門高校では、資格試験や短期キャリアが教育の中心となっていることが指摘されている。遠藤によれば「高等学校での商業教育が、将来キャリアにとっていかに有益かということを示すためにも、現在の商業教育の改善は欠かせない。例えば、短期的な技能や目先のスキルの訓練に終始するようでは、商業教育の必要性が疑われてしまう。思考することとなしに行われる短期的なスキルの演習や、反復練習のみの検定試験対策のみでは、社会で求められる力、すなわちビジネスの専門的知識を踏まえて問題を解決する力を身に付けることはできないし、社会から評価もされない。」（遠藤、２０１８）と述べている。

つまり、専門高校、大学ともに将来のキャリア形成が中心となっており、高等学校は学力によって進学先を斡旋している状態にある。学問としての楽しさに触れる機会は高等教育機関においても極めて少なくなっているのが現状である。

（2）「生きる力」の教育と高大連携の必要性

先にも示したように「生きる力」の教育では、生徒の能動的な学びを促すことを掲げている（文部科学省、２０１２）。では、「生きる力」の教育が今求められているその理由は何か。主として3点が挙げられよう。１つ目は知識基盤社会が本格的に到来することである。これまで、社会が需要過多であった情勢は変化し、情報に対して短時間に大量生産・大量流通・大量消費する社会や、ルーティンワークが中心な社会は終焉を迎えつつある。これからは、競争と技術革新が絶え間なく起こる知識基盤社会が到来することが予想されている。知識基盤社会では柔軟な思考力に基づく新しい知識や創造する能力が求められる。第2に世界のグローバル化の進展があげられる。第二次世界大戦以前の国家間の移動手段は主として船舶や鉄道、自動車が中心であった。ごく近年、航空機が一般的となり、短時間での移動を可能とした。１９９０年以前の通信手段は、固定電話が主であったのに対して、現在ではインターネットが急速に発達し、世界中のどこでも容易に情報を収集することができるようになった。かつての遠い世界の国々は身近な存在となり、ビジネス、文化、教育など世界は身近になった。自ら課題を発見し解決する能力や物事を多様な観点から考察するクリティカルシンキングや、大量に得られる情報の取捨選択能力等、国際競争力の中で戦えるスキルがこれからの子どもたちには求められている。つまり、学歴やキャリアを形成する学びから脱却し、学問を探求してゆく姿勢がこれからの教育には求められている。

学問を探求する教育の1つとして、高大連携が注目されている。高大連携は高校と大学が連携して教育を行う仕組みであり、入試制度に依存しない形で大学の学びを高校生が享受する機会を得ることができる。また、高大連携では大学生と高校生との交流も行われており、高校生は大学入学後の自分の姿をイメージしやすくなるだろう。高校生は自らの進路選択をする際、教員や保護者の決定に従うだけでなく、高大連携において体験した大学の学問への興味を活用するようになるだろう。このため、自ら進学先を模索するようになり、ミスマッチを解消してゆくことが期待される。加えて、高大連携において行われた授業そのものにも効果があることが先行研究によって示されている。川合（2021）は、商業高校において高校生と大学生が一緒に学ぶことで、高校生のソーシャルスキルが向上したことを報告している。高大連携は、高校生の能動的な進路選択、学力向上、大学に進学した時のミスマッチ解消や学問を探索する意欲の高揚等に効果的であるものと示唆される。

3　高大連携と六次産業

(1)「地域活性型六次産業支援高大連携プロジェクト」の提案

高大連携は、高校生、専門高校生、大学生の学問の探求につながることを指摘した。学問の探求のゴールは社会還元にあることも忘れてはいけない。経済産業省は、「Ocha-Solution Program」を推進している（経済産業省、2018）。「Ocha-Solution Program」では、企業人（技術者等）と大学生・大学教員が有機的に結びつき、学生が価値ある企業課題を解決することで「チェンジ・メイカー」を実践的に育成する学社連携プロジェクトである。この学社連携プロジェクトを参照し、我が国の第一次産業も解決する手段として、「地域活性型六次産業支援高大連携プロジェクト」を提案する。

本プロジェクトでは、農業、水産業等の第一次産業従事者と高校生、専門学校生、大学生が交流し、大いに議論して、その産業の実情を理解するとともにその解決策を模索する。プロジェクトでは第一次産業に限定されることなく、その農産物や水産物等の加工工程にあたる第二次産業、流通・販売過程にあたる第三次産業にも関わり、生産から販売までを一貫的に学習する。また、生徒は高校から大学、専門学校へと進学するに従い、職業スキルを高度化するように学ぶことも可能である。たとえば、農業を希望した学生は、高校生では小規模

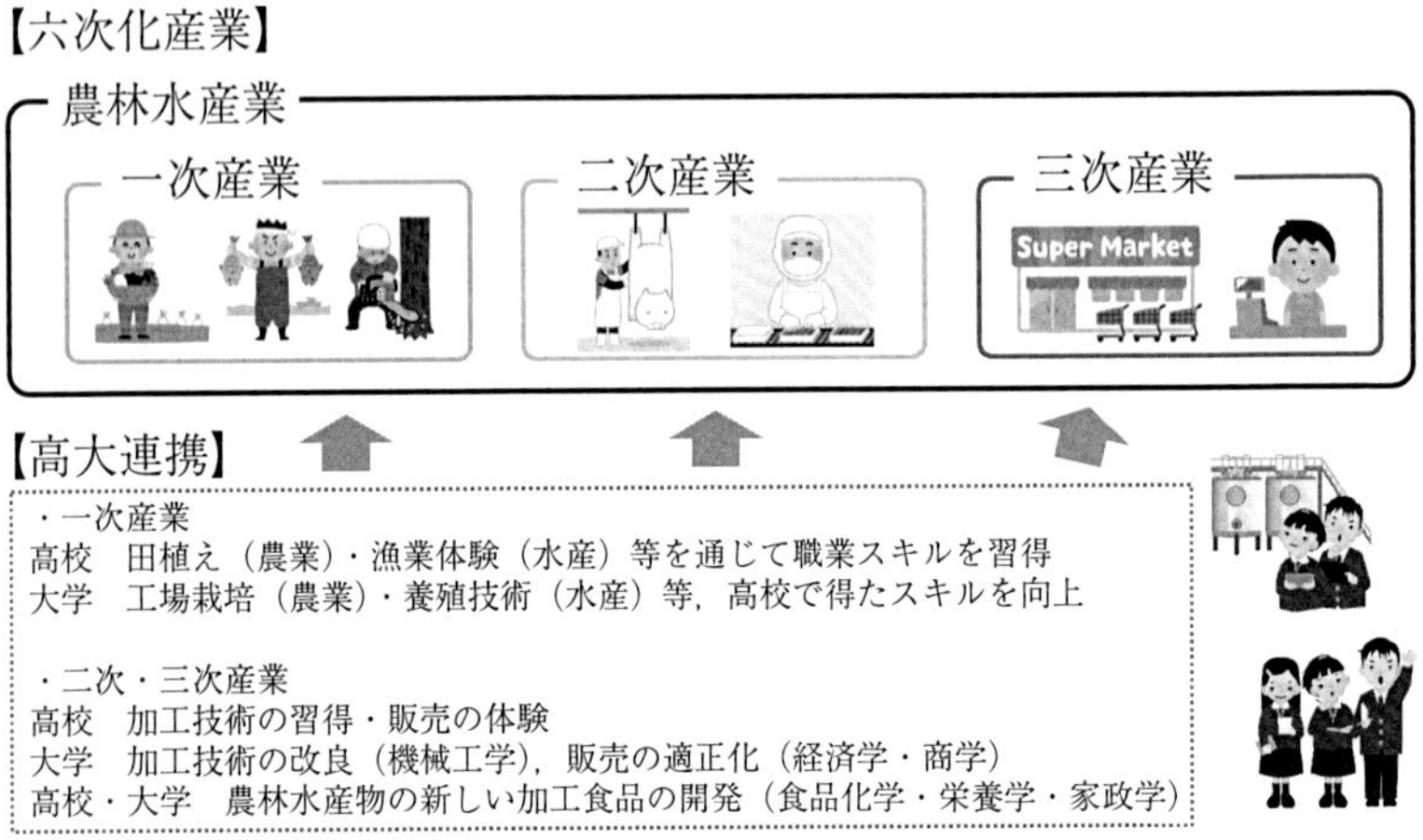
【六次化産業】
農林水産業
一次産業
二次産業
三次産業
Super Market
【高大連携】
・一次産業
高校　田植え（農業）・漁業体験（水産）等を通じて職業スキルを習得
大学　工場栽培（農業）・養殖技術（水産）等，高校で得たスキルを向上
・二次・三次産業
高校　加工技術の習得・販売の体験
大学　加工技術の改良（機械工学），販売の適正化（経済学・商学）
高校・大学　農林水産物の新しい加工食品の開発（食品化学・栄養学・家政学）

図１　六次産業と高大連携のイメージ図

出所：筆者作成。

の露地栽培を体験し、大学ではより高度化された工場での栽培技術を学ぶことが可能である。また、一貫した経路を学びたい生徒は、高校で対象とした農作物の加工や流通・販売を学んでもよいだろう（図１）。専門高校生は、プロジェクトの地域で労働力として働いてもよく、さらに探求を求めるのであれば大学に進学してもよいだろう。自分の興味に従って好きな学びを選ぶことができるようなしくみが望ましい。

佐藤（２００２）は、高大連携の意義の１つとして、地域貢献や生涯学習の視点を取り入れるべきであることを指摘している。高大連携に六次産業の視点を取り入れることで、専門高校、大学、地域社会が高度に連携して、教育、産業の双方の課題を解決してゆくことが期待される。

(2) 六次産業の将来性

六次産業は現在、全国的な事例が存在する。山梨県南アルプス市では第三セクターを創設、農業の六次化を目指した「完熟農園」を設立し、8億円の予算を投じたものの、開業3カ月で運転資金が枯渇し、経営破綻している(木下、2015)。一方、同じく山梨県の甲州市や笛吹市が中心となって2008年から行っているワイナリー事業は成功を収めている。2日間行われるイベントでは、生産誘発効果が7、400万円、ワインツーリズムを中心とした地域ブランド力の強化によって1、2次生産誘発効果が30億8、000万円となっており、現在でも、その規模は拡大しつつある(日経電子版、2015)。ただし、笛吹市の例は稀な方であり、全国の六次産業の中には、黒字化している事業であっても地方行政の支援によって成立している事業も多い(木下、2015)。

地方創生を目的として立ち上げられた六次産業は、地域産業と行政が立ち上げている例がほとんどである。農林水産業、経営、流通の研究者や専門家を含めて十分に検証しないままに進められている事例も多い。これらの課題を解消してゆくためには、専門的知識を持ち合わせた者が検証して進めてゆく必要があろう。何より、これからの消費の中心となってゆく若者の視点を多く取り入れることが、事業を将来にわたり継続してゆくために重要であると考える。

（3）六次産業化と高大連携のまとめ

ここまで高等教育機関における「地域活性型六次産業支援高大連携プロジェクト」について述べてきた。我が国では急速に進む高齢化によって、第一次産業を中心とする担い手の減少、少子化による入学者の減少により、学校の存続が危機的な状態に陥っている。これらを同時的に解消するために、「地域活性型六次産業支援高大連携プロジェクト」を提案した。高大連携において重要となるのは、学びの場を提供することであると考える。今求められている我が国の課題に学生が触れてその解決を試行錯誤する中で、新たな産業が創成されてゆくものと考えられる。

参考文献

遠藤耕二（２０１８）「商業教育の変遷と新しい時代の商業教育—新学習指導要領を踏まえて—」『神奈川大学心理・教育研究論集』44、１４９-１６１頁。

川合宏之（２０２１）『高校生と大学生がともにつくる高大連携授業—ナナメの関係が高校生にどのような影響を与えるのか』晃洋書房。

木下斉（２０１５）「自治体が『３セク』で失敗を繰り返す３つの理由　南アルプス市では開業３カ月で破たん危機」、２０１５年9月29日、東洋経済ＯＮＬＩＮＥ。

経済産業省（２０１８）大学生（学部生）による産学連携授業『Ocha-Solution Program』。URL: https://www.learning-innovation.go.jp/verify/z0059/（閲覧日：２０２３年8月1日）

佐藤正昭（２００２）「『高大連携』の背景といくつかの課題」『青森保健大紀要』４（１）、31-39頁。

総務省（2019a）「令和2年版高齢社会白書（全体版）　高齢化の現状と将来像」。

総務省（2019b）「令和2年版厚生労働白書―令和時代の社会保障と働き方を考える―」。

中央教育審議会（1999）「初等中等教育と高等教育との接続の改善について（答申）」。

豊田長康（2015）『ある医療系大学長のつぶやき、いったい日本の論文数の国際ランキングはどこまで下がるのか!!』、2015年5月1日。

日本経済新聞「参加者8年目で倍増『リインツーリズムやまなし』」、2015年11月6日、日経電子版。

舞田敏彦（2017）「受験地獄は過去の遺物、今や合格率93%の『大学全入時代』」、2017年10月5日、Newsweek日本版。

文部科学省（2012）「学校・家庭・地域が力を合わせ、社会全体で、子供たちの『生きる力』をはぐくむために～新学習指導要領スタート～生きる力」。

URL: https://www.mext.go.jp/a_menu/shotou/new-cs/pamphlet/__icsFiles/afieldfile/2011/07/26/1234786_1.pdf
（閲覧日：2023年8月1日）

文部科学省（2021）「令和3年度学校基本調査」。

文部科学省（1947）「学校教育法　第五十二条」。

労働政策研究・研究機構（2021）「産業別就業者数の推移（第一次～第三次産業）1951年～2020年　年平均」。

渡辺良智（2006）「学歴社会における学歴」『青山學院女子短期大學紀要』60、87-106頁。

第5節

法教育の現在と近未来

千葉家庭裁判所判事　河原俊也

1　はじめに

２０２３年５月20日に発表されたＧ７広島首脳コミュニケは、前文２として「我々は、次のとおり国際的な原則及び共通の価値を擁護する。」として、その第１番目に「大小を問わず全ての国の利益のため、国連憲章を尊重しつつ、法の支配に基づく自由で開かれた国際秩序を一層堅持し、強化する。」と宣言している（仮訳（注１））。このように「法の支配」という用語は最近注目されてきているが、法教育を受けたことのない人にとって、その意味するところは今一つ掴みにくい用語であろう。

国といわず、すべての国民の利益のために法教育が必要・有益であると考えられるところ、法教育については、国民一人ひとりが仮に紛争に巻き込まれた場合には、法やルールにのっとった適正な解決を図るよう心掛ける必要があるなどという問題意識から、法務省の法教育委員会が後記参考文献記載の報告書（以下、単に「報告書」という）を作成している。

法教育の現状については後記第3項のとおりであるが、本稿では、法教育環境の未来図を夢想してみたい。

なお、筆者は刑事事件や少年事件をもっぱら担当してきたので、それらを念頭に置いた話が中心になることをお断りしたい。また、本稿中、意見にわたる部分は私見である。

2　少年鑑別所と少年院がどう違うか知っていますか？

残念なことであるが、犯罪が発生しない日はない。最近では、オレオレ詐欺等のいわゆる特殊詐欺やアポ電強盗等が大きな社会問題となっている。

さて、これらの事件の犯人が逮捕されると、多くの場合、引き続いて勾留され、地方裁判所での刑事裁判で有罪判決を受け、刑務所に服役する者も少なくない。犯人が少年であれば、逮捕・勾留の後、少年鑑別所に送られ、家庭裁判所での少年審判で少年院に送致される場合がある。

ところで、筆者は、司法記者と話す機会があるとき、少年鑑別所と少年院がどう違うか知っているかと尋ねることが多いが、これまでのところ、どの記者からも「知りません。」という以外の答えを聞いたことがない。

運転免許証の住所変更等の関係で警察署の構内に入った経験がある人は少なくないであろ

う。裁判所、検察庁あるいは弁護士事務所については、入ったことまではないとしても、その建物や看板くらいなら見たことがあるというレベルであれば、これも少なくないはずである。しかし、少年鑑別所と少年院の違いどころか「お住まいの都道府県の中で、どこに少年鑑別所と少年院があるのかご存じですか。見たことがありますか。」などと質問されて、漠然とした場所であっても答えられる、見たことがあるという人は相当少ないというのが実態ではなかろうか。

3　法教育の現状

法教育に関心がある裁判官が出席した講演会において、高校における法教育の現状について、要旨、以下のとおり説明がされたと聞いている（講演内容については公開されていない）。法教育は主に公民科で行われることが多い。公民科は、２０２２年度から新しい学習指導要領が順次実施され、必修科目として「公共」が新設された。これは1年次、あるいは2年次に履修することになっている（週2時間・1年間で70時間）。「公共」は、Ａ「公共の扉」、Ｂ「自立した主体としてよりよい社会の形成に参画する私たち」、Ｃ「持続可能な社会づくりの主体となる私たち」という3つの大項目から成り立っている。法教育関連では、Ｃが特に重要であり、社会における基本原則である、人間の尊厳と平等、個人の尊重、民主主義、法の支配、自由・権利と責任・義務等の考え方を学ぶことになっている。

具体的に教科書に載っている教材として、たとえば、ドイツの航空機法に関する話がある。これは、ハイジャックされた民間航空機を撃墜する権限を大臣に与えるという、２００４年にドイツで成立した法律を題材として高校生に議論させるというものである。議論をさせた上で、国会で成立した法律（民主主義）によって乗客の命が物のように扱われるという事態は憲法上許されるのか、個人の尊厳に反しないか、という問題意識を習得させるのである（その他、朝日新聞デジタル２０２１年7月7日および同月28日にも法教育の実践例が紹介されている）。

また、たとえば、私が以前勤務していた横浜家庭裁判所では、出前講義と称して、各種高校からの要請に応じて、裁判官、書記官、裁判所調査官（行動科学の専門家である）らが講義に出向いていた。そして、年に2回、模擬少年審判（事前に用意したシナリオを読み上げて手続を体験するものと、模擬事例を見てもらった上で結論をグループで検討してもらうものとがある）も実施していた。同じような取り組みは、全国各地の地方裁判所や家庭裁判所で実施されている（裁判所、法務省、日本弁護士連合会等による法教育の実践の詳細は、報告書を参照していただきたい。また、最近では、一般社団法人司法教育支援協会による活動も注目される（注2））。

4　米、仏における法教育

(1) 米　国

米国では、法教育は、立憲民主主義の基本概念・原理である「権威、プライバシー、責任、正義」等の意義を市民が再確認するための方法として、また、青少年の行動を改善するための方法として提案され、1978年には法教育法（Law-Related Education act）が成立した。米国の法教育の実践の詳細については報告書を参照していただきたいが、本稿ではティーン・コートを取り上げる。報告書では、ティーン・コートについて、以下のとおり説明している。

課外活動として、裁判所との協力のもと、ティーン・コートの実践を行っている。実際の事件について裁判官、陪審員の判断を下すが、その裁判官、陪審員、裁判所職員をすべて高校生が行うという類型のティーン・コートである。扱う事件は、万引き、交通違反等で、有罪であること自体は認めている場合が対象となっており、一種の調停手続として位置付けられている。ティーン・コートの出す判決は、原則として、「社会奉仕○○時間」というもので、履行される非行の事実が公的な記録から抹消されるという効果を伴う。

なお、2010年3月現在、コネチカット州を除く全米1、050の法域でこの制度が採用されている（注3）。

法教育という観点からみると、実際の事件を判断するという過程の中で、判断者である学生らにとっては、対象となっている犯罪は同年代の少年によってなされたものであり、程度の濃淡はあるにせよ、いわば自分事として捉える者が少なくないであろう。そうであるとするならば、判断者である学生らは、なぜ当該処分が必要、適当なのか→なぜルールが社会にとって必要なのか、相当真剣に悩み、考えるのではなかろうか。

実際、筆者は、模擬少年審判のグループでの検討状況をみたり、地方裁判所で裁判員裁判を担当していたりした際、参加者や裁判員が真剣に議論している姿を何度となく見た経験がある。

(2) 仏国

仏国においては、たとえば、学校のルールの制定、改正に当たっては、子どもたちの声が反映されるよう、クラスや学校での議決事項が子どもの学校代表を通じて市長に伝えられることとなっている。

そして、子どもたちの声は、学校のルールのみならず、全国レベルの子ども議会を通じて行政に反映され、１９６６年には子ども議会の提案に基づいて、民法典に、夫婦が離婚する際の規定が追加された。

また、財団法人法曹会が発行している雑誌・法曹８５８号（２０２２年4月号）の表紙裏の匿名コラム「司法三部会」によると、近時、仏国内各地で多数の市民が参加し、仏社会において司法がいかなる役割を担うべきかなどについて議論が交わされ、また、オンラインプラットフォームを通じて幅広く意見を募ったそうである。

法を意識した教育が行われ、子どもたちの声を行政に反映させるなどといった制度が整っているからこそ、上記のとおり市民が議論を交わし、あるいは、意見を述べることができるのだろう。

5　米、仏の実情等から夢想される将来の法教育

近未来といわず、10年、20年以内に、模擬の少年審判や刑事裁判、出前講義等がＧＩＧＡスクールにおいて、実務法曹（裁判官、検察官あるいは弁護士）または法学研究者が参加した上で、全国各地の高校（あるいは、小、中学校でも）で実施される。高校生は、基本的な法知識を得た上で（法教育が知識付与型の教育ではないとしても、思考するためには一定程

度の基礎知識が必要である）、個人の尊厳とは何か、正義とは何かなどといった法哲学上の古代からの難問について、高校生なりに議論し、見解をまとめ、実務法曹や研究者から講評を受ける。生身の実務法曹らが参加できない場合であっても、対話型人工知能（ＡＩ）が基礎知識を教えてくれる。そして、一定の刑事・少年事件について、裁判官として、自分たちだけで判断することができる高校生も出てくる。

なお、上記のとおり、知識を付与する者はオンライン参加でもＡＩであっても構わないが、議論する高校生については、教室等、一定の場所に集まることが重視されるであろう。哲学対話は言葉だけのやり取りではなく、身振り、手振り等も含めた全身的なコミュニケーションだから、直接にその場所に足を運び、その場に身体的に居合わせることが重視されるといわれている（注４）。そうであるとするならば、近未来であっても、法哲学上の難問について議論する際、その場に居合わせることが重視されるのではなかろうか。

法教育は学校での授業にとどまるものではなく、一般市民も、たとえば法務省が作成したe-learningを受講する、あるいはＡＩに質問することなどによって、確かな法的知識を継続的に学び、法的問題について思索を深めることができる。また、メタバースのようなインターネット上に作られた三次元的な仮想空間の中で、少年鑑別所や少年院あるいは刑務所といった刑事矯正の現場を作成し、矯正の実情を理解することができる。仮想空間が現実に近付けば、非行少年らの心理も疑似体験できるようになる。あるいは、その場に居合わせなくても全身的なコミュニケーションができるようになるかもしれない。その頃「少年鑑別所と少年院がどう違うか知っていますか?」などと質問すれば、ちびまる子ちゃんではないが「そんなの常識!」と一笑される。

世間の注目を集めるような事件の判決が出た後等、国内各地で多数の市民が参加し、たとえば、死刑制度は存続すべきか廃止すべきか、少年犯罪に対しては刑罰中心で臨むべきか教育中心で臨むべきかなどについて、議論が交わされる。また、政府はオンラインプラットフォームを通じて、これらの問題に関する意見を募り、あるいは、子どもを含めた市民の側からも法務省等に対して自由活発に意見を述べる。

と、明るく、エネルギーに溢れた未来予想図を夢想してみた。しかし、犯罪という非日常の世界を直視するということは、(仮に模擬であっても)精神的にそれなりに辛いかもしれない。大人であるか子どもであるかを問わず、人によっては相応の精神的打撃を受けるかもしれない。

しかし、現在でも、特に重たい事件で熾烈に争われるなど、難しい裁判員裁判対象事件を担当した裁判員は、異口同音に「他人の人生をこんなに真剣に考えたことはなかった。裁判員をやって良かった。」といった感想を述べている。裁判官と裁判員が一緒になって審理に立ち会い、真剣に議論を尽くし、判決に至った時の気持ちは、経験した者だけがわかるものである。

6　おわりに

宮部みゆき（2020）『ソロモンの偽証』（新潮社）は、中学校内で発生した同級生の転落死の謎を、生徒のみによる校内裁判で解明しようとする中学生たちを描く長編推理小説である。この物語は、弁護人役を務めた生徒の1人（野田健一）が後年、同中学校の教師として赴任した際、校長から当時のことを聞かれた、以下のシーンで幕を閉じている。


「あの裁判が終わってから、僕ら」

いちばんふさわしい言葉を探して、健一は校長室の窓から差し込む春の日差しに目をやった。

「――友達になりました」

それぞれに歩む道は違っても、今でも友達だ。（以下略）

筆者が現在担当している少年非行の世界では、伝統的な万引き、けんか等の事案よりも、SNS等を悪用した特殊詐欺等の犯行が目立ってきている。そして筆者には、喜怒哀楽等といった、生身の人間関係であれば、程度の差こそあれ生じる感情について、仮想現実の世界と同様、いわば「リセットすれば終わり」といったくらいにしか感じていない少年が増えた結果、生身の人間である被害者が受けた経済的・精神的な痛みを実感できなくなってきているという事態が犯罪の背景にあるように思われる。

法教育の特色は、法やルールの背景にある価値観や司法制度の機能、意義、あるいは社会に参加することの重要性を学ぶことである。もちろん、それはそのとおりなのだが、高度で現実に近いメタバース等を利用した法教育の下では、野田健一のように、本当の友達を得る契機、すなわち現在であれば直接居合わせることによって得られる諸感情を得ることができるかもしれない。そのことが、現在、少年（あるいは大人もそうかもしれないが）にとって、ともすれば希薄になりがちな人間関係を、近未来においては充実させるものとするかもしれない。

欧米の映画監督が近未来のストーリーを撮影する時に、日本やアジアのネオン街をロケ地に選ぶことは少なくないが、それは極彩色と人のエネルギーに溢れた街に好奇と刺激を受けたからだとは思わない。

近く訪れる未来は、これだけ色とコマーシャリズムに溢れていても、こんなに街も人も煤けていると言いたいのだ（注5）。

日本の近未来が煤けたものになるのかどうかなど、筆者には到底わからない。しかし、他人の人生について自分事として真剣に考え、悩み、グループで議論するなどという法教育の近未来は、極彩色とエネルギーに溢れているかどうかはともかく、決して煤けたものにはならないであろう。

【注】

(1) 首相官邸ホームページ(http://www.kantei.go.jp/g7hiroshima_summit2023/index.html)(閲覧日:2023年6月10日)
(2) https://www.legal-edu.com(閲覧日:2023年6月10日)
(3) 守山正・後藤弘子編著(2017)『ビギナーズ少年法第3版』成文堂。
(4) 河野哲也(2019)『人は語り続けるとき、考えていない 対話と思考の哲学』岩波書店。
(5) リリー・フランキー(2005)『東京タワー、オカンとボクと、時々オトン』扶桑社。

参考文献

法務省:法教育推進協議会「我が国における法教育の普及・発展を目指して―新たな時代の自由かつ公正な社会の担い手をはぐくむために―」平成16年11月4日 法教育委員会(https://www.moj.go.jp/shingi1/kanbou_houkyo_houkoku.html)(閲覧日:2022年5月29日)

第6節

デジタル化が進んだその先の世界
―人間性を失った日本社会―

共立女子大学非常勤講師　鈴木　均

1　デジタル化社会がさらに進展したその先を考える

日本の経済、社会は、今後もさらにデジタル化が進むものと思われる。ＡＩ、ＩｏＴ、ＤＸ、ビッグデータ、デジタル通貨、Ｗｅｂ３・０、ＮＦＴ、メタバース等、デジタル化社会を指すワードが世の中にあふれている。一方で、ＳＤＧｓ、ＥＳＧといった環境に配慮し持続可能な社会を実現しようとする動きもますます大きくなっているようである。そこで、日本経済社会がデジタル化の進展によって、どのような姿になるのか、50年、１００年という長期的なスパンで将来をイメージしてみたいと思う。この50年、１００年というスパンは、かなり長期なものになることから、筆者の大いなる独断であり、理屈的にもかなり薄くなり、過程的に飛躍した内容となることをお許しいただきたい。

2　50年後の日本

①　デジタル化の進展

２０２２年の当時の日本と比べて、日本の社会、経済、日本人の生活は、かなりのものがデジタル化された。人間が食べるものの好み、仕事、趣味、衣服、住居などは、一人ひとりの所得、欲望に見合ったものが自動的に選択できるようになっている。しかしながら、人が欲望に基づいて選択しているというよりも、ある程度、これまで人間が選んできた大量のデータにより、ＡＩがその人に対して効用すなわち満足度が最大かつ、コストが最小となるような選択肢を自動的に与えて、人は仕方なくそれをチョイスするという、そういう世界になってしまった。

かつては、たくさんの選択肢の中から、ああでもない、こうでもない、自分にあった衣服はどれだろう、自分が食べたい食事は何か、今日はこれを食べてみよう、と欲望のままに思いを寄せていたのであったが、こうした時間というものは結局は無駄というふうに認識されてしまった。生活の中だけでなく、ビジネスにおいてもデータに基づいて何をどのように仕事をこなすべきかはＡＩによって判断される社会になっていった。

②　デジタル化による格差社会のさらなる進展

実は、デジタル化がより進んだ社会は、人間社会において、個々の生活においても、仕事のツールにおいても、また教育や研究開発においても、かなり効率化を図ることが可能となり便利な社会が実現できたのであるが、それが社会全体に浸透することは無理であった。なぜなら、一定の所得がある個人、もしくは一定の安定した売り上げのある会社にしか、便利なツールは普及しなかったのである。デジタル化社会の恩恵を受けるには、一定の所得、収入が必要であり、低所得の人たちには、活用できないものとなってしまっていた。

デジタル化社会の進展は、格差社会に拍車をかけてしまっていたのである。

③　分断の深化

21世紀初頭に思い描いていた社会の分断というものは、世代間だったり、同じ世代であっても生まれ育った環境や所得格差によるものだったり、地域間の格差だったりしたわけであるが、２０７０年代の日本社会では、一人一人の仕事や生活のデータによって、ある程度AIによって判断された生活スタイル、仕事の環境を与えられてしまっているので、もうほかの人がどうだろうが、関係ない、関心もないという、そういった社会になってしまっているのである。これは、２０２０年代に考えていた自分たちの収入が上がっていても、社会全体では実質賃金が下がっており、世の中をどうにかしなければ社会全体が貧困化してしまう、そういう他者を慮る思考が働いていたものであるが、２０７０年代にもなると、デジタル化社会が一人一人の人間に最小コストで最大の満足を与えるような生活様式、仕事の様式となり、利他的な考えも無くなってしまっている。これは、実は、データにより評価されるシステムが進んでしまった結果でもある。人間をデータで評価するということは集団の人間をランキングすることになり、平均、つまりアベレージより下になってしまった人たちは、その評価された性質、特徴を向上させようとするインセンティブを無くしてしまうのである。

④　人間性の居場所はどこに行ってしまったのか

デジタル化が進むとどうしても社会全体に情報が溢れすぎている社会となってしまい、一人の人間の頭では、明らかに把握できなくなってしまう。そうすると、人間としては、頭の中に情報を吸収しようとするよりも、外部の頭脳で、すなわち外部脳に情報を補完しようとする。人間は５つの感覚で物事を感じることができるのであるが、五感で感じるには情報が過剰すぎて、データを外部脳で処理するようになってしまったのである。

ここで、本来は、目の前の利益よりも中長期的な視野で物事を考える視点、自分のみならず他者への思いやりや道徳観、マクロの視点、自己利益と集団としてのメリットとの比較など、思いを寄せるイメージにはさまざまな基準があって、こちらを立てればこちらが立たない、そういった二律背反、トレードオフのようなものは当たり前のように存在していた。自分一人の欲望の中にも、自己欲求や倫理的欲求、複数の矛盾する欲望というものが存在するものである。1つ判断するにしても、大いに悩んでしまうのが人間であったはずである。しかし、この思い悩むということをも、デジタル化は捨象してしまったのである。

経済学の影響なのか、人は「合理的な個人」であることを是とする認識を大前提として、社会が進化してしまったのである。デジタル化の進展により、確かに世の中は便利になり効率的な社会になったかに見えたはずであるが、人間本来は、矛盾を大いに抱える生き物であり、この性質が人間性、人間臭さというものであったと思う。いつの間にか、人間性の居場所が無くなってしまったのである。

⑤　人口減少が止まらない

21世紀初頭の日本人は、人口減少は当然だ、しょうがない、というある意味、どうしようもない問題で、「今さら産めよ増やせよという政策なんてできるわけがない」という認識が大半であった。しかしながら、2070年代にもなると、人口は7、500万人となり、50年の間に5、000万人の人口減少となってしまった。

この要因としては、合計特殊出生率が1・3からなかなか上がらず、本気の少子化対策を怠っただけでなく、この50年で中高年の死亡率が上昇してしまったことも寄与している。かつてのロシアや米国でも経験したことであるが、若年者だけでなく、中高年の絶望病といわれる自殺、アルコール、薬物依存による死因が上昇してしまったのである。２０２０年以降の新型コロナウィルスが流行したころにも、若年者の自殺率が上昇してしまった事象が現れたが、その後は、中高年においても自殺が増え、薬物・アルコール中毒患者も急増してしまったのだ。

なお、この人口減少の問題について1つ触れておくと、人口のピークを迎えた２０１０年当時の感覚には、「これからは、人口は減少していくものの、９、０００万人程度でもよいのではないか、８、０００万人程度で安定するということでよいのではないか」という、将来どこかの局面で人口は安定するものだという安心感があった。しかしながら、２０７０年代に入っても、出生率はまったく上がらず、毎年日本は２００万人弱の人口が純減していっているのである。これでは、年金制度も、若者の年金保険料負担だけでは追い付かず、日本社会全体の国民負担率をさらに上げなくてはならず、さらなる日本経済のパイを縮小させてしまっているのである。

（※ここでは、筆者が考えている、「追加的な財政出動は、新規国債の発行で大丈夫であり、累積している財政赤字も国が借換債によって対応可能であり、増税などによって、国民負担を増やす必要はない」という政策的考え方は、この50年間は結果的に浸透しなかったという前提に基づいている。）

3　100年後の日本

22世紀初頭の日本では、日本社会全体が人間性を失ったことにより、人間性の意義を本気で振り返り見直さなければいけないという大きな運動が起こる。人間性を取り戻す価値観が生まれ、世の中の政策にも人間性をきちんと配慮したものが浸透していくことになっていく。

①　デジタル化社会への反省と対応策

前項で既述したように、2070年代は、デジタル化の進展により、人々から人間性が奪われてしまい、格差はより拡大し、人口減少のスピードに拍車がかかってしまった。どんどん日本経済も縮小してしまう、そういう衰退していく国家を生まれた時から経験してきた2070年代以降生まれの日本人が、22世紀に入り日本社会を本気で変える原動力となった。

そもそも世の中がデジタル化されるということはどういうことかというと、デジタルは「0」か「1」かの世界である。人間がふるまった行動はすべてデジタル化され、コピーがそのまま可能となる社会である。つまり、同一化、統一化、画一化された生活スタイル、ビジネス様式、主義主張なども標準化されてしまう社会である。

このようにデジタル化社会をそのままに人間が受け入れてしまったことにより、人間性を失ったことから、この人間性を取り戻さなければならない。こうしたことに対応するため、人間の生活環境や働く環境を人工的でかつデジタルなものから、自然メインの環境に変更していくべきという施策が進められていったのであった。

② 人間が働く環境の制度的変更

2120年代になると、都市部で働いていた勤労者のうちの2~3割を田舎で勤務させることを原則義務付ける、そのような労働制度が作られた。

内容的には、都市部に勤務する労働者に対しては、1年のうち2カ月~3カ月は田舎で生活しながら仕事をする、ということを義務付けることとした。まずは、国家公務員の労働環境を変えることからスタートさせ、国家公務員が働いたり生活したりする場所を、1年のうち2カ月以上は田舎にするように原則として義務付けた。田舎での勤務は、デスクワークというより体力を使う仕事で、体を動かすことや屋内だけでなく屋外で自然の空気や土に触れながらの仕事に取り組んでもらうこととする。1年のうちの2カ月以上継続して活動するのが難しい場合には、1カ月のうち1週間を田舎で体を動かしながら仕事をしてもらう。さらには、1週間のうち2、3日は、田舎で暮らすかもしくは働くということの義務でもかまわないようにするのである。この体を動かす労働については、主には農作業や公共インフラの作業にも従事してもらうようにする。また田舎での地域の伝統文化に参加させることもしっかり促進する。当然、交通費などは国費で負担するのである。そして、田舎での生活、特に田舎での食生活は、地産地消を原則とする。つまり、田舎である地域で取れた農水産物をできるだけ摂取することを義務付けさせる。

このように、人間性を取り戻すために、人々は1年間の一定の期間をなるべく田舎の空気や土や植物といった自然に触れながら体を動かし、そして田舎でとれた農水産物を摂取するようになったのである。何もかもデータによってその時その場でAIが判断した行動様式を選択する時代は終わりを迎え、ある程度、人間の源から欲する本来の人間性を取り戻しつつあるのであった。

また、このように人が田舎である地方と都会を行き来することにより、物流から人の流れにシフトさせることになるが、この人の移動に関しては、公共交通のネットワークである道路、JRをはじめリニア新幹線を含めた鉄道交通、航空などの整備を政府が率先して進めていったのである。

4 人間性というものをふり返ってみる

ここである書籍の一部を紹介する。『社会保障改革2025とその後』（鎌田繁則 著）の

第9章によると、「生活者」というものは「あるがままの人間」であり、豊かな感情を持ち伝統を重んじるとともに、時には間違いも犯す、そういうものであると。そして、「生活者」とは、経済学で教えられるようなただ効用の最大化を目指し、生産者はひたすらに利潤の最大化を図るものだとする「合理的経済人」ではなく、効用最大、利潤最大というもの以外の「余計なこと」を考える存在なのであるとしている。この「人間は『合理的経済人』である」という前提を無くした「あるがままの人間」のことが展開されていた。人間は本来「合理的経済人」ではなく、花鳥風月である自然に触れ、美しいものに「なんて美しいのだ」と感動を覚える、または現実の中でどろどろとした経験を重ね、さまざまなことに喜怒哀楽する、そういう人間模様を備えた生き物であるはずだ。

私も経済学を学び始めたころは、「「合理的個人」なんて、そんなの究極の話だ」と経済学を敬遠していた時期もあったが、仕事だから仕方がないと思い、経済学をかじり続けてはいた。世の中では「経済学」に基づいたルールや概念というものをよくもこんなに多用しているな、多用しすぎではないかと思い、正直胡散臭いなというイメージは今でも否定できない。そして、合理的経済人というものを仮定した「新古典派経済学」は、未だに「主流派（メインストリーム）経済学」と称されており、何故に一定の評価がなされているのかと疑問に感じる。

人間は本来その言葉のとおり、「あるがままの人間」は人間くさいもので間違いも起こすし、合理的とわかってはいてもたいていは目の前の欲望に負けてしまう生き物である。ここで、どうして「合理的個人」をこれほどまでに大前提とした価値観や概念が100年以上もの長い間、人間社会に浸透し、かつ大きな影響を与え続けたのかという疑問が生じる。

この疑問に対しては、人間は実は「合理的個人」でありたい、合理的個人であり続けたい、そういう欲望を、心の根底に持っているのではないかと勝手に考えてしまう。人間だからこそ、この人間そのものである「あるがままの人間」を直視しない学問が流行してしまったのだ。つまり直視してこなかったからこそ、「新古典派経済学」が主流派経済学として認識され続けてきたのだと考えている。

もしかすると、人間というものはわがままで、実は心（精神、頭、脳）のどこかで「自分はいつも常に合理的に判断しているのだ」と信じたい、人間は「自分たちが合理的な生き物だ」と信じ込みたい、そういう生き物なのかもしれない。

人間というのは本当にわがままな生き物である。そういう本質を認識し理解することが、とても重要ではないかと考える。

参考文献

アン・ケース、アンガス・ディトン（2021）『絶望死のアメリカ　資本主義がめざすべきもの』（松本裕訳）みすず書房。

鎌田繁則（2022）『社会保障改革2025とその後』創成社。

カール・ポラニー（2009）『[新訳]大転換』（野口建彦・栖原　学訳）東洋経済新報社。

川口伸明（2020）『2060 未来創造の白地図』技術評論社。

佐藤航陽（2022）『世界2・0 メタバースの歩き方と創り方』幻冬舎。

中山智香子（2020）『経済学の堕落を撃つ』講談社現代新書。

野口建彦（2011）『カール・ポラニー　市場自由主義の根源的批判者』文眞堂。

第5章　産業技術

第1節　防災環境の未来図

早稲田大学教授（地区防災計画学会 最高顧問）　稲田修一

1　ほぼ正確になった天気予報

２１０１年9月×日、超大型台風が日本を襲う見込みだ。化石エネルギーから自然エネルギーへの転換は２０７０年頃に実現し、地球温暖化にようやく歯止めはかかったが、相変わらず豪雨は頻発し、巨大台風の襲来も続いている。

今回の台風も伊豆半島に上陸した後、関東地方を通過し、秋雨前線の活性化もあいまって関東甲信越や東北地方に記録的な大雨をもたらすと予報されている。そして、河川水位の大幅な上昇による越水や堤防の決壊がかなりの確率で起こり、水害が起こり得る状況である。

21世紀初めと違い、天気予報はほぼ正確である。これは、気象庁や民間の気象会社、大気水圏科学の研究者等の努力の賜物であるが、彼ら以外にも大きく貢献した者がいる。漁業関係者と船舶会社である。農林水産省は、２０２０年代半ばから彼らに協力を仰ぎ、海水の温度、潮流方向や速さなどを計測し、データを集積した。魚の種類ごとに適温が違う。このため、海洋表面に加え海洋内部の温度も計測し、エビデンスに基づく水産資源管理をめざしたのである。

このデータが大気水圏科学の分野で活用された。そして、気象予測の精度向上に貢献した。昔は海水温の観測は海洋表面が中心で、海洋内部は十分には把握していなかった。もちろん、人工衛星や気象レーダを使う観測の高度化や膨大なデータを短時間で処理するスパコンの発展も予測精度の向上に大きな貢献をしているが、何よりも海洋内部の温度の計測により、そこに蓄えられている熱エネルギー量が正確に推測できるようになったことがイノベーションにつながったのである。

海洋に蓄積されている熱エネルギーは、台風の強さと高い相関がある。海洋内部の温度や潮流等のデータを利用した海洋と大気の間の相互作用の研究が進展し、数値予報モデルがより精密なものとなった。台風が海洋から吸い上げるエネルギーや進路、風速や降水量のシミュレーション精度があがり、徐々に予測精度が改善されたのである。そして２０５０年頃から、天気予報はほぼ正確なものに変わった。

2　浸水リスクのある地区に住むA氏の行動

Ａ氏の住んでいるＮ市のＰ地区は大きな河川に合流する支流のそばにあり、水害リスクが高い地区である。ハザードマップで見ると、１００年に一度の大雨で３ｍの高さまで浸水することが想定されている。

「３日後の台風通過に伴い大雨が降り、河川氾濫等により災害のおそれが高い」という自治体からの避難指示を受け、Ａ氏はただちに水害シミュレーションアプリを立ち上げた。今回の台風は桁外れに強く、予測降水量は半端でない。アプリで見たシミュレーション映像では、近くにある河川の水がバックウォーター現象（注１）で堤防からあふれ、地域全体が２ｍから３ｍほどの高さに浸水することを示していた。

大変な事態になる可能性が高いことを理解したＡ氏は、ただちに地区の街づくり推進協議会のメンバーに連絡し、緊急オンライン会議を開催した。会議では、自治体と連携し、あらかじめ決めている計画に基づき避難行動をとることを確認し、地区の住民全員と自治体担当者に連絡した。２０１３年の災害対策基本法改正で、共助による防災活動を促進する地区防災計画制度が創設されて90年近く経ち、コミュニティ活動の一環として防災を考える文化がしっかりと定着している。

Ｐ地区は、水害リスクが高い地区である。幸いなことに、堤防等の強化により水害が起こってもせいぜい床下浸水で済んでいた。しかしながら、自然災害の頻度が高まり、大規模な被害が多くなったため、2060年に政府は危険な場所への住宅や公共施設の新規建設を認めないという施策を打ち出した。このため、Ｐ地区に新たに移り住む人はいなくなった。でも、街の中心部に近く便利な場所なので、昔からの住民はまだかなり残っている。

水害が間近に迫り雨風が吹いている中で避難していた昔と違い、現在は、事前避難が当たり前になっている。しかも自動運転のパーソナルビークルが普及したので、昔に比べると高齢者でも楽に避難できる。でも、人の力が必要な状況は変わらない。住民に避難の必要性を納得してもらい、実際に避難行動につなげるのは、人と人のコミュニケーションだからである。

Ａ氏は他の街づくり推進協議会のメンバーと手分けして地区住民への説明を行い、シミュレーション映像等の力を借りて納得してもらい、災害前日までに支援が必要な人を含め住民全員の避難を終えた。いつものことであるが、エネルギーを要する作業である。今回も5名ほど避難を渋る人がいたが、家族からの説得で重い腰をあげた。新しい自治体担当者は気が利く人らしく、離れて暮らす家族から避難を渋る人に避難の呼びかけを行ってもらったとのこと。

地区の住民全員が計画された場所に避難したことをタブレットの画面で確認したA氏は、自らの車ですでに避難した家族が待つ高台にある公民館に向かった。２０２０年代の初めにコロナ禍が起こってから分散避難が当たり前になっている。住民は公共施設、知人の家、ホテル等あちらこちらに分かれて避難している。でも、ネットワークでつながっているので必要に応じ、いつでも状況を連絡することが可能である。支援が必要な事態が発生した時は、支援窓口に申し込めば、人工知能が支援を必要とする人の状況を踏まえた対応をしてくれる。そしてその情報は、関係者で共有することが可能な仕組みになっている。

台風が来る12時間前の9月×日の朝から、滝のような大雨が降り始めた。予想通り台風は19時ちょっと前に伊豆半島に上陸。その後、関東地方を縦断し、次の日の未明に福島沖に抜けていった。総降水量は一番多いところでは1、１００ミリ超、関東だけでなく東海、東北の広い範囲で６００ミリを超えた。１００年に一度と言われるレベルの降水量であった。

大量の雨が広範囲に、しかも短時間に集中して降ったので、予想通り多くの河川で氾濫や堤防の決壊が発生した。A氏の住宅がある地区も、近くの河川から水があふれ浸水した。A氏の家も２ｍ50㎝の高さまで水に浸かった。

２１０１年の現在は、河川管理者等が取り付けた水位計のデータだけでなく、いろいろなところに取り付けられているカメラの映像も活用され、河川水位を計測している。カメラの価格低下とその映像を伝送するモバイルネットワークにより、大きな河川だけでなく、小さな河川、それから用水路等の水位が計測され、それらの膨大なデータが蓄積されている。

このデータを利用し、降水場所と降水量の予測から大きな河川だけでなく、小さな河川や用水路にいたるまで水位上昇の予測ができるようになっている。そして浸水の予測もほぼ正確になった。ちなみに、都市部では河川の水位上昇により下水管を通じた河川水の逆流や、地区内に降った雨が行き場をなくすことによる内水氾濫が起きることがある。これについても、正確に予測できるようになっている。今回の台風では利根川水系のダムや遊水池などで水を貯留し、下流域での水害を防いだとニュース報道が伝えていた。

ちなみに、A氏は家族と一緒に、河川の水が堤防を越える様子や自宅が浸水する様子を見た。河川の近く、それから自宅に取り付けてあるカメラからの映像を、モバイル回線経由で簡単に見ることができるのである。土砂で茶色になった水が自宅に流れ込んできた。避難者の多くが同じように、自宅の様子を観察している。公民館の中で大きなため息が起きた。A氏もヤレヤレという思いである。家具や家財道具、それに取り外した畳は2階にあげているのでギリギリで大丈夫だが、水が引いた後の土砂の取り除き作業や清掃作業のことを考えると憂鬱である。もちろん、ロボットが助けてくれるのであるが・・・。

今回の超大型台風の来襲によって、河川の氾濫や浸水は各地で起き、家屋の損壊や流出、浸水被害は多数にのぼった。でも、幸いなことに死者や重軽傷者は1人も出なかった。事前避難が常識となってからは、大雨で人的被害が出ることは少なくなった。一番怖いのは急に発生する土砂災害であるが、これも土砂災害のおそれがある傾斜地にはセンサーが取り付けられており、土砂崩れ等が事前に予測できるようになっている。

A氏は家族、そして地区住民全員の無事を感謝したが、実際に自宅が浸水する様子を見てから気持ちが少し変化していた。今までは、災害にあっても先祖代々から住んでいた土地に住み続けるつもりだったのであるが、避難していた公民館で配偶者や子供たちから安全な場所に引っ越そうよ、という訴えがあったからである。地区全体で移転計画を立て移転する場合は、助成金を出す仕組みがある。災害からの復旧を進めると同時に、新たに移転を視野に入れた検討が必要である。街づくり推進協議会での活動が、しばらくの間忙しくなりそうである。

3　利根川水系の治水に責任を持つ国土交通省河川事務所の様子

超大型台風の来襲で大雨が予測される中、利根川水系の治水に責任を持つ国土交通省の河川事務所にも緊張が走っていた。利根川の水が堤防を越えて氾濫すると、流域に広がる埼玉県と東京都の低地が広く浸水する可能性があるからである。

事務所では、人工知能に気象庁の降水予測データに基づく河川水位変化のシミュレーションを指示した。その結果、雨水をそのまま河川に流すと、利根川の治水基準点である八斗島地点で氾濫危険水位を50㎝上回る水位となり、氾濫危険性が高いことが判明した。人工知能は過去の台風時の雨量と河川水位のデータも示し、人の判断を支援している。ちなみに氾濫危険水位とは、河川の水位がこの水位を超えると氾濫発生の可能性が高まるとして定められている水位である。

氾濫の危険性が高いので、事務所では人工知能に利根川上流のダム群、それから渡良瀬遊水地等の遊水地や調整池を活用して、河川への流入量を抑えるシミュレーションを指示した。大雨が降った時に上流から流れ込む大量の水をダムや遊水池に溜めることで、下流の川の増水を抑え氾濫を起こりにくくすることができるからである。人工知能は、ただちにシミュレーション結果を示してくれた。ダムや遊水池を活用することによって、治水基準点の水位を氾濫危険水位より50㎝下回る水準にとどめることが可能なことがわかった。何とか洪水被害を最小限に抑えられそうだという手応えをつかむことができたのである。

事務所では念のため、ダムや遊水池で水を溜めきれず氾濫が起こった場合の対策を示すよう人工知能に指示した。人工知能が出した結果は、江戸時代と同じようにあらかじめ決めてある人がほぼ住んでいない地域を遊水地として使用するという、人が想定していた対策と同じであった。事務所では国土交通省経由で関係する自治体に連絡し、遊水地となる地域への立ち入りを禁止する措置を依頼した。

ダムの洪水調整機能を発揮させるには、まずダムに溜まっている水を事前に放水し、ダムの貯水容量を空けておくことが必要である。大雨が予想される3日前から下流の安全を確保しながら事前放流が始まった。人工知能が川の近くにいる人にメールや音声で警告し、さらにカメラで安全を確認してから事前放流を開始する。

昔は予想された雨が降らずに「空振り」になって、しかも使う予定で溜めていた水が放水でなくなり、農業や発電で使う水が不足したことがあったそうである。現在は予報精度があがり、この心配はなくなった。このため、ダムの事前放流も余裕のあるものとなっている。昔は天気の推移を見ながらの放流だったそうで、洪水調整を始めるギリギリのタイミングまで事前放流をしていることもあったとのこと。現在では、そのような綱渡りの作業はなくなっている。

それでも雨が降り始めると緊張する。ダムへの流入量がどんどんと増え、放水量との差がダムに溜まる。人工知能が降水量の推移、河川やダム等の水位等の数値を予測しながら、ダムに水を溜め下流河川に流す水の量を抑える。事務所ではこれらを一覧できるモニターで人工知能の予測が正しかったことを見守るのであるが、人工知能が想定していない事態、たとえば斜面の大規模崩落等により想定外の土砂がダムに流れ込んだりする危険性は残っている。幸いなことに、そのような事態が起こった場合はドローンにより素早くデータが把握され、人工知能が最良と考えられる対策を示してくれる。でも、人工知能が示す対策を踏まえた判断は、事務所にいる人の役割なのである。

河川上流地域への降水量が事前の予想とほぼ変わらなかったこともあり、降水に伴う河川水位の上昇もダム等の洪水調整機能によりギリギリに近い線ではあるが、氾濫危険水位より低く抑えられている。最新のシミュレーション結果でも、利根川水系の氾濫は何とか回避できそうな見込みである。他の事務所が責任を持つ水系では、自治体間の利害調整がうまく行かず、万が一の事態に備える遊水地の場所を決めることができず、河川が氾濫し水害が発生したところもある。この事務所でも、河川水位が十分に低下するまでは緊張が続くが、河川事務所の所長以下、ひとまず胸をなでおろした。

4 あとがきに代えて

2101年の大型台風来襲時の防災の姿を描いてみた。この実現のためには、コンピュータの計算速度の大幅向上、衛星リモートセンシングやレーダの大幅性能向上、河川水位や土砂災害を検知するための多数のセンサーの設置と活用、それから水害や土砂災害の危険がある場所への住宅建設の抑制や遊水地の設定等の制度見直しや利害調整、それから避難行動の実施という人のマインドチェンジ等が必要となる。

コンピュータの計算速度向上は大丈夫だろう。計算速度が2年で2倍になるとすれば、80

年では10[12]倍となる。その他の技術的課題も着実に解決されるだろう。一方、投資が絡む課題はややハードルが高くなる。たとえば、全国津々浦々へのセンサーの設置。赤字財政の中で実施するのは大変であるが、これも80年も経てば実現しているだろう。最大のハードルは、危険な場所への住宅建設の抑制や遊水地の設定等の人の判断や利害調整が入る部分である。さらに、人が合理的な判断を下すことを可能とする教育を促進することもハードルが高い。

【注】

（1）河川や用水路等において、下流側の水位変化が上流側の水位に影響を及ぼす現象のことをいう。「背水」とも呼ばれる。大雨等で大きな河川の水位があがると、その河川に流れ込む支流からの水が大きな河川の流れにせき止められる形となる。これによって、支流の水位が急激に上がり、合流地点の上流側の支流の水が堤防からあふれる、あるいは支流の堤防が決壊する等の状況が発生するケースがある。

参考文献

気候変動による水害研究会（2020）『水害列島日本の挑戦』日経BP社。
内閣府（2021）「防災に関してとった措置の概況―令和3年度の防災に関する計画」『2021年版防災白書』。

第2節 22世紀のスポーツ医学

早稲田大学スポーツ科学学術院教授／整形外科医師　金岡恒治

1 はじめに

"Life is motion"は古代哲学者のアリストテレスの有名な言葉である。この言葉が残されてから2000年以上が経過した現在において、この言葉の持つ意味はますます重くなっている。日本の超高齢化社会は世界のトップを走っていて、これからも福祉・医療・医学の発展・発達によって、戦争や社会情勢不安のない先進国であれば人類の寿命は延びていくであろう。そのため自力で動けなくなり、寝たきりとなってもなお生命を長らえる不健康寿命が延びて、医療費や介護費用はますます膨れ上がり、ますます減少していく生産年齢世代にはさらに大きな重荷になっていくことだろう。

しかし、ここ数十年は世代間人口格差によって生産年齢世代への負担は増えていくが、100年後には各世代の人口不均衡も解消され、スポーツ医学や医療の発展によって以下に述べるような理想的な社会になっていると予想する。

2　22世紀の競技スポーツ界

スポーツ活動において、競技スポーツ選手のコーチは人工知能（ＡＩ）が受け持ち、ある種目の専門的な動作をするときの身体中の各筋肉の動作ごとの筋活動パターンがライブラリー化され、非接触型の動作解析装置と筋活動解析装置によって各選手が運動するときの動作と筋活動は即時に解析され、選手はそのデータをモニタリングしながら、理想的な動作・筋活動との差分をなくすように模倣することで、トップアスリートと同じ動作・筋活動パターンを短期間で習得することができるようになる。また栄養や心理面などの多彩なコンディショニングもＡＩが管理し、トレーニング過剰によって生じる運動器の怪我や故障は未然に予防され、選手のメンタル状態も適切に管理されるため、燃え尽き症候群やオーバートレーニング障害などの問題も生じなくなる。このような理想的なＡＩコーチの指導によって、１００ｍ走の世界記録は8秒台に突入し、水泳の１００ｍ自由形の世界記録は40秒を切るところまで向上し、多くの国民、人類がスポーツを生涯、生活の一部として継続するようになっている。

3　22世紀の医療界

現状の医療では、画像診断によって腫瘍性病変などの形のある異常所見、器質的疾患があれば診断は容易で最適な治療が開始される。しかし、胃痛、腰痛、頭痛などの多くは器質的な異常所見を認めることは稀で、多くは画像で評価することができない身体の機能の異常によって生じている愁訴なので、現状では経験の豊富な医師が診療報酬のことは気にせずに、丁寧に時間をかけて診察することで初めて正しい評価が行われる。そのため現状のプライマリドクターでの診療では、画像検査で異常を認めない疾患に対しては症状を軽減させる対症療法としての薬物療法が行われており、慢性的に身体の不調を抱えるものにとっては不満が多くなっている。

１００年後には、健診においてはカプセルセンサーを飲み込むことで、心臓の機能評価、消化器の腫瘍性病変の有無、胃液や膵液などの消化液の性状、胃・小腸・大腸の活動性、腸内細菌の状態、前癌状態の細胞の有無やその数が自動的にＡＩによって評価される。もし胃液の酸性度が高かったり、腸内細菌に異常が認められた場合には、食事内容の改善や、生活習慣の改善方法を示してくれる。このような健診のフィードバックによって、機能的な異常によって生じている愁訴は病院を受診することなく診断され対処される。そのため病院を受診するのは、画像検査によって骨折や腫瘍など何らかの器質的な外傷や疾患が生じて専門的な治療を必要とするものだけとなる。

また運動器の機能評価は、スポーツ界で用いられるようになった人工知能によるコーチング技術を一般人に応用し、姿勢、歩き方、さまざまな日常生活動作、運動する時の各関節の挙動や筋肉の使い方を非接触型のセンサーによって定期的にモニタリングし、もし腰や膝などのいずれかの運動器への負荷が大きくなった場合にはアラームを鳴らし、運動の休止か、運動方法の改善を促し、その方法を指示してくれる。

さらに脳・神経系の機能は、生体内の微弱電気信号変化を捉える非接触型モニタリング装置によって、認知機能などの中枢神経系が適切に活動しているか、末梢神経は正常に信号を伝達しているか、視覚、聴覚、臭覚、味覚、知覚などの感覚器は正常に機能しているかなどの神経活動が評価される。もし何らかの神経活動の異常が認められた場合には、心理的ストレス解消の方法や、生活習慣の改善方法を示してくれる。

このような身体機能検知装置が普及し、その異常発生時のアラーム通知と適切な改善方法の指導が行われるようになることで、人々は疾病や障害を発症させることなく予防することができるようになり、現在よりもはるかに健康的な生活が送れるようになる。

また、健康的に寿命を迎えるために必要な健康関連情報は、小学校の保健体育の授業で指導され、運動器に関する教育としては、正しい身体の動かし方、理想的な筋肉の使い方が指導され、神経系の発育が終了するまでには全国民が習得できるようになる。このような働きかけによって、平均寿命は男女とも105歳となり、健康寿命も100歳まで延伸する。

4 スポーツ指導と医療界の現状

100年後にはこのように競技スポーツ選手や人類にとっては怪我や故障、疾病を未然に防いで健康的な日常生活、競技人生が送れるようになると推定される。

しかし、現状はどうか？

競技スポーツ界では多くの指導者、コーチは自分の競技生活で得た個人的な経験を選手に押し付け、選手の身体特性や心理状態を考慮せず、単に多くの練習量を課すことで生き残ってきた選手を使って、その年代の国内競技大会で良い成績を修めることを目的に活動している方がまだまだたくさんいる。その代表的な種目が高校野球であろう。甲子園という憧れの舞台を設定し、そこに到達するためにはどんな努力や自己犠牲も厭わないという登場人物のキャラクターを作り上げ、甲子園出場実績のある高校には入部希望者が集まる。指導者は厳しく理不尽な指導方法を行っても、選手が怪我や故障やメンタルの問題で落伍しても、いくらでも控えの選手がいるので、使い捨ての指導でも実績は残せる。最近の調査研究では、学校管理下のスポーツ活動における心臓系突然死の発生率は、高校一年の野球部員の、ランニングなどのトレーニング中に多いと報告されている。甲子園劇場の被害者と言っても良いであろう。甲子園の神様に捧げる人身御供は必要なのであろうか？　今後の競技スポーツの健全化が求められる。

１００年後の競技スポーツ界は、その選手の人生の中で最も高いパフォーマンスが出せる時期が予測され、そのピークに向けてその時期に最適な技術指導・トレーニング方法が示されるようになり、小・中・高等学校ごとの選手の発育程度を考慮しない年齢区分での日本一を決めるような競技大会は廃止されていると考える。

医療界の現状では、多くの医師、特に運動器を扱う整形外科の医師は、患者の何らかの愁訴は画像検査で現されるはず、と思い込んでいるので、何らかの痛みがあっても画像検査で異常所見を認めなければ、〝どこも悪いところはないので痛いはずはない〟と取り合わないことがある。画像所見に異常が見えなくても、運動器組織に何らかの負荷が加わって疼痛受容器が刺激され、痛みが出る病態はいくらでもあるのに、目に見えないものは信じない、解ろうとしない医師がいまだになんと多いことか。１００年後には科学が進歩し、すべての身体の不調は前述のように未然に察知され解決されていくことになると期待するが、そのようになる前の人類の痛みはどうやって対処するのか？　最近では本邦でも中枢神経に作用する麻薬系の鎮痛薬が数多く出回って手軽に処方されている。痛みの原因を明らかにせず、脳で感じる痛みを抑えるだけの治療が何の役に立つのか？　痛みの原因を明らかにして、身体機能を高め、痛みの出にくい身体に変えていくことが真の治療になる。自動身体機能評価装置が普及するまでは、我々整形外科医はこれまでの画像偏重主義を悔い改めて、予防医学を追求していくべきと考える。

第3節

50年後100年後の医学と医療

日本医師会総合政策研究機構副所長　原　祐一

1　はじめに

遠い未来の医学と医療について語るにあたって、まずは言葉の意味を確認しておきたい。元日本医師会会長の武見太郎は、医療を次のように定義づけた。「医療とは医学の社会的実践である」と。地球上の重力速度は世界中どの場所でも9・8m/s²であり、1気圧のH_2Oの沸点は100℃である。これらと同じように、医学は普遍的な科学であり、どの国に行っても変わることはない。結核菌にはこの抗生剤が効く、神経伝達物質であるドーパミンが欠乏するとパーキンソン症状を示す、ということは医学であり、科学である。一方、医療は国や時代の制度によって大きく異なってくる。医療資源が十分な国での最善の医療と、医療資源があまりない国の最善の医療は違ったものになる。このような前提条件を念頭において、50年後、100年後の医学と医療を考察してみたい。

2　50年前100年前の医学と医療

未来の医療を考える前提として、過去から見た現代を考えてみる。現在の医学と医療は、50年前から見れば50年後のものであり、100年前からなら100年後のものということになる。50年前、1972年の医学・医療を考えると、今と著しい違いはない印象がある。抗生剤は一般的であり、抗がん剤も存在した。CTスキャンやMRI、エコーもすでに存在していた（数は少なく、技術的にも未熟ではあったが）。一方、平均寿命は男性が約70歳、女性が約75歳であり、現在の男性約82歳、女性約87歳に比べると短い（注1）。当時の死因の一位は脳血管疾患（脳卒中）、2位は悪性新生物（癌）であった。他方、医療機関の中の様相はかなり変化している。レントゲンはフィルムがなくなり、ディスプレイで見るようになった。紙カルテから電子カルテに移行しつつある。CTスキャンやMRI、エコーなどの医療用画像技術は著しく進歩しているため、体内の内部構造が生きている人間でわかるようになり、疾患概念も変化してきている（それ以前は、死体の解剖や外科手術でないと体内の病的変化は分かりにくかった）。50年前と現在の大きな違いは、外科分野では開腹や開胸というたメスによって体を開くことは激減し、内視鏡やロボットアームによって手術が一般的となったことである。そのために、術後の回復は早く、入院期間も短縮している。内科分野では、降圧剤、血糖降下剤などが発展し、抗がん剤は著しい進化があった。眼科では白内障の眼内レンズは60歳以上のQOLを著しく向上させたといえるだろう。

医療の分野において、日本では1961年に国民皆保険制の開始、1970年代の老人医療無料化による老人病院の急増、2000年の介護保険の開始による医療分野と介護分野の分離などが大きな変化として挙げられる。日本は欧州諸国と違い、保険証1枚あればどの医療機関にも受診できる「フリーアクセス制」を採用しており、日本人の疾病管理や平均寿命の延長に寄与してきた。欧州諸国も国民皆保険を達成している国は多いが、その大半は決まった医師からの紹介状がないと高度な医療機関を受診できない、いわゆる「かかりつけ医制度」が採用されている。受診までに1～2週間待ち、手術を受けるのに3カ月待ちということが普通で、日本の皆保険と同じものとは言い難い。またご存じの方も多いかと思うが、米国は国民皆保険を未だに達成できていない。

次に100年前である1922年を振り返ると、当時の医学や医療は現在とはまったく別物といえる。抗生剤はまだ発明されておらず、感染症にかかったら対処療法の薬剤はあるものの、治癒するかどうかは本人の体力次第だった。CTスキャンはなく、レントゲンもまだ希少であり、画像診断という概念は乏しかった。したがって、癌も外科手術の際に発見できるものであり、一般的な疾患ではなかった。多くの子供が細菌やウイルス感染によって胃腸炎にかかり、下痢をして脱水症となり死んでいった。点滴という技術がなかったためである。

当時の死因は第1位が肺炎および気管支炎であり、第2位が胃腸炎、第3位が結核であった（注2）。平均寿命は男性が42歳、女性が43歳であった（多くの人が40歳代で死亡するわけでなく、乳幼児死亡率が高いためこのような数字になっている）。医療においては、医師の診察を受けられるのは中流以上の人か公務員や軍人のみであった。医師の数が少なく、一般人向けの保険制度がなかったためである。

このように、医学・医療分野において、１００年前と50年前では大きな開きがあることがわかる。この50年間で医学と医療が著しく進歩した理由は、この間に第二次世界大戦があり、貧富の格差の是正が起き（多くの国が総力戦を行い、国民皆兵となり、戦費調達のために税率を大幅に引き上げたため、各国ともに国民が平等化していった）、さらに軍事開発のために科学技術が大幅に進歩したためと考える。

3　時代の変化と医学医療の発展

さて、これらの歴史を紐解き、50年後１００年後の医学と医療を考察してみたい。人類にとっての大きな災厄が常識を転換させることは過去の歴史からも明らかであるが、どの程度の災厄が将来に来るのだろうか。我々は２０１１年の年初から、大きな意識の転換を迫られている。２０１１年3月11日の東日本大震災において、天災の破壊力のすさまじさを再確認した。また、２０２０年の新型コロナの世界的パンデミックにより、世界の常識は一変した。そして、２０２２年2月24日のロシア軍のウクライナ侵略により、第三次世界大戦、そして全人類を巻き込んだ最終核戦争すら現実味を帯びて懸念される事態に直面している。超大規模災害、感染症のパンデミック、核戦争は今までは起きることが想像されることのなかった非常事態である。

さて、個別的な疾患を考えてみたい。癌については、癌細胞の発生機序の究極的な解明も、50年以内にはできると思われる。抗がん剤は日々進歩してきており、最新のチェックポイント阻害薬は、癌の進行をかなりの割合で抑えることができるようになった。これがすべての癌に効くわけではないこともわかっているが、癌細胞が発生する生物学的過程の究極解明も近い将来にはできるだろう。そうなれば、癌も予防可能なものとなる。遺伝子解析により、各人がどのような癌にかかりやすいということが予想され、その癌の予防を若いときから行うことになるだろう。そうなれば、癌で死ぬ人は激減（癌死亡者は消滅）すると思われる。なぜならば、かかりやすい癌の推測がある程度可能な状況では、予防ができなかったとしても癌の進行には数年はかかるので、その間に治療ができるからである。

次に感染症であるが、細菌感染については抗生剤の進化によって、感染症死亡者は激減してきた（１００年前は乳幼児死亡の大半は感染症による下痢と脱水であり、若者の死亡原因の大半は結核であった）。しかし、先進国では抗生剤の使用が多すぎ、逆に耐性菌を生み出してきた歴史がある。耐性菌の発生を抑制するロジックもそう遠くない将来に完成するだろう。一方、世界のグローバル化によって、人類がほとんど足を踏み入れない地域にある動物の感染症が人間に感染し、飛行機であっという間に世界中に広がるという現在のパンデミックはさらに加速していく。今回の新型コロナウイルスに対するワクチンは、1年ほどで完成し、内服薬も2年で完成している。ウイルスは、変異も多いため、パンデミックも繰り返し発生するであろうが、感染後の早急な医療機関への搬送によって、死亡に至ることは減少する。感染症の対応には、医学の発展も必要であるが、医療体制の整備が大きな決め手となる。そのためには、世界の貧富の格差の是正、すべての国が国民皆保険を取り入れ、医療にかかれない人を無くすことが必要である。感染症の温床は自然界と貧民街であり、貧困者をなくすことは感染症の予防にもつながっていく。逆に世界的な貧困の解消ができないと、感染症パンデミックは何度も人類を襲ってくるはずだ。

4　再生医療の発展

中高年になってくると、内科的な疾患はないとしても、目や歯、関節などが経年劣化してくる。現在はこのような生体の老化に対しては、人工物を使用することで対処することが多い。白内障には人工レンズ、歯の欠如には義歯やインプラント、関節の異常には人工関節に入れ替えるなどである。今後はｉＰＳ細胞による再生医療が、このような臓器の老化による機能低下に対応できるようになるだろう。現在でも角膜はｉＰＳ細胞によりある程度再生が可能となってきた。今後は眼球なども再生できるようになる。心不全には心筋シートがすでに使われているが、心臓そのものを交換できるようになるかもしれない。パーキンソン病は、中脳の黒質から出るドーパミンが不足することによって起きるため、ドーパミン生産細胞を入れることで克服できるようになるだろう。糖尿病もインシュリンの不足によって起きることが多いため、インシュリン生産細胞を再生医療で増やすことで克服できるだろう。

5　認知症の克服

さて、癌でも死なず、感染症でも死なない、老化による臓器の機能不全には再生医療により回復可能となれば、最後に残るのは認知症である。認知症の多くは、大脳の神経細胞の長期間にわたる壊死によって起きる。この脳神経細胞の破壊を予防する薬剤の開発が必要である。２０２１年に抗アルツハイマー病薬であるアデュカヌマブ（注３）が話題となったが、効果は限定的であり、副作用もあるとのことで、臨床での使用は行われていない。しかし、アルツハイマー病の発生原理は徐々に解明されており、50年以内には予防薬も開発されると予測する。むろん、認知症のすべてがアルツハイマー病ではないため、すべての人が認知症にならないということはないが、100年前に多くの若者が結核で死亡したことを抗生剤の投与が防いだように、50年前には多くの中高年が脳卒中で死亡したことを降圧剤が防いだように、50年後には何らかの予防薬が開発され、多くの高齢者がアルツハイマー病になることを防ぐだろう。

6　50年後100年後の医学と医療

癌、感染症、老化、認知症を超えた将来において、次の医学について考えられることは、意識の解明だと予測する。人間の意識はどのように構成され、また再現することが可能であるかが判明すると、人工知能はより人間に近くなる。さらに、生物である人間の意識や知識をデジタル化することが可能となれば、人間の脳内の情報をクラウドに移行できるようになる。50年後は無理かもしれないが、100年後には可能となっているかもしれない。

最終的には人間は不死に近づいていくと考えられる。肉体はそのうちには滅びるであろうが（とはいっても、130年は生物としては存在可能という説もある（注4））、クラウドの中で意識が生きているという形になるかもしれない。クラウドの中で生きていくことができれば、時間という概念もなくなっていくだろう。

現在の我々はコンピューターの中で意識のみが生きていくということは考えられないし、

異常な姿のように感じられるかもしれない。過去に目を向けると、２００年前の人々は電話やテレビなど想像もつかなかったはずだ。１００年前の人々はコンピューターやインターネットなど想像もつかなかった。私の予測も今の延長線上で未来をイメージしているため、想像の範囲内といえるかもしれない。１００年後には想像もできない世界が広がっている。

【注】

（1）厚生労働省「平均寿命の推移」 https://www.mhlw.go.jp/stf/wp/hakusyo/kousei/19/backdata/01-01-02-01.html（閲覧日：令和５年５月14日）

（2）厚生労働省「心疾患―脳血管疾患死亡統計」 https://www.mhlw.go.jp/toukei/saikin/hw/jinkou/tokusyu/sinno05/13-2-1.html（閲覧日：令和５年５月14日）

（3）国立長寿医療研究センター「認知症の新しい治療薬アデュカヌマブについて」 https://www.ncgg.go.jp/ri/column/01.html（閲覧日：令和５年５月14日）

（4）The Royal Society「Human mortality at extreme age」 https://royalsocietypublishing.org/doi/10.1098/rsos.202097（閲覧日：令和５年５月14日）

第4節

ロボット環境の未来図

大阪大学教授　原田研介

1　はじめに

現在、日本では少子高齢化に伴って労働人口の減少が社会問題となっている。特に、40年後には現在よりも労働人口は4割減少すると予測されている（注1）。このような労働力不足を補うための決め手として、ロボットの導入が期待されている。1980年代においては、全世界における産業用ロボットの稼働台数の67％が日本で占められており（注2）、日本はロボット王国と呼ばれたりもしていた。そして、現在でも比率は落ちてはいるが、世界の4大産業用ロボットメーカーのうちの2社は相変わらず日本の企業であり、世界において日本のロボット業界はある程度の存在感を維持している。このため、日本ではロボットに対する期待が特に大きいことも事実である。では、ロボットは労働力不足を補う決め手となるという期待にどの程度まで添うことが可能かについて、ここでは予測したいと思う。

2 振り返り

まず、現在までロボットがどのような発展を遂げて来たかを振り返り、これを基にして将来の予測につなげることを考える。

日本では、川崎重工がアメリカのユニメート社の産業用ロボットをトヨタ自動車の製造ラインに導入したことをきっかけにして、ロボットブームに火がついたといわれている。ロボットは従来より定型動作を正確に繰り返して行うことが得意であり、そのため、特に自動車の製造工程においては、塗装や溶接などの工程で積極的にロボットの導入が進められてきた。

しかしながら、逆に言うと従来のロボットは定型作業でないような製造工程に導入するのは困難であるといえる。この代表例が製造における多品種少量や変種変量生産、あるいはサービスの分野である。近年、消費者の細やかな嗜好を反映させるために、製品の製造形態が多品種少量や変種変量生産へと変化している。このことは、たとえば自動車を購入する場合でも、近年は多くのオプションがあり、自動車を製造する場合は一台一台別に生産しなくてはならないことからも想像できよう。この製造工程にロボットを導入しようと思うと、製品ごとにロボットの動作を作り直したり、ロボットが使うツールを設計し直さなくてはならない。このため、製品のバリエーションが増えるに従って、徐々にロボット化は困難になる。また、このバリエーションをさらに増やしたものがサービスの分野であるという見方ができる。たとえば、料理ロボットや洗濯物を畳むロボットを作る場合を考えよう。料理には、無数のレシピがあり、また、人の好みに応じて味に変化をつけることが当たり前のように行われている。また、衣類には無数の形や、布の材質のものがある。我々ロボット研究者が取り組んでいる大きな課題は、このようにロボットが定型作業ではなく、作業対象に応じて動作を適応的に変化させなくてはならない場合に、それにどのように対応するかである。

それでは、ロボット技術がどのような発展を遂げて来たかについて振り返ってみたい。ロボットは、それ自体の技術が独自に発展した訳ではなく、コンピュータ、センサ、モータなど要素技術の発展に伴って、ロボット自体の技術も発展してきた。たとえば、コンピュータについては、1970年代から2010年頃に至るまで、CPUの集積度はムーアの法則に従って爆発的に高くなってきた。これは、ロボットのさまざまな要素技術の発展をもたらしたが、一番顕著なものが視覚情報処理であった。深層学習の手法が開発されたこともあり、現在ではロボットビジョンを使って対象を認識する能力は、人間の認識能力を上回る事例も報告されてきている。これは、特にサービスロボットの場合、ロボットが自分の周辺の日常環境の状況を認識し、それに基づいて行動を決定する能力を飛躍的に高めることにつながっている。

しかしながら、現在ロボットは半完成品と考えられている。産業用ロボット、サービスロボット共に、ロボットを買っただけでは多くのロボットは使い物にならず、ロボットが動く環境に合わせてセットアップを行う必要がある。これはロボットを導入する上での大きな障壁となっている。

3　未来図

それでは、ロボット技術の発展によって社会がどのような変革を遂げるか、予測をしてみたいと思う。ムーアの法則は2010年頃に終焉を迎え、CPUの集積度については頭打ちであり、つまり、ロボットに搭載されたコンピュータで処理できること自体は今後大きな発展は期待できない。しかしながら、先ほど述べた認識能力の発展においても、まだ多くの課題が残されている。課題の1つは、認識能力の基となるデータをどのようにして得るかということである。また、ロボットに搭載されたローカルコンピュータの処理能力に限界が見える中で、ロボット同士がネットワークを通じて知識を共有したり、知識を共に創造していくことも課題である。今後、データの共有や通信に関する技術の発展が目覚ましくなると筆者は予想している。これは、ロボット技術に大きな恩恵をもたらすはずである。実際、2023年にChatGPTが出現し、あたかも人が考えたような文章をコンピュータが自動的に作成し、人の質問に答えるといったことが実現された。これは、1、000億を超える学習パラメータを使うことにより実現されている。しかしながら、これら莫大なデータを自由に扱って、自分でChatGPTのようなアプリケーションを作成し学習させることには、まだ困難が伴っている。今から約30年後は、ロボットが対象を認識しようとすると、それに伴うデータはクラウドで共有されており、これをロボットは自由に利用することが可能になっていると想像する。また、ロボット同士が経験を共有することで、ロボットの経験を別のロボットが自由に使うことが可能になるであろう。たとえば、あるロボットが東京にある家で、ある日用生活品の使い方を覚えると、この日用生活品の使い方のコツは、ネットワークを通じて共有される。そして、福岡にある別の家で別のロボットが家事を行う際に、このデータが利用されることになる。これにより、ロボットは、その環境に合わせてセットアップすることなく、ロボットを買ってきたら、そのロボットはそのまま、自分の周囲環境を認識して動作をすることが可能になる。これにより、今から30年後は、すでにロボットは半完成品であるという認識は存在せず、ロボットを買ってきたら、そのまま自由に使うことができる時代が到来しているであろう。

同様な取り組みは産業界でも行われるであろう。現在、ファクトリーオートメーションに関する取り組みとしてはIndustrie 4.0が有名である（注3）。Industrie 4.0とは第4次産業革命とも呼ばれており、産業機械の導入により第1次産業革命、大量生産と電動化による第2次産業革命、コンピュータと自動化による第3次産業革命に次ぐものと位置づけられている。この概念の根幹をなすのは、サイバーフィジカルシステム（CPS）、モノのインターネット（IoT）、クラウドコンピューティングなどである。この概念は2011年に提唱されたが、現在でも継続的に取り組まれている大きな課題である。30年後には、このIndustrie 4.0を1歩も2歩も先に進めた、AIを駆使したフレキシブルな製造システムが実現され、これにより究極的な一品生産が実現されていると考える。

ただ、このような取り組みを実現するためには、データの共有を実現する仕組みや、規格の異なるロボットや周辺機器が通信できるようにする規格の統一化など、純粋な技術以外の大きな問題があり、官民一体になって我慢強く推進していく必要がある課題である。

【注】

（1）総務省（2016）『労働力調査年報』。
（2）国際ロボット連盟（IFR）（2021）。
（3）IT Leaders「提唱から10年、Industrie 4.0への取り組みの実態と10の提言」https://it.impress.co.jp/articles/
（閲覧日：2022年5月31日）

第5節

50年後の水産業

国際漁業学会編集委員長　若松宏樹

50年後、日本の水産業はどうなっているだろうか。いや、どうなることが可能だろうか？　そのことをこれから論じていきたい。はじめに、現在までの日本の水産業の趨勢を説明し、次に現在の水産業で重要と思われる漁業のあり方と持続可能性認証を、現状をベースに議論を発展させていきたい。

1　日本の水産業の趨勢

日本の漁業は戦後、日本の高度経済成長と相まって、遠洋漁業を中心として世界各国の海域で活躍した。しかし、各国は自国付近の資源を守るため、国連海洋法条約が採択された１９８２年前後、ＥＥＺ（排他的経済水域）を設定し、付近の漁場の囲い込みを始めた。これにより、遠洋漁業が引っ張っていた日本の漁業は衰え始めた。また、漁業人口の高齢化も加わって日本の漁業生産は衰退の一途を辿っている。さらに、魚食国であった日本は、貿易の自由化により、安価な畜産物の輸入が始まってから、一人当たり水産物摂取量も減少を始め、2000年と比べて2020年は半分になっている（水産白書、2020）。このように日本の水産業が衰退している理由は、制度、高齢化、ライフスタイルの変化などが背景にある。50年後の水産業もそれらの背景の変化がベースとなって作られる。しかし、今回はそれらを無視して、考えうるすべての未来の選択肢から著者が恣意的にピックアップして論じることとする。

2　漁業者の公務員化？

現在、水産資源の乱獲が世界的に問題となっており、日本の水産資源も減少している。漁業は本質的に乱獲に陥り、利益が消失する構造になっている。それがなぜ起こるのか？　また、それに対して公務員化が解決策になるかを考えたい。

魚の数は産卵で増えるとはいえ、漁獲してしまうと、当然減る。資源量がある程度減ったところで漁獲をやめて、来年また少し増えた資源を獲るという戦略が持続的で一番儲かる戦略といえる。しかし、漁場は（沿岸・沖合などは許可されていれば）誰でも利用できるので、将来に残しておいても他の漁業者に獲られてしまう。その結果、他人に獲られる前に自分の利益にしようと魚を取りあう、儲かる水準で漁獲を止められず、魚は減り、皆儲からない、という状態に陥る。これは理論的にも証明されていることであるが、現実にもそのような例は1990年代のニューファンドランドのタラ資源の崩壊をはじめ、世界各国で起こっている事実である。これを防ぐには、①資源を増えた分だけ獲る、②獲りすぎない仕組みを作るという持続可能な取り組みを行うことが必要である。

①そのためには、漁業資源が1年間にどれだけ増えるのかを把握して、増えた分を漁獲上限とする方法がある。これをTAC制度（Total Allowable Catch）というが、TACを設定しても、漁業経営を考慮すると必ずしも十分とはいえない。漁業者はたくさんいるのだ。もし上限が決まっているのなら、誰よりも先に漁場に着き、漁を行わないと、他人に自分のパイを奪われてしまう。そうなると、早いもの勝ちの世界になり、漁期が始まった途端に漁船が漁場に集中し、すぐに漁獲上限に達することになってしまう。増えた分だけ取るのであれば、持続可能じゃないかと思われるが、実はいくつか問題点がある。最も問題なのは、多くの魚を一度に水揚げしたら市場は値崩れを起こし、豊漁貧乏に陥ることである。1尾100円で売れていた魚が20円まで値下がりしてしまうと赤字になるかもしれない。資源を減らさず、値崩れも起こさない仕組みを作る必要がある。

②制度的な解決策として、漁具、漁船の装備、漁獲量、漁獲日数などを制度によってコントロールする方法がある。これによって漁獲量は減らすことが可能だ。また、その他に個別割当制度という、漁業者に漁獲枠を割り当て、1年を通じて割当分を保証するという制度が

ある。ＴＡＣの設定のみであれば、漁期のはじめに漁獲が集中することが危惧されるが、割当制度を導入していると、漁期のはじめに取ろうと、終わりに取ろうと、自分が取る量は保証されている。であれば、価格が一番高い時期を見計らって漁に出るようになる。この個別割当制度のデメリットは行政の管理コストにある。ＴＡＣを出すための資源評価はいいとしても、個別割当の初期設定や利害関係者の調整などに割かれるコストは行政に負担を与える。

もう１つ有効な解決策として、漁場を排他的に囲い込む制度が考えられる。区画利用権漁業（ＴＵＲＦ：Territorial Use Right in Fisheries）といい、自分たち以外の利用を排除して、関係者だけで漁業が行えるというものである。これによって、資源を余らせ、戦略的に儲かるように漁獲を行っていても、他の漁業者に侵入される心配はない（監視システムは必要となるが）。ただ、ＴＵＲＦ内で操業を許可された個人事業主（漁業者）同士が競争関係にあると、より多く獲った漁業者が多く利益を得ることになるので、この制度でも有効とはいえない。例外は、その漁業（ＴＵＲＦ内の漁業者の集まり）がワンオーナーだった場合である。ワンオーナーだった場合、各漁船はオーナーの意思に従って漁獲を行うので、もはや各漁船は個人事業主ではなく、被雇用者となり、オーナーの命令で漁獲することになる。たとえば、ある漁業協同組合（漁協）が全組合員を被雇用者にして、各船に漁獲ノルマを与えるというものである。その場合、その漁業協同組合の利益は最大化され、獲りすぎも起こらない。

ここで、公務員である。日本の漁協を国有化して、組合員の漁業者も公務員化してしまうとどうなるだろうか。個人事業主であった各漁業者は、いくら獲っても儲けが自分のものになることはなくなり、獲っても獲らなくても報酬は一緒であるため、無理して獲ろうというインセンティブはなくなる。そして、国の方針に従って、1年間に増えた資源量だけ（もしくは市場に必要な量だけ）ノルマが与えられ、それを漁獲すればよくなる。2019年の漁業就業者数は14・4万人であり、一人当たり生産漁業所得は495万円である（水産白書、2020）。対して、現在の一人当たり生産額は1，031万円であるため、国の収入としては黒字となる。漁業は経験がものをいい、また収入が不安定になりがちなのは周知の事実であるが、漁業への新規就業者もその点がネックとなって漁業者になることに二の足を踏むという話を聞いている。その面でも公務員としてならば、漁業に興味があるが、収入面が不安定だからという理由で諦めている人を引き付けることができる。漁業は技術的に経験値がないと、ということが問題になるかもしれないが、そもそも後継者問題が現在取り沙汰されており、多くの漁業者で事業を継承する者を見つけるのが困難な現状である。このまま行くと経験の継承というのはいずれ失われる可能性がある。また現在は人工知能や機械学習の発達により、漁場を予測するという取り組みも始まっている。50年後にはその技術が精緻化されている可能性も高い。そうすると、経験がなくても、人工知能がはじき出した予測にしたがって漁業を行い、熟練の漁業者に近い成果を上げるという可能性もある。

研究面でも利点がある。漁業を持続的に管理する上で必要不可欠な漁業資源の推定は現在、調査船のサンプリングによって行われている。資源を推定するためには、魚が獲れる場所だけでなく、獲れない場所も一律にサンプリングを行う必要がある。しかし、現在の漁船は（当然だが）魚がいそうな場所のみに絞って漁獲を行っている。現在の状態では資源の推定には漁獲はあまり役に立たないが、公務員化すると、一部を調査用に獲れそうではない海域で操業させ、資源推定に役立てるということも可能である。

また漁業以外でも利点がある。漁船は日本の沿岸、沖合に散らばって操業しているが、それぞれ独立しているため、包括した情報網というものは構築できていない。しかし、公務員化によって、各漁船が海上の「目」となり、包括的情報網を構築することも可能だ。それによってより効率的に海難救助や不審船や違法漁業の監視ができ、その他の漁業外の役務にも従事させることが可能となる。現在問題となっている海洋プラスチックごみによる汚染であるが、現在は漁網にかかるものの、回収される比率は少ない。公務員として、海洋ごみの清掃事業も兼ねると、海洋ごみ問題など、環境問題にも貢献することとなる。操業をしなくてもよい漁船をごみの清掃にあてることもできる。これらの事業をすべて民間に委託するとなるといくらかかるか見当もつかない。

3　水産エコラベルの半義務化？

もう1つ、近年注目を浴びているのが持続可能性認証（水産エコラベル）である。水産エコラベルは、持続可能な漁業管理を行っている事業体（つまり、乱獲せず、環境にやさしい漁法を採用している漁業）に与えられる認証であり、厳しい審査を経て認証を取得した漁業（ここで漁業とは、経営事業体を指す）は、漁獲した魚にエコラベルを貼付して環境にやさしい魚として売り出し、他の乱獲されているかもしれない魚と差別化を図ることができる。この水産エコラベルで世界的な認証は、海洋管理協議会（ＭＳＣ）が発行するＭＳＣエコラベルであるが、ＭＳＣが認証する漁業の漁獲量はすでに現在世界の漁獲量の15％以上となっており、またＭＳＣエコラベルの取得を考えている漁業も含めると20％近くになる（ＭＳＣ、２０２１）。このエコラベルは、環境意識が高い国では高い付加価値が見込め、漁業にとって利益となるため、利益を追求する漁業者やエコラベルを取り扱う小売店を顧客とする漁業、加工業者に強いインセンティブを与えている。

日本でこの水産エコラベルという認証はあまり知られていないかもしれない。しかし、欧米では認知度も高く、米国の小売大手ウォルマートは、２００６年には取り扱う水産物をすべてＭＳＣエコラベルのものにすると宣言しており（ＭＳＣ、２０１１）、またマクドナルドのフィレオフィッシュなどもＭＳＣ認証のものを欧米などで２０１１年頃から使用すると宣言している（ＭＳＣ、２０１３）。特にヨーロッパでエコラベル水産物の需要が高く、すでにドイツやイギリスなどでは、非認証の魚と比べてエコラベル認証付きの魚のほうが高く取引されている。また、日本でもイオンが持続可能な水産物を調達する基準を２０１０年に発表して積極的に持続可能な魚を取り入れており、その他も日本生協連、西友、ダイエーやイズミなどの小売も同様の取り組みを行っている（ＭＳＣ、２０１１）。このように、いま飛ぶ鳥を落とす勢いで広まっている水産エコラベルであるが、これが50年後にはどうなっているだろうか？　著者の愚見では、50年後はエコラベルがないと逆に不利益を被る事態に陥っている。

エコラベルの本来の目的は、商品の差別化であり、先進的な取り組み（持続可能な漁業管理）を行っている一握りの漁業に与えられる金メダルのようなものである。だからこそ、希少性があり、価格プレミアムがついている。しかし、現在少なくともＭＳＣ認証の天然魚が世界の流通量の15％以上を占めている状況がさらに進んで、30％となり、50％となり、それが当たり前のものになってしまったらどうなるだろうか？　当然、希少性はなくなってしまう。しかし、それほど流通しているということは、持続可能な漁業管理をして当たり前という状況が生まれているということでもある。

そのような状況だと、逆にエコラベルが貼付されていないとペナルティを受ける状況になっているのではないだろうか。遺伝子組換え製品を例にあげると、「遺伝子組み換えでない」表記をされている製品を見かけることが多いが、逆に「遺伝子組み換え」と表記されているものについては、ネガティブな印象を受け、価格がある程度安くないと手に取らないか、買わない消費者もいるのではないだろうか。水産エコラベルも、このまま流通が拡大していくと、50年後は同じような状況になっているのではないだろうか。もちろん、「エコラベル認証ではありません」という表示義務も、「エコラベル認証」という表示義務もないが、消費者が持続可能な漁業管理をして当然と思うようになれば、エコラベルが付いていない魚に対して、ある種の忌避感を抱くようになっているかもしれない。そこで誘発される行動は非ラベル製品の買い控えである。そして人気のない商品は安くなる。そんなことをされるとエコラベル認証を受けていない漁業は当然、困る。経営上の必要性にかられてエコラベル取得に動くだろう。エコラベルをそれでも取らないという漁業は採算が合わなくなり、淘汰されてしまう可能性が高い。

つまり、エコラベルを取得するかどうかは義務でもなんでもないが、取らざるを得ない状況になり、半義務化するのではないかということである。しかし、問題もある。エコラベルの取得には審査が必要で、審査費用がかかるという点である。MSCの審査費用は高く、現在の零細漁業や途上国の小規模漁業が出すには少し多すぎる出費となっており、現在のMSC認証を受けている小規模漁業の多くは行政や加工会社からの助成を受けているのが現状である。経営的に厳しい漁業などはＭＳＣエコラベルを取得したいと思っていても、なかなか難しいのではないだろうか。まあ、先に述べたように漁業者が公務員化していれば、価格が低かろうが問題ないとは思うが、公務員化していなかったら、認証費用を払えない漁業を含め、非認証漁業の多くに影響が出る。プレミアムがついた価格のままエコラベル水産物の価格が高止まりし、非ラベル製品は現在の価格のままになるか、それとも、エコラベルにプレミアム感がなくなって価格が通常価格まで下がり、非ラベル水産物が通常よりも低い価格設定となるか。

日本の場合、欧米と違い魚食国家なので、毎日のように食卓に上がる魚に、消費者が常にプレミアム価格を支払えるだろうか？　と考えると、後者のエコラベル水産物が通常価格となり、非ラベル水産物は通常よりも安い価格となる可能性がある。それによって持続可能ではない漁業が自然淘汰されるのは歓迎すべきことであるが、問題は、持続可能な漁業なのにエコラベル費用の捻出ができない漁業だ。これに関しては、高価なエコラベルだけではなく、代替される安価なエコラベルが台頭することで解決するだろう。現在、日本発のエコラベルとして設立されたＭＥＬ Ｊａｐａｎは、日本の９割を占める零細漁業でも費用的にエコラベルが取れるようにという観点に立っている。ＭＥＬ Ｊａｐａｎが状況に応じて持続可能で安価かつ必要なラベルを生み出すかもしれない。また、他の認証団体が零細漁業でも取得可能な安価な認証を生み出すかもしれない。そうなるとエコラベルが乱立し、信頼度によってランク付けが行われ、それも価格に反映されることが予想されるが、持続可能な漁業はエコラベルを取得して生き残るだろう。そして、「非」持続可能な漁業というものは淘汰される状況になっているのではないだろうか。

参考文献

水産庁（２０２０）『令和２年度水産白書』。

ＭＳＣ（２０２１）「MSC Annual Report 2020-2021: Recognizing and Rewarding Sustainable Fishing」。

ＭＳＣ（２０１３）「米国マクドナルド、全米外食チェーンとして初めて全店舗でＭＳＣ認証の水産品を提供」２０１３年1月30日プレスリリース。

ＭＳＣ（２０１３）「ＭＳＣエコラベル製品が、世界で１０、０００に到達。」２０１３年1月30日プレスリリース。

第6章　持続可能性とSDGs

第1節　ポスト地球温暖化政策時代の農業

サイエンスライター　阿仁御蔵

1　地球温暖化政策のこれまで

今からさかのぼること約50年、1970年代は地球寒冷化・氷河期の到来といった話題が世界を席巻していた。エアロゾルや海洋深層循環が停止する等の冷却効果により地球は寒冷化傾向にあり、いずれは氷河期を迎え、全球凍結もありえるというものであった。その後、「地球寒冷化は地球規模のものではない」といった指摘により地球寒冷化の議論は沈静化し、入れ替わるようにしてCO_2の温室効果による地球温暖化説が趨勢を占めることとなる。

1988年、気候変動にかかる政府間パネル（IPCC）が設置され、以降、地球温暖化対策を含む政策提言が行われるようになっていく。1992年に環境と開発に関する国連会議（地球サミット）がブラジル・リオデジャネイロで開催され、人間活動に着目した環境保全活動と気候変動が大きなうねりとなっていく。

1995年にはマイケル・ジャクソンが環境破壊や人間活動の地球への影響をテーマとした楽曲 Earth Song を発表し、森林伐採や密猟等の映像を盛り込んだセンセーショナルなミュージックビデオも話題となった。日本においても、「地球にやさしい」といったキャッチフレーズとともにエコマーク認証制度が設けられるなど政府としての取り組みが始められ、いつしか「地球温暖化」は環境保全の錦の御旗となった。

2 地球温暖化 懐疑論

一方、こうした報道がもたらすパラダイムの転換は、後々、根強い懐疑論の土壌となっていくこととなる。

2007年、イギリスのチャンネル4が放映したドキュメンタリー映画「地球温暖化詐欺」は、地球温暖化への懐疑的な視点から地球温暖化政策の国際的なコンセンサスへ疑問を投げかけ、放映直後からさまざまな議論を呼んだ。

この映画は科学的な説明の切り取り方やデータの取り扱いに対して、出演者を含む多数の科学者から批判を集め、一部修正がなされるなどの経過をたどったが、国際版が放映されると日本国内でも大きな話題となり、以降、メディアでも地球温暖化に懐疑的な発言をする専門家が増えることとなる。こうした声が根強く残るのは、大気の温度変化のシミュレーションが複雑であり、温室効果全体に占めるCO_2の影響度合いの推定や、その解析過程を説明することの難しさを表している。

一例として、都市化の影響に関する議論をあげてみたい。人為による影響を考えない場合、地球規模での気温に影響を及ぼすのは太陽活動や海洋の貯熱量変化、火山活動の影響等である。ここに人為の温室効果ガスの排出や森林におけるCO_2吸収量を加味して気候変動のシミュレーションがなされている。人の居住域における気温の変化については、これに加えて都市化による蓄熱量の増加や、人工排熱の影響を考える必要がある。いわゆるヒートアイランド現象もこれに含まれる。地表面の温度を観測するリモートセンシングによる調査では、都市部とその周辺の森林域では温度差が10度以上に達するといった報告もある。たとえば東京都の気温は、ヒートアイランド現象により3・0度程度上昇している。

懐疑派の主張においては、都市化によりヒートアイランドの影響を受けている観測点が増えたことが、統計としての「世界の平均気温」を押し上げていると指摘する例がみられる。平均気温の算定に用いられる観測点はそれぞれの国で比較的温暖化の影響を受けにくいとされる地点であるが、都市化が進むことでそうした地点においても少なからずヒートアイランドの影響を受けるようになり、結果的に地球の「平均気温」の観測値を押し上げているというものだ。

こうした懐疑派の主張に対しては、地球温暖化を研究する科学者らにより「懐疑派バスターズ」として、極端な主張等を正していく活動も行われている。懐疑派の主張について論点ごとに反論を整理した「地球温暖化懐疑論批判」では、このヒートアイランドの影響について、「ローカルな影響を受けた観測値を除外あるいは補正」しているほか、「温暖化が激しいのはむしろ都市化が進んでいない場所である」としている。

このように、観測データをどのように評価するかといった観点から、今後のシミュレーションの正確性に至るまで、実に多岐にわたってさまざまな議論がなされてきた。

3 温暖化政策の本質とは何か

さて、本稿ではこうしたさまざまな議論がある中で、地球温暖化がどのように政治課題として取り上げられてきたかに着目したい。

「受け身」「裁判」でしか動かなかった環境施策

近代日本における環境施策の歴史は実害と裁判の歴史だった。たとえば、日本初の公害事件といわれる足尾銅山鉱毒事件は、１８８０年代以降、政治家であった田中正造が議会等で被害を訴えるも加害者決定に至らず、政治活動によっては解決が困難とみた田中正造が明治天皇へ直訴を行ったことで全国的に有名となったが、最終的に鉱山が操業を停止（閉山）したのは1973年であり、「100年公害」と呼ばれた。この間、政府は複数回にわたる「鉱毒予防令」や、渡良瀬川の改修工事を実施するなど対策を講じる一方、特に戦前においては反対運動のあった村の廃村措置や言論弾圧を行うなど銅山の存続を優先しており、銅山を運営していた古川鉱業の責任を認めたのも、総理府中央公害審査会の提訴を受けた1974年が初めてであった。

当時の政治においては国家の発展を至上命題としてきており、環境問題に対する姿勢は「経済活動を制限しない範囲でどのように折り合いをつけるか」であった。しかしながら、1960年代以降、水俣病やイタイイタイ病等の公害訴訟が国家賠償に発展することで、政策的に取り組む必要が生じてきたといえる。

「温暖化対策」で政治はどう変わったか

こうした「受け身」の環境施策から一歩踏み込み、「起こりうる問題」に対して政治的に対策を講じていく必要が叫ばれるようになったのは1970年代に入ってからであった。そして、政治課題として環境問題を取り上げるうえでの足がかりこそ、「地球温暖化」だったと筆者は考える。

温暖化政策とは、「森林伐採」や「大気汚染問題」等、個別に行われてきた環境問題への対策をパッケージ化した新しい環境政策であった。そして、温暖化対策を政策に盛り込んでいくうえで「CO_2」こそが錦の御旗としてうってつけの存在であった。大きなメリットは2つあると考えている。

①　長期政策の指標としやすい

たとえば、ダイオキシン等の問題の場合であれば、排出規制などにより比較的短期で排出量を抑制できる。しかしながら、現代社会の産業でCO_2の排出を完全に規制することは不可能である。CO_2に限らず「気候変動」は、評価をしていくうえで長期の観測を必要とする。排出量のコントロールに時間を要するCO_2は、指標として適している。

②　特定の産業を攻撃する手段となりにくい

資本主義において、経済活動を制限するような規制がかかるのは、多くは具体的な問題が発生した場合である。一方、温暖化は「未来への警鐘」に端を発しており、現段階では実害がないケースも少なくない。こうした課題に対して、経済活動に制約を設けていくことは非常にハードルが高く、特定の産業が標的と受け取られた場合、大きな反発を招きかねない。

その点、CO_2は概ねあらゆる産業から排出されており、特定の産業を攻撃する手段となりにくいことが重要なポイントである。

こうして、新たな規制を要する環境政策を「地球温暖化」のキーワードで束ね一本化したことが、政策の実現の鍵であったと考えられる。

一方で環境政策をパッケージ化することにはデメリットも存在する。

① ゴールの設定が難しい

政策である以上、温暖化対策には予算（税金）が投入されるが、予算の編成の前提である温暖化対策のゴールの設定は「科学的」な判断にはなりえない（政治判断となる）。

② 科学的な知見の更新に対して、政策をどうアップデートしていくか

より厳しい予測に対してはＩＰＣＣの知見をベースに政策のアップデートが可能である。一方、予測よりも低い影響度となった場合、時の政権等により政策は二極化（続けるか、やめるか）しがちである。このため、「宇宙船地球号」として諸国の政治のモチベーションを保つためには、どうしても「最悪の想定」を前面に出して議論を進めがちとなる（これが懐疑派をしらけさせる1つの要因でもある）。

4　温暖化政策からSDGsへ

2010年代後半、IPCCをバックボーンにした世界規模での地球温暖化政策の推進については、連帯に翳りが見えつつある。従来、発展途上国においては、経済成長を目指すところに環境施策の理念が逆行してしまうケースが少なくなかった。こうした中で、大規模な森林伐採や焼き畑農業に対して批判のやり玉に挙がったブラジルでは、ボルソナロ大統領が地球温暖化自体を否定し、議論を巻き起こした。

一方、いわゆる先進国も一枚岩ではない。たとえば、環境政策に熱心に取り組むドイツのCO_2排出量は、2019年には世界全体の人為排出量の1・9%となっており、これ以上の削減の取り組みを続けても、世界全体の排出量に対する影響は大きくない。一方で排出量上位を占める中国・アメリカ・インド3カ国の2019年におけるCO_2排出量は世界全体の半分を占め、排出量抑制の取り組みの成否はこれらの諸国の取り組み次第となってきている。こうした情勢を踏まえ、当時のアメリカ大統領であるトランプは、名指しでCO_2削減を迫られる状況を「アメリカへの不利益になっている」としてパリ協定からの離脱をした（のちにバイデン政権にて復帰）。

実は、こうした諸国で起きている現象は、温暖化の是非を問う議論ではない。これは、気候変動に関する未来予測に対する不確実性を前提にした「政治判断」である。現状に対する評価は多数の研究者の努力により一定の精度でできるが、未来に対する予測については、シミュレーションに盛り込む因子が多岐にわたるうえ、自然の可塑性や適応方向については予測が容易でない。政策には常に優先順位があり、不確実な未来よりも、目の前にある現実的な課題（経済）を優先するのは「衣食足りて礼節を知る」という政治判断であり、今後も情勢が変われば必ず直面する壁なのである。

では、この２０１０年代後半の流れは世界の趨勢となるのであろうか。このまま地球温暖化はコンセンサスを失い、環境政策への力点は目の前で実際に起きている問題にリソースを割く施策へと切り替わっていくのであろうか。

結論から言えば、答えはＮｏである。これは、産業革命後にカール・マルクスが資本論で指摘した資本主義のパラドクスに対し、社会が折り合いをつけてきた経緯から伺い知ることができる。

19世紀、産業革命以降、趨勢を担った資本主義は、当初は奴隷を前提としたシステムで動いていた。つまり、なるべく生産にコストをかけずに、交易により大きな利潤を得ることが国家としての成長の礎であった。これに対してマルクスは、資本主義の本質が剰余価値の創出であることを指摘し、資本家に富が集積し、資本と賃労働の矛盾を引き起こすことを主張した。

その後、この思想を体現する形で共産主義国家が勃興し、資本主義国家と世界の覇権を争うこととなった。

資本主義国家は共産主義社会を「支配的な」社会構造であるとして、自由経済の優位性を主張する中で、いわゆる「搾取」の構造と向き合うこととなったのである。以降、長きにわたり資本家と労働者とのパワーバランスで決められた福利厚生であったが、近年では大企業を中心に生産性の向上に資する作業環境の一部と位置づけるケースが増えている。

当初資本主義が直面した課題は、人道主義に端を発した受け身のものであったが、先進的な企業では生産力を上げる前向きな課題へと位置付けが変化しつつある。

このように、課題を経営方針の一部として取り込んでいくしなやかさが、資本主義社会を現在まで下支えしてきたのである。

環境政策についても、ビジネスチャンスととらえる企業も多く出現し、企業理念に環境問題を組み込むなど、すでにイノベーションの一分野としての地位は確立しつつあると考えられる。

近年、世界全体で今後起きうる環境リスクのために目標を立てて活動していくという動きは、次のステージへと歩みを進めている。持続可能な開発目標、いわゆるＳＤＧｓである。

２０１５年、国連総会で採択された２０３０アジェンダの中で、17の目標の１つとして「気候変動及びその影響を軽減するための緊急対策を講じる」ことが盛り込まれ、開発や経済活動の前提に「環境」を組み込む方向性が示された。今後、「持続可能な世界」に向け、未来はどのようになるのだろうか。

5　気候変動と農業

「持続可能な世界」に向け、今後、特に顕著な変化を強いられる分野、それは一次産業、特に農業であると筆者は考える。農業はＳＤＧｓの17の目標の中でも貧困・飢餓をはじめとする複数の課題のカギとなるが、その年の気温や日照量・降水量が生育にダイレクトに影響することから、気候変動による影響を非常に受けやすい分野である。

たとえば、１９９１年に発生したピナツボ火山の噴火の影響で世界的に平均気温が低下した際には、世界的に作物が不作となり、日本国内でも「平成の米騒動」が発生するなど大きな影響を及ぼした。

そして現在、向こう数十年は、同じように農業が試練を迎える可能性が指摘されているのである。その原因は地球温暖化ではなく、太陽活動の低下による寒冷化である。

古くからの黒点数観測により、太陽は活動が活発な時期と低下する時期をおよそ11年周期で繰り返していることが知られており、その活動は地球の日照量や平均気温に影響を及ぼすことが明らかとなっている。２０２３年現在は観測開始から25回目のサイクルに入っているが、その活動は「サイクル24の活動がそれ以前と比較して不活発であり、サイクル25においてはより不活発となるとの予測」がされている。こうした極端な太陽活動の低下は、直近ではおよそ250年前に観測されており、40年程度続いた「ダルトン極小期」と呼ばれる寒冷期には、日本でも天明・天保の飢饉が発生するなど世界中が広く飢饉に見舞われた。

こうした小氷河期に匹敵するような世界規模の寒冷化を、人類はしばらく経験していない。「飢饉」といえば、発展途上国の課題とイメージしがちだが、今後発生しうる「飢饉のリスク」の克服は、世界の農業に課せられた大きなテーマであり、ポスト温暖化社会での大きな政策課題の1つであると筆者は考えている。

6 農業の未来図

このような中、「持続可能な農業」に向けた技術革新が進んでいる。気候変動が直接的に収量に影響する農業において、温度や水分量の管理などの面でイノベーションが起きているのである。嚆矢となったのは、イスラエルのアグリテックである。

イスラエルは国土の50％以上が砂漠であり、年間降水量が日本の半分以下（700㎜以下）という過酷な環境の中、1990年代以降、農業にハイテク技術を取り入れたイノベーションにより食料自給率90％を超える農業立国となった。たとえば、NETAFIM社が開発した点滴灌漑や精密灌水技術は、作物の成長に必要な水と肥料のロスを限りなく抑えるため、穴をあけたパイプから「点滴」することで効率化するもので、限られた水資源で収量の最大化を実現している。イスラエルではこのほかにも、フードテクノロジーに特化したイノベーションセンターが開業するなど、世界の農業・食糧生産をリードしている。

また、光環境に着目したイノベーションも存在する。遺伝子組み換え食品で物議をかもしたアメリカの企業、モンサント（２０１８年にドイツのバイエルが買収）は、植物の生育に必要な光量を研究し、人工的な光源での工場栽培を進め、独自の交配技術により新たなオーガニック野菜を生み出した。「第２の太陽」を生み出したともいえるこの技術は、多量の日照量を必要とする穀物にまでは現時点で対応していないものの、日照時間や季節・気候を問わない点で画期的である。

「降水量」や「日照量」といった、まさに気候変動に左右される要素を、ＡＩ等も活用しながら過不足なく管理していく技術は、今後ますます進歩していく分野である。我が国においてもこれらのイノベーションについては大きな関心を集めているが、主産業である米をはじめ、多くの農産品ではまだ模索の段階である。日いづる国の農業は、果たして「第２の太陽」を生み出せるか、期待したい。

参考文献

明日香壽川・河宮未知生・高橋　潔・吉村　純・江守正多・伊勢武史・増田耕一・野沢　徹・川村賢二・山本政一郎（２００９）『IR3S/TIGS 叢書№1地球温暖化　懐疑論批判』文部科学省科学技術振興調整費「戦略的研究拠点育成」事業

近藤昭彦・宝　馨・立川康人（１９９７）「航空機ＭＳＳリモートセンシングによるヒートアイランド現象の解析―気温と地表面温度の同時観測による検討―」『地学雑誌』１０６（３）３７７－３８５頁。

ＪＥＴＲＯ（２０２１）「北部ガリラヤ地方にフードテックイノベーションセンター開業（イスラエル）」２０２１年９月７日記事、https://www.jetro.go.jp/biznews/2021/09/5a5b49207bb8bcf9.html（閲覧日：２０２２年９月17日）

ＷＩＲＥＤ（２０１４）「巨大バイオ企業の舞台裏：モンサントがつくりだす「完全な」オーガニック野菜」２０１９年８月14日記事、https://wired.jp/2014/08/16/monsanto-super-veggie/（閲覧日：２０２２年９月17日）

第2節

エシカル消費が創るエコな社会の未来図

青山学院大学准教授　南部和香

1　エシカル消費

エシカル消費とは、消費者庁によると「消費者それぞれが各自にとっての社会的課題の解決を考慮したり、そうした課題に取り組む事業者を応援しながら消費活動を行うこと」とされている。これは、私たちのライフスタイルをよりエコフレンドリーなものにするような消費のあり方であり、持続可能な開発目標（ＳＤＧｓ）の17の目標のうち、目標12「つくる責任つかう責任」に関連している。私たち一人ひとりの環境に配慮した行動の積み重ねが、持続可能な社会の形成に大きく寄与するということである。では、どのように実践することができるのか。海洋プラスチックと食品ロスの２つの視点から見ていこう。

2　海洋プラスチック

使用済みプラスチックがもたらす海の環境汚染は、世界的な課題となっている。2016年にエレン・マッカーサー財団が、2050年には海洋中のプラスチックごみの重さが魚の重さを上回るとの試算を示したことは、海洋環境問題への関心を集めるきっかけとなった（注1）。世界的な流れとしては、2018年のG7において、「海洋プラスチック憲章」が採択され、各国にプラスチックごみによる海洋汚染問題への対策を促すこととなった。この憲章の中では、たとえば2030年までにすべてのプラスチックをリユース、リサイクル、回収可能にすることを目指すなど、具体的な目標が示されている。

その後、日本は、海洋プラスチックごみ問題はもちろんのこと、気候変動問題や諸外国の廃棄物輸入規制強化などの幅広い課題に対応するため、2019年に「プラスチック資源循環戦略」を策定した。先の「海洋プラスチック憲章」をカバーしつつ、循環型社会形成推進基本法の基本計画に基づき、3R＋Renewable の基本原則と中間目標を掲げている（注2）。具体的には、2030年までに使い捨てプラスチックを累積25％排出抑制すること、2035年までに使用済みプラスチックを100％リユース・リサイクル等により有効利用することなどが含まれる。さらに同年行われたG20大阪サミットでは、「大阪ブルー・オーシャン・ビジョン」をG20首脳と共有している。このビジョンは、2050年までに海洋プラスチックごみによる追加的な汚染をゼロにまで削減することを目指すもので、87の国と地域が共有している（注3）。

私たちに身近なところでは、2020年7月1日よりレジ袋の有料化が始まり、コンビニ等での一連のやり取りはもはや日常の一部となっている。日本フランチャイズチェーン協会によると、レジ袋の辞退率は28・3％（2020年3月〜6月）から73・8％（2021年3月〜2022年2月）へ上昇している。辞退率が高いからといって、プラスチックの利用が減ったとは一概にはいえないが、少なくともレジ袋については行動変容が見られたといえるだろう。レジ袋の代わりに他のプラスチック袋を購入するケースもあるが、同等の品質で安いものがあれば、そちらに需要が流れるのは経済原理に基づいた行動である。こうした代替行動もコントロールするためには、トータルでプラスチックの使用を減らすような施策が必要となるだろう。

また、2022年4月より「プラスチック循環利用促進法」がスタートした。これはプラスチック製品の設計から排出、回収、リサイクルにいたるまでのプロセスにおいて、プラスチックのライフサイクルに関わる事業者、自治体、消費者が3R＋Renewableに取り組み、循環型社会への移行をおしすすめるための法律である。「プラスチックは、えらんで、減らして、リサイクル」をスローガンに、エコなプラスチック製品の選択、使い捨てプラスチックごみの削減、分別とリサイクルへの協力が消費者に求められている。たとえば、コンビニや飲食店でもらえるスプーンやストローなど、ホテルのアメニティであるヘアブラシや歯ブラシなども対象製品となっているので、レジ袋と同様に必要かどうかを尋ねられたり、繰り返し使える製品の活用などが検討されていくことになる。いずれも私たち消費者のライフスタイルの変革を求めるものになっている。

私たちのプラスチック製品に関するライフスタイルは、スムーズにシフトしていくのだろうか。たとえば、学生さんたちに紙ストローについて感想を聞くと、評判は芳しくない。理由は、長時間使える品質ではないことや、風味が変わってしまうことが挙げられた。内閣府が行った「環境問題に関する世論調査」（2019年8月調査）によると、代替製品の購入条件として最も多い層は「品質も価格も従来品と同等であれば購入（35・5％）」で、次いで「品質が同等以上であれば、多少価格が高くても購入（22・9％）」である（注4）。3分の1の人が価格についてもシビアな判断をし、半分以上の人が従来品と変わらない品質を求めていることがわかる。今は移行期なので、代替品の選択肢は限られ、普及状況や品質などにも課題はあるが、消費者の嗜好や選択がより良い代替品の登場に寄与する可能性は大きいだろう。

一方で、「品質が同等以上であれば、多少価格が高くても購入」する層にとっての「多少価格が高くても」という部分は、環境保全には価値があるという考え方によって生まれた付加価値分だと考えることができる。とくに衣類や靴などでは、環境に配慮したリサイクル素材やリユース素材を使用することが増えてきており、環境保全は一種のブランドとして価値を持つようになってきている。消費者側からすると、今はまだそのような仕様は特別感があるかもしれないが、ほどなく当たり前のことになるだろう。ちょっと高くても環境に優しいエコな商品を購入する人々が増える未来と、従来品と同じような価格と品質でかつエコな製品が当たり前のように並ぶ未来、どちらの未来もすぐそこまで近づいている。

3 食品ロス

食品ロスとは、「本来食べられるにもかかわらず捨てられる食品」を指す。農林水産省の報道発表によると、令和2年度の食品ロス量は約522万トンと推計された（注5）。これは推計を開始して以来、最小の値となっている。食品ロス量は、家庭から排出されるものと事業活動にともなって排出されるものを合計した値であり、家庭から排出されたものは食品ロス総量のうち約半分となる。国民1人1日あたりの食品ロスの排出量は約113gであり、おおよそコンビニのおにぎり1個分に相当する。毎日おにぎり1個分の食べられる食品を捨ててしまっていると認識している人はほとんどいないのではないだろうか。

食品ロスをめぐる世界の潮流はどうなっているのだろうか。2015年の国連総会にお

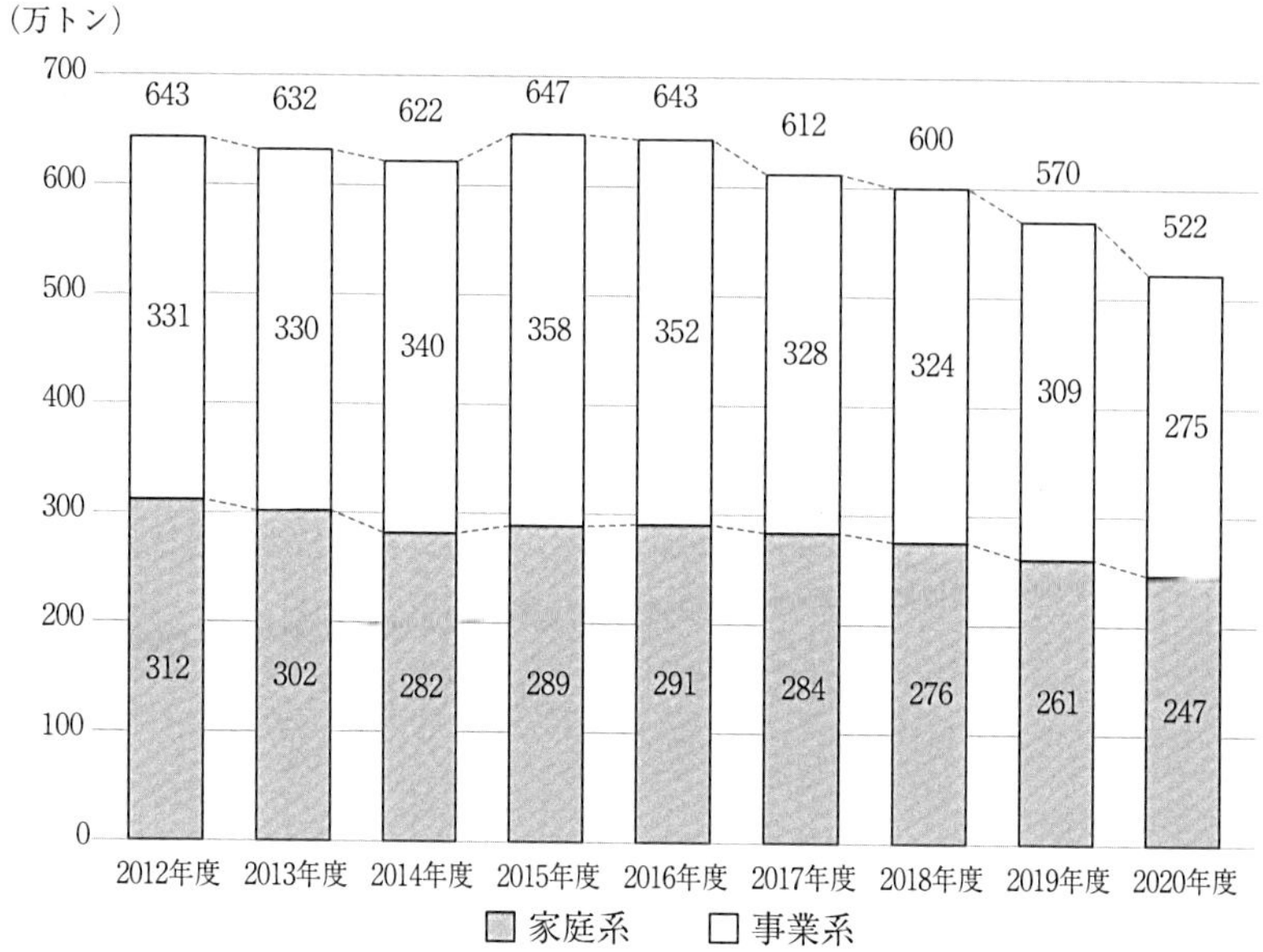

図1　食品ロス量の推移

出所：農林水産省報道発表をもとに作成(2022年6月9日)。

いて、「持続可能な開発のための2030アジェンダ」が採択され、「持続可能な開発目標」(SDGs:Sustainable Development Goals)が定められた。そして、目標12(つくる責任 つかう責任)のターゲットの1つとして「2030年までに小売・消費レベルにおける世界全体の一人当たりの食料の廃棄を半減させ、収穫後損失などの生産・サプライチェーンにおける食料の損失を減少させる」ことが世界共通の目標として明示された。このような流れを受け、国としても2030年までに食品ロスの発生量を2000年と比べて半減することを目標として定めている（注6）。グラフで経年変化をみると、食品ロスの排出総量は減少傾向にあるのでちょっとほっとしてしまうかもしれないが、安心するのはまだ早いというところだ。

ではどのように食品ロスを減らせばいいのだろうか。家庭系、外食系、食品製造系の3つの視点からみることができる。まず、家庭系食品ロスの発生要因は「食べ残し」「過剰除去」「直接廃棄」であると言われている。食べきれそうな分だけ買う、食べられる分だけ調理する、そもそも買う前に本当にほしいのかちょっと考えてみるといった工夫で減らしていくことができる。また、直接廃棄の中にはまだ消費期限まで余裕のある食品が含まれている。廃棄の前にフードバンクやフードドライブの活用を検討することも有効である。次いで、外食産業では「作りすぎ」が発生要因とされるが、私たち消費者も「注文しすぎ」と「食べ残し」に気をつけなければいけない。そして、食品製造・卸売・小売業では「規格外品」「返品」「売れ残り」が食品ロスの原因としてあげられる。中でも規格外品については、私たち消費者がこれを望まないことも大きな要因である。需要があるところに供給が生まれる。私たち消費者の受け入れマインドの変化次第で、今まで店頭に並ばなかった規格外品の供給も増えやすくなる。

食品ロスの削減に関して、2つの法律があることをご存知だろうか？　食品廃棄物の再生利用のための法律は「食品リサイクル法」といい、主に食品系の事業者にその責務が課せられている（注7）。そして、私たち消費者を含む食品ロス削減の国民運動としては、「食品ロス削減推進法」が定められている（注8）。子どもの頃は、残したらダメよと周りの大人によく言われたものであるが、今は大人こそがちょうどよい量を残さずいただく姿を示しながら、子どもたちの豊かな未来を守っていかなければいけない。

4　おわりに

環境にやさしい持続可能な社会の形成には、２つの動力が必要である。１つは、エコフレンドリーな消費者の存在であり、もう１つはエコフレンドリーな消費プラットフォームである。環境問題に関心のある消費者のみによる熱心な取り組みを社会全体に広げていくのはとても大変である。そこには、環境問題にそこまで関心がない人も巻き込むような間口の広い消費プラットフォームが必要となる。環境保全にちょっと関心のある人も手に取りやすい製品、関心のない人がそうとは知らずに購入できてしまう環境配慮製品、そういったものが社会に広く浸透しているような消費のプラットフォームは、持続可能な社会の強固な基盤となる。

とはいえ、エコフレンドリーな消費プラットフォーム形成にも時間がかかる。そのような未来を引き寄せる鍵は、やはりエシカルな消費者にある。一人一人の行動の積み重ねが需要となり、供給を生み出し、社会全体に大きなインパクトを与えるような変化につながっていく。エコな社会の未来図は私たちの行動の先に描かれるのだ。私1人がちょっと環境に良いことをしても…とは思わず、より良い選択と消費をし続けていきたいものである。

【注】

（1）Ellen Macharthur Foundation "The New Plastics Economy: Rethinking the future of plastics" https://ellenmacarthurfoundation.org/the-new-plastics-economy-rethinking-the-future-of-plastics

（2）循環型社会形成推進基本法は資源を循環的に利用し、環境負荷が低減する社会の構築を目指すための法律である。目標数値を示すなど、具体的な促進策は循環型社会形成推進基本計画で定められている。現在は第4次循環型社会形成推進基本計画となる。

（3）２０２１年5月現在。https://www.env.go.jp/water/post_75.html

（4）環境問題に関する世論調査（令和元年８月調査）https://survey.gov-online.go.jp/r01/r01-kankyou/index.html

（5）家庭系食品ロス量については、環境省が市町村で実施する組成調査等をもとに推計し、事業系食品ロス量については、農林水産省が食品リサイクル法に基づく事業者からの報告等をもとに推計している。

（6）第4次循環型社会形成推進基本計画（平成30年6月19日閣議決定）と食品リサイクル法の基本方針（令和元年7月12日公表）において、家庭系と事業系の食品ロスを２０３０年度までに２０００年度比で半減するという目標が定められている。

（7）「食品循環資源の再生利用等の促進に関する法律」（平成12年法律第１１６号）。国・地方自治体、そして事業者による食品ロスを含む食品廃棄物等の発生抑制や再生利用等を推進するための取り組みが行われている。

（8）「食品ロスの削減の推進に関する法律」（令和元年法律第19号）。

第3節 自伐型林業と小規模バイオマス発電が創る「人」の創生の未来図

リデュース&コネクト㈱代表取締役　川上泰昌
一般社団法人Ｐｉｎｅ Ｇｒａｃｅ事務局　土居拓務

1 「人」の創生は未だ不十分

現在、日本が抱える、都市部一極集中社会、人口減少社会、少子高齢化社会等の対応として、政府が２０１４年よりスタートした「地方創生」がある。同年９月、内閣府に「まち・ひと・しごと・創生本部」が設置され、雇用、地方への新たな流れ、東京圏への転入超過の是正、若者世代への経済的安定、育児支援等の総合戦略なども打ち出された。

その成果として、地方の若者（15～34歳）の就業率は２０１４年の61・３％から２０１８年の64・９％に上昇、２０１４年に１、３４１万人だった訪日外国人旅行者数は２０１８年に３、１１９万人へと急増した。地方地域の成長産業として期待されている農林水産物・食品の輸出額は２０１４年の６、１１７億円から２０１８年には９、０６８億円にまで増加した。このように仕事面においては一定の成果があったと言えよう。

一方、2014年に10・9万人であった東京圏への転入超過は2018年には13・6万人と増加したため、「人」の創生は十分な成果を得られなかったという評価であった（注1）。

2 原子力発電の再稼働は日本にとって有益だろうか

最近は、政府が原子力発電の再稼働を推奨していることがニュースで取り沙汰されている。日本国内にある7基を再稼働させるという内容である（現在も西日本を中心に10基が稼働している）。また、政府は、現在、原則40年稼働であった原子力発電を1回に限り60年に延長できる方針を示している。さらに、次世代型の新しい原子力発電所の建設も検討している。ロシアのウクライナ侵攻による電力需給ひっ迫という足元の危機克服のため、今後数年間はあらゆる政策を総動員して不測の事態に備えていくことが理由である。

なお、2019年度時点の電力構成（電源別の割合）は天然ガス37・1%、石炭31・9%、再生可能エネルギー（水力除く）10・3%、水力7・8%、石油等6・8%、原子力6・2%である。東日本大震災の前は原子力発電が電力の3分の1を占めていたのであるから、割合として大きく低下していたことがわかる（注2）。

ウクライナ侵攻に端を発するエネルギー危機を背景に、政府は懸案の原発政策に踏み込んでいる。これまで進めてきた「脱原発」を捨て、いわば脱「脱原発」と元の鞘に収まってしまうのであろうか。

東日本大震災で大きな災害が発生してもなお「原子力」を捨てられない理由は、核兵器の技術部分だけは保有しておきたいという意向や今までの投資額を回収したいという思惑（サンクコストバイアス）に陥っていることもあろう。しかし、それ以上に「使用済みの核燃料を再利用（再処理）することでエネルギーを生み出す」ことが明確な理由であろう。確かに、使用済みの核燃料を再処理することでエネルギーが生み出せるのであれば、エネルギー自給率の100％を国内で賄うことができる。

核燃料の再処理とは、使用済みの核燃料から1％のプルトニウムと1％のウラン235（核分裂するウラン）を取り出す作業のことを指す。その工場は実際に1993年4月から青森県六ヶ所村に建設中である。総事業費14兆4、400億円をかけた「再処理工場」は、今までに26回の完成延期が発表され、本格稼働には至っていない（注3）。

あまり知られていないが、日本が保有しているプルトニウムは44ｔである（これは長崎に投下された原爆の5、500発分に相当する）。この保有量はＩＡＥＡ（国際原子力機関）基準からすると核兵器準備国とみなされる水準であり、日本はプルトニウム過剰保有国であることに疑いはない（注4）。核兵器準備国とみなされるリスクと不要な費用を捻出しながらも、大手電力会社や原子力関係機関は「原発はローリスクで、コスパが一番良い」等のフレーズで宣伝を続けているのが今の日本である。

3　バイオマス発電の可能性と課題

東日本大震災を経て、ある程度の省エネや再生可能エネルギーの概念は定着したが、エネルギー問題の解決にはまだ遠いと言わざるを得ない。そして、最近は脱原発・脱化石燃料から自然エネルギーへの移行にかかる節目の停滞期に陥っている。

たとえば、大規模な太陽光発電は、固定価格（ＦＩＴ）制度の買取り価格の低下により投資費用の回収は困難になっている。太陽光発電は出力（kw）の容量によって低圧、高圧、特別高圧に区分されるが、地方では定格出力が高圧（50kW以上～2、000kW未満）以上に該当する太陽光発電については大手管轄電力会社が設置を許可しないという事例が増えている。地域内における電力の需要と供給のバランスが崩れてしまうことが原因である。

風力発電を設置できる地域は、風力が安定した沿岸部に限定される。さらには発電シミュレーションの信憑性の低さ、景観を損ねる問題、近隣住民への振動、低周波、騒音等の問題もあり、大規模な新設には時間がかかるであろう。

水力発電についても、今後はダム等の大規模な建設は難しいであろう。昨今のダム建設に対しての反対運動がそれを物語っている。小規模なダムであっても、建設にかかるコストが高額になるという問題、河川利用の権利関係が複雑化しているため手続きが煩雑になり着手できないという問題がある。この煩雑化の傾向は今後も続くであろう。

ポテンシャルを感じる再生可能エネルギーとして地熱発電をあげたいが、発電効率の低さ、建設や調査費用等のイニシャルコストの高さ、国立・国定公園や温泉地等の土地利用の制約の問題もある。地熱による発電効率は建設して稼働するまでわからず、博打の要素がある。本格的に普及するまでには本稿で考えている未来（約50年）以上の年月を要するであろう。

そこで本稿において着目したいのがバイオマス発電である。バイオマス発電は火力発電の一種であるが、その燃料として木質系廃棄物、農業系廃棄物、有機物を含む一般ごみ等の再生可能エネルギーを使用する点に特徴がある。これら廃棄物は年月や人々が生活する過程で自然と発生するものであり、廃棄することにより社会にデメリットをもたらす（農業系廃棄物や一般ごみ等は読者の認識にもあるであろうが、たとえば、木質系廃棄物などは森林内に放置されることが一般的であり、森林内の景観、林業作業者の足場を悪くするほか、森林病害虫の発生にもつながっていた）。

SDGsが叫ばれている昨今において、バイオマス発電は望まれるところであろう。バイオマス発電の概念が生まれたのは最近の話ではない。しかし、これまでは木質系燃料（木質系廃棄物）を海外から輸入する必要や、発電効率の低さなどが課題となりあまり注目されなかった。だが、拡大造林期から半世紀以上を経て、日本の森林資源は充実している。また、大量消費社会を経て、再利用や地産地消の考えが根付き始めている。日本社会のエネルギー利用の未来を予想すると、50年後にはバイオマス発電が、地方では無くてはならないコンテンツとなっているのではないだろうか。バイオマス発電が普及する可能性を補足するものとして、コージェネレーション（発電と同時にその際に生まれた熱を供給するシステムの総称）がある。脱炭素の側面から考え、燃焼させてエネルギーを産み出すことに賛否両論の見解もあるが、排熱を利用するコージェネレーションを上手く組み込むことで、有効活用できるという視点もある。

地域ごとに課題とされる木材を含む廃棄物は必ず存在する。それらを活用する地産地消エネルギーの循環利用と雇用創出に目を向けることが重要である。コージェネレーション利用とバイオマスプラントをその地方に適った方向で運営することは、地方創生の一番のカギを握っていると筆者は考えている。

ここでバイオマス発電における現状、つまり課題を論じたい。この課題が解決されるのが50年後になると筆者は予測している。

筆者（川上）は自伐型林業者になると同時に、国内で早くにバイオマス発電に乗り出した経営者である。経営に乗り出すにあたってはさまざまな実情を勘案して始める必要がある。日本林業が成長産業であること、森林資源の充実を背景に、ある程度の実現性を期待していた。同事業には他業種からの参入も多く見受けられ、それだけ投資家からも期待が集まっていたことが窺われる。

机上の数値だけで判断すると、バイオマス発電の主な燃料になる木質系廃棄物は現時点で2,000万㎥も存在することになる。さらに林業は成長産業のため、今後も安定的に供給される見込みである。しかし、実際に林業を手掛けてみるとわかることに、森林内に放置された木質系廃棄物を運び出すということは、現状の技術では不可能といえるほどに困難である。車両が入っていけない道のない場所に放置されていることが一般的だったのである。

確かに、大規模な木質バイオマス発電で成功(売電を含めた利益獲得)しているケースもある。しかし、そのようなケースは地域近隣の木質系廃棄物(間伐材等を含む)だけでは足りず、遠方(主に300㎞圏内)から大型トラックで輸送したり、大型船で輸送することにより燃料を賄っていたのである。さらに大型の発電所ともなると、国際埠頭近くに発電所を建設し、海外から輸入したペレット(木質端材圧縮燃料)やヤシガラを混焼することによりバイオマス発電を行っていた。

自然エネルギーを成立させるために化石燃料を用いることは、本末転倒であろう。バイオマス発電は大規模ではなく、地域内で発生する燃料(=廃棄物)で賄える規模であることが望ましいといえる。

昨今のロシアによるウクライナ侵攻の影響で海外からの木質燃料の価格が高騰している。

それを受けて、新規で計画されていた大規模な木質バイオマス発電所が相次いで建設中止を発表している。今後、再びバイオマス発電所の建設を計画する頃、多くの経営者の意識は、大規模なものではなく、小規模なもので、なおかつその地域にフィットしたコンテンツが含まれているものに傾いていくのではなかろうか。

4　日本林業の課題と自伐型林業

日本林業が成長産業だからといって課題がないとは考えていない。現状の日本林業の課題を近年の動向を踏まえて説明する。

日本の国土面積の約67％が森林である。面積割合で考えるのであれば、間違いなく森林大国であるが、残念ながら未だそのように呼ばれた過去はない。それどころか、今から20年前の２００２年には木材自給率は20％を下回り、日本は世界最大級の木材輸入国となった（注5）。国内に森林が多いにも関わらず大量に輸入していたため、害虫のキクイムシにたとえられ「世界のキクイムシ」とまで揶揄された時期もあった。

森林資源が豊富にも関わらず海外から輸入した理由は、外国の木材（外材）の方が安価で安定的に供給されたからである。日本の樹木は植栽、保育などを経て成立する。そのため、それらに要した費用が販売時の木材価格に上乗せされてしまい、当時の外材よりも高額になってしまったのである。また、外材と一言にしても、そこには日本を除く世界中の木材が含まれる。その種類も多種多様であり、国内の木材需要を満たすにあたり外材を輸入する方が効率的であった。そして、商社などを中心として外材との結びつきを強めた結果、国産材の自給率は大きく低下し、外材に頼らざるを得なくなっていたのである。

国産材が販売されなくなったことから、林業を中心とする中山間地域の経済が停滞したことは推察できる。現在、森林資源は充実している（森林の樹木は大きく成長し、伐り時を迎えている）が、林業従事者は高齢化し、その減少が止まらない。長く林業が儲からない産業であったため、林業を継ごうと考える若者が減り、産業が高齢化してしまったのである。

林業が行われないことは、自然環境を荒廃させることにつながり、生態系サービスなどにおいてもさまざまなデメリットを引き起こす。生物多様性を貧弱にするほか、地崩れや水害の発生原因を生み出してしまう。しかし、これは林業が自然環境に密接に結びついた産業であることの証明でもある。ＳＤＧｓやサーキュラーエコノミーなどにも大きく関連する業種である。この林業の課題を解決することは日本が国際的に認められることにつながると考えている。

なお、筆者（川上）は自伐型林業者である。この自伐型林業とは２０１４年頃に生まれた形態であり、従来からある自伐林業（森林所有者がその所有する森林で保育や伐採などを行う林業）の言葉に「型」の文字を充て、森林を所有していない人が経営管理の委託を受けて自伐林業を行うことを主に指した。また、従来型の林業が大型機械を用いて大規模に施業していたのに対して、自伐型林業は小型の機械で小規模に施業をすることが多い傾向がある。そのため、最近では自伐型林業に「持続可能な小規模林業を自らで営み、長伐期・多間伐施業で収益を確保しつつ森林も育成する林業」のような新たな概念が加えられている（これは時に従来型林業の対立概念にもなる）。

本稿は従来型林業を否定するものではないが、自然エネルギー（バイオマス発電）の普及や地方創生という側面においては、自伐型林業を重視するのが良いという立場をとる（なお、収益性の面では従来型林業が優れている。収益性があるからこそ、産業が活性化するという視点も重要であることを補足する）。

5　自伐型林業とバイオマス発電

自伐型林業を一言にすると、採算性と環境保全を高次元で両立する持続的森林経営である。先に「長伐期・多間伐施業」という用語を用いたが、長伐期とは通常50年程度と考えられる樹木の伐採期をそれ以上に長く見積もることであり、多間伐とは50年生（植栽から50年が経過）になった森林に対して20％以下の間伐を10年ごとに繰り返す手法のことである。当然、間伐するごとに森林内にある樹木の本数は減っていく。しかし、本数は減っても、10年間のうちに伐らなかった樹木が成長し、10年後の蓄積量（森林内に生えている樹木を木材にして換算した数量）を10年前と同等かそれ以上にするのである。さらに言うと、良木を残して間伐を繰り返すことにより、その森林から伐採される樹木の価値は10年前を上回っており、年を追うごとに採算性の高い林業を行うことができる。

しかし、持続的森林経営の極意はそれだけではない。間伐した際に発生した木質系廃棄物（林業用語では林地残材）などを有効活用する観点も重要である。樹木を伐採（間伐）した後、経済価値の高い幹の部分は木材などのマテリアルとして使用し、廃棄処理されるだけの枝葉の部分も木質系燃料等をはじめとして、何かしらに利用（カスケード利用）していこうとすることが重要である。

今までの林業者は樹木を単なる木材とみなし、幹だけしか見てこなかった。しかし、これからの林業者は樹木の幹、樹皮、枝葉などの隅々に目を向け、それらを最有効活用する視点が求められるであろう。そして、枝葉の最も基本的な利用方法として再生可能な自然エネルギーとして利用される。

なお、現在においても木質系バイオマスのエネルギー利用が効率的に行われている地域がある。たとえば、北海道下川町、岩手県紫波町、山形県最上町なのであるが、これらの地域で共通していることは、行政機関と企業がしっかりと連携していることである。これらの地域ではコージェネレーションなども行われており、地域で発生させる熱エネルギーに、小規模な木質バイオマス（木質系廃棄物）の供給がしっかりと位置づけられている（注5）。

6　自伐型林業と「人」の創生

「林業に携わりたい」「自伐型林業者として地方に移住したい」というように林業に就きたいために地方移住を目指す声は多い。そして、地方には手つかずの山林が必ず存在する。つまり、「人」の創生は林業を中心に達成できる可能性はある。しかし、残念なことに「林業をしたい」からといって簡単に就業できないのが現状である（これは農業も同様である）。

山林経営をしていない森林所有者が多いため、日本の森林は荒廃してしまっている。だとしたら、そのような森林の経営を林業に就きたいとする若者に委託すれば良いと考えるのが自然である。しかし、筆者（川上）は山林経営をしていない森林所有者であっても、売買や作業委託の交渉を持ちかけた際、あまり好意的な反応を得られないことを何度か体験した。筆者（土居）の聞き取り調査によると、地方の森林所有者はその地域における森林管理に責任を持っている場合が多く、簡単に売買や作業委託をしてしまうと、無責任とみなされてしまうそうである。確かに、代々受け継がれてきた森林を管理するという使命は大きいが、現状、放置された森林が増えているのも事実である。

２０１９年に森林経営管理法（市町村が森林所有者から森林の経営管理の委託を受け、林業経営に適した森林は林業経営者に再委託し、適さない森林を市町村が公的に管理する制度）が施行された。この制度を活用すれば、森林所有者も市町村であれば森林管理を委託できるであろうし、市町村を仲介することで、林業に就きたいと考える熱意ある若者に就業機会を提供することもできる。今後に期待したいところである。

また、最近はＥＳＧ投資が活発化している。今後、上場企業は有価証券報告書にサステナビリティの開示が義務付けられるかもしれない。もしこの提案が可決した場合、森林率の高い地方行政は上場企業にプロポーザルとして、持続可能な森林整備を進めてもらうことを案件に折り込むかもしれない。地方行政も企業に対して、自身の地域を選んでもらえるよう真剣にプロモーションをする。その結果、企業と地方行政ががっちりと手を握り合うことになり地方創生につながると考えている。

放置されている森林問題の解決に向けては、より一層、「所有と経営の分離」を促すことが重要といえる。多くの森林所有者は、自身の森林がお金にならないと考えているため、責任感や意識の問題で所有を継続しているのであろう。森林組合に業務を委託するも、ほとんどの場合が赤字である。

他方、アメリカでは林地投資信託（T-REIT）と呼ばれる信託が存在し、森林への投資を増やしている。日本でもＲＥＩＴ化して運用管理のプロに委託するのが良いのではないかという意見は、一部の業界から挙がっていた。そして、現在、アセットマネージャーの役割を市町村が担うような形で森林経営管理法が成立した。この法制度は林業にとって追い風になるだけでなく、林業に情熱を燃やす若者を地方に誘い込むことにもなり、地方創生にもつながる。

近年、林業に関心のある若者が増えている。なかでも環境意識の高まりやSDGsを背景に自分自身で考えて持続的な森林経営を行いたいと考える若者はより増えていくであろう。しかし、現実問題として森林を所有していなければ、エシカルに関心の高い今どきの若者が思い描くような林業は行えないのである。そして、自伐型林業はそんな「森林を所有していないけれども環境に配慮した林業を行いたい」と考える人の就業先になっている。

7　これから

筆者らは今どきの若者の就業先として自伐型林業に価値を置いている。しかし、ときに従来型林業の理念などと抵触してしまうこともあり、その活動の理解が得られない場面も見受けられた。だが、今後の状況は変わってくるであろう。

ESG投資の高まりを背景に都市部にある企業などがそれぞれの企画を持ち寄り、地方で環境経営を意識した事業を展開するようになる。企業などが地方に出先営業所や小規模なバイオマス発電所を建設するようになると、行政機関もそれらの動きを管理しなければならなくなる。そして、行政機関や地域商社などがその事業に対してアイデアを提供する機会も増えてくる。現状の社会の流れから考察するに、向こう50年から100年にかけては地産地消の考えが大事にされ、地域内のエネルギー循環に焦点が当たるであろう。

環境経営、小規模なバイオマス発電が高まりを見せる過程で、今以上に自伐型林業者へ目が向くであろう。また、政府による地方への移住促進政策も当面は続くと考えられる。

地方に関心のある若者が移住して自伐型林業を実践する。樹木をカスケード利用（木質系廃棄物はバイオマス発電へ提供）することで安定した収入を得ることができる。さらに「半林半×」などと呼ばれるように自伐型林業者の多くは兼業であることが多いが、都市部の企業などが進出することで兼業先の選択肢も広がるであろう。

持続的な森林経営と小規模な木質バイオマス発電が成立することに加えて、移住者である自伐型林業者も安定した生活を送れることをもって、真の意味での地方創生になる。

多様化されている価値観のなかで「何をどう選択するか？」ということがとても重要であり、選択する側のユーザーにも責任が求められている。

身近に溢れている安価な食糧やエネルギーなどは、何かを犠牲に大量生産されたことで実現している。ライフスタイルを安価な「プライス」だけで選択するのか、それともバックボーンが見えるものを「プライド」で選択するのかが今後の社会に問われている。需要があるものは残り、そうでないものは失われていく。受け取る側が何を想って需要するか、未来は私たちの選択次第である。

【注】

（1）事業構想（2021）『月刊事業構想』6月号、https://www.projectdesign.jp/（閲覧日：2022年9月20日）

（2）資源エネルギー庁（2022）『エネルギー白書2021』https://www.enecho.meti.go.jp/about/whitepaper/2021/html/2-1-4.html（閲覧日：2022年9月20日）

（3）日本経済新聞（2021）「原燃再処理工場の総事業費 14兆4400億円に増加」『日経新聞』2021年6月28日記事、https://www.nikkei.com/article/（閲覧日2022年9月20日）

（4）鮎川ゆりか（2015）『これからの環境エネルギー』三和書籍。

（5）大場龍夫（2013）『森林バイオマス最前線（全国林業改良普及双書№149）』全国林業普及協会。

第4節 省資源環境の未来図

国士舘大学専任講師　赤石秀之

1　省資源環境と循環経済

有史以来、人類は生きていくために必要な分だけの資源を利用してきた。そのような時代には、資源の利用に無駄はなかったことだろう。しかし、いつの頃からか、人々は生活をより豊かに便利にすることを求めて、必要以上に資源を利用するようになってしまった。その結果、資源の利用には無駄が生じるようになってしまった。ここでは、この資源の無駄がすべて省かれた環境を、省資源環境と呼ぶことにする。日本だけではなく世界全体として省資源環境を達成することは、地球という限られた資源の中で暮らす人類にとって永遠の課題ではないだろうか。

この省資源環境を達成するという課題に対して、経済学では、与えられた資源を人々の利益ができる限り大きくなるように利用すべきであるという答えを出すことができる。しかし、これは、人々が生活するために必要な資源をできる限り無駄なく利用するための方法を教えているのではなく、人々がより自由で快適な生活を過ごすために、与えられた資源を最大限まで利用するための方法を述べたものである。そのため、このような経済学の教えに従って社会が資源を利用してしまうと、人々の限りない欲望の前に人々は地球上の資源をすべて使い尽くしてしまうことだろう。

この省資源環境を達成するという課題に対して、政府は、2000年を境に循環型社会という旗印の下でさまざまな政策を実施しており、令和3年度の環境白書では、今からおよそ30年後となる2050年のカーボンニュートラルに向けた経済社会の再設計をテーマとしている。そこでは、脱炭素社会、循環経済、分散型社会という3つの形へ社会を再設計すべきであり、そのためにはどのようなことが必要なのかについて述べられている。省資源環境に最も関係するのは循環経済という考え方であり、これは製品を生産するときに利用される資源を、3R（リデュース・リユース・リサイクル）+リニューアブルの原則で扱うことを目標とした社会である。つまり、製品の生産に利用された資源が廃棄物となることをできるだけ抑制し、廃棄物となった場合には再使用し、そして再使用しなかった資源は再資源化し、そもそも製品に利用される資源を再生資源で置き換えていく社会である。

2 循環経済は省資源環境を達成できるのか？

ここでの問題は、この循環経済というシステムが上手く機能すれば、省資源環境も達成されるのかどうかということである。というのも、この循環経済という社会では、どれだけリデュースすべきで、どれだけリユースすべきで、そしてどれだけリサイクルすべきで、最後にどれだけリニューアブルすべきなのかについての明確な基準が定まっておらず、基本的には資源の利用に関わる人々の自由な意思決定に任されているのである。たとえば、リデュースについては、製品を廃棄物として排出する人々の行動次第であり、リユースについては、廃棄物を再使用したい人々の行動次第であり、リサイクルについては、廃棄物を再資源化したい人々の行動次第であり、そしてリニューアブルについても、製品を生産するために再生資源を利用したい人々の行動次第なのである。

したがって、もし自分の生活をより便利で豊かにするために製品を廃棄物として排出して、新製品を次々に購入することを望む人々が多ければ多いほど、循環経済のシステムで発生する廃棄物は大量となり、その大量の廃棄物がリユース・リサイクルされながら循環する社会となるであろう。発生した廃棄物のすべてが何度でも資源として利用できるならば何も問題はないが、現実には廃棄物のすべてが資源として利用されることは技術的に不可能であり、また利用された資源を何度も再使用あるいは再資源化することも難しい。すると、発生した廃棄物が多ければ多いほど、長い目で見ると、資源は無駄になってしまうのである。逆にいうと、資源を無駄にしないためには、製品をできるだけ長く使うことで、廃棄物となる時期をできるだけ遅らせることが必要なのである。しかし、同じ製品をできるだけ長く使うことは、製品の技術進歩が促されず、人々のより豊かで快適な生活とは逆行してしまうのである。

それでは、リデュース・リユース・リサイクル・リニューアブルを原則とした循環経済のもとで省資源環境を達成するには、どのようなことに気をつければ良いのであろうか。ここでは、リデュースとリユースの代替的な関係、またリユースとリサイクルの代替的な関係、そしてリサイクルとリニューアブルの補完的な関係に注目し、また全体の不可逆的な関係について検討することで、省資源環境の未来図を予想してみることにする。

3　リデュース・リユース・リサイクル・リニューアブルの関係

最初に、リデュースとリユースの代替的な関係について見ていこう。さまざまな希少資源が利用されたスマホを例にすると、リデュースとは、スマホができるだけ長い期間使用されることを意味する。リユースとは、スマホが中古スマホとして販売されることを意味する。この時、明らかに、人々がスマホを長く使用するほど、中古スマホの販売できる量は少なくなり、逆に、人々がスマホをすぐに買い替えるほど、中古スマホの販売できる量は多くなることがわかる。つまり、リデュースという行為とリユースという行為は、一方が高まると他方は低まるという関係を持っているのである。

次に、リユースとリサイクルの代替的な関係について見ていこう。スマホを例にすると、リユースは中古スマホとしての販売であるが、リサイクルはスマホを分解して希少資源を取り出して、再資源化して販売することを意味する。この時、中古スマホとして販売される量が多くなるほど、分解できるスマホの量は少なくなり、逆に、中古スマホとして販売される量が少なくなるほど、分解できるスマホの量は多くなるといえる。そのため、リユースという行為とリサイクルという行為の間にも、一方が高まると他方は低まるという関係があるといえる。

そして、リサイクルとリニューアブルの補完的な関係について見ていこう。スマホの生産に再資源化された資源を利用するというリニューアブルのためには、スマホを分解して再資源化することが必要である。つまり、再資源化された資源の利用を増やそうとするほど、分解するスマホの量は多く必要であり、逆に再資源化された資源の利用を減らそうとするほど分解されるスマホの量は少なくてすむのである。そのため、リサイクルという行為とリニューアブルという行為の間には、一方が高まると他方も高まるという関係があるのである。

最後に、リデュース・リユース・リサイクル・リニューアブルの間には不可逆的な関係が存在することに注意する必要がある。つまり、リデュースされずに中古スマホになったスマホを元の持ち主が再び新品として使うことはできず、リユースされずに解体されて再資源化されたスマホを中古スマホとしてリユースすることはできないのである。したがって、リデュース、リユース、リサイクル、リニューアブルという時間の流れには逆らうことはできないのである。

4　循環経済のもとで省資源環境をいかに達成するか？

それでは、リデュース・リユース・リサイクル・リニューアブルの間の代替・補完的でかつ不可逆的な関係を踏まえて、どれだけリデュースすべきで、どれだけリユースすべきで、どれだけリサイクルすべきで、そしてどれだけリニューアブルすべきという問題を考えてみよう。

もしも循環経済における人々のほとんどがリサイクルを重視しているならば、その代替的な関係になるリユースは過小となるだろう。すると、リユースと代替的な関係になるリデュースは過大となるだろう。さらに、リサイクルが過大であるため、その補完的な関係になるリニューアブルも過大となるだろう。

また循環経済における人々のほとんどがリユースを重視しているならば、その代替的な関係になるリデュースとリサイクルは過小となる。また、リニューアブルも過小となるだろう。

さらにリデュースを重視している循環経済では、その代替的な関係になるリユースが過小となり、リサイクルは過大となり、リニューアブルも過大となるだろう。

すなわち、循環経済の下では、人々がリデュース・リユース・リサイクル・リニューアブルのどれを重視しているのかによって、それ以外の行為が過大あるいは過小となるため、循環経済のシステムでは追加的な政策として、過大なものには抑制し、過小なものは促進するという舵取りが迫られるのである。循環経済という新しいシステムに向けて、日本は進み出したばかりであるが、長期的な視野に立って省資源環境を達成するための追加的な対策を行うことにより、国際的なイニシアティブを握ることもできると考えられる。

参考文献

環境省（２０２２）『令和3年版環境白書・循環型社会白書・生物多様性白書』。

第5節　水環境の未来図

中央大学大学院理工学研究科客員教授　中川直子

1　はじめに

「水環境」とは、辞書で調べると「水質や水量等、水に関わる重要な環境要素によって構成される環境の状態を表したもの」であるが、本書の読者は「水環境」と聞いて何を思い浮かべるだろうか。筆者の場合、今でも夢にまで出てくる光景は、なぜか排水溝から河川に流出する黒い水である（写真1）。たとえば都心を流れる日本橋川。現在、この川の上には首都高速道路が川に沿って走っているので、日本橋川は日陰となり、水の色はよけいに黒く見える。将来的には（2040年頃）日本橋川の上にかかっている首都高速道路は地下に移設され、日

写真1　日本橋川の排水溝

本橋川には陽があたるようになるという。すると日本橋川の水は何色になるだろうか。筆者が予想するのは、皇居のお堀のような緑色だ。なぜなら、富栄養化現象という、リンや窒素およびカリウムなど、植物にとっての栄養がありすぎる状態になっているため、皇居のお堀のように陽が当たると日本橋川にも緑色のプランクトンが大量発生してしまうと予想されるからだ。私たちは現在、高度に発達した社会システムの中で暮らしていて、それを支えているインフラの1つが下水道システムだ。私たちが日常で使ったトイレや台所などから排出される水は下水道に集められ、その先にある下水処理場（水再生センター）で河川や海域に流しても問題がないように処理をしている。しかし、その処理は完全なものではないし、都内は合流式下水道という、大雨が降った後には未処理下水がそのまま河川や海に流れてしまう下水道が未だほとんどであるため、放流先では富栄養化が起こり、植物プランクトンが大量発生して河川の水の色は緑色になるのだ。

メソポタミア文明やインダス文明の中、モヘンジョダロの遺跡でも下水道の原形となるものがあったといわれているが、下水道が定着したのは18世紀半ばである。パリやロンドンで人口が増えてくると、屎尿の処理に困って人々は屎尿を道路に捨てるようになった。そのために、屎尿を介してペストやコレラなどの伝染病が流行するようになってしまった。それではいけないと、下水道をつくってそこに家から出る汚水を流すことで、いったん家の中は衛生的できれいになったのだ。我が国、日本も明治時代に初めて下水道が作られてから今日に至っている。そういったわけで、たしかに私たちの生活はこのシステムにより快適になった。しかし、このシステムは屎尿、厨房や風呂などの雑排水、自然由来の排水、工業排水などの汚水を水で薄めて下水管に集めて流してしまうシステムだ。水洗トイレにより、飲料可能な水も大量に消費されている。もちろん、前述したように、下水道の先には下水処理場（水再生センター）があって、そこで汚れた水を浄化するのだが、そのシステムが完全ではないので、赤潮やアオコという、プランクトンが大量発生する富栄養化現象が起きてしまう。プランクトンが大量発生すると、プランクトンも呼吸をするので、水中の酸素がなくなって、魚や養殖されているカキなどが窒息して死んでしまったりするのだ。赤潮の原因となるプランクトンは、ヘテロカプサというプランクトンで赤い色をしている。これが大量に発生すると水の色が赤く見える。またアオコという水が緑色に見える現象は、ミクロキスティスとかアナベナとよばれる緑色のプランクトンが大量発生したために起こる富栄養化現象だ。世の中ではこのプランクトンが魚やカキを殺したと悪者扱いされているが、本当は自然界には無駄なものは1つもないはずだ。どのような生物も食物連鎖の中でお互いに助け合って生きている。特に、ミクロキスティスは毒をだすと問題視されているが、「ミクロキスティスは普段は毒をださない。ミクロキスティスも酸素が足りなくて苦しいから毒を出すのだ」と唱える学者もいる。このように、従来の水循環システムは、水消費の増大や河川・湖沼の富栄養化が問題になっている。一方、農業地域では作物の栄養分であるリンやカリウムが枯渇しているという問題を抱えている。

生牡蠣を食べるとノロウイルスに感染することがあるという。ノロウイルスに感染すると、激しい嘔吐や下痢の症状に見舞われる。あれは私たち人間がノロウイルスに感染すると、激しい嘔吐や下痢によって対外に排出するため、ノロウイルスが下水道管に入り、下水処理場（水再生センター）に運ばれるが、消毒耐性が強いゆえに、消毒されても死なずに（不活化せずに）海に排出され、養殖されているカキの中に入ってしまう。それを他の人が生の状態で食べたりするとノロウイルスに感染してしまうのだ。水循環ならぬ、ノロウイルス循環だ。もちろん、加熱すればノロウイルスは死ぬが、生の状態で食べると感染する確率が高くなる。それでも生牡蠣は美味しくて魅惑的だ。たとえ感染するリスクがあるといっても、生牡蠣の誘惑にはなかなか勝てない。生牡蠣を食べることによるノロウイルスの感染確率を計算した学者によると、生牡蠣を食するのは3個までにとどめたほうがいいらしい。その真偽の判断は読者にまかせよう。

2　現在の水循環システムの問題点

少々脱線したが、このように、今の水循環システムは何かがおかしいとは思わないだろうか？　もういちど考えてみると、今の水循環システムでは、河川や湖沼、海では栄養がありすぎてプランクトンが大量発生してしまうという問題が起きている。その他にも前述したように、ノロウイルスなどの病原菌が養殖しているカキ（牡蠣）の中に入ってしまうという問題もある。一方、農業地域では栄養分が足りなくて、化学肥料を使って作物を栽培している。作物が育つには窒素・リン・カリウムという栄養分が必要だが、リンは我が国日本では全然足りないので、かつてアメリカ、中国四川省、モロッコからリン鉱石を輸入していた。リンはもともと海鳥のフンである。私たち人間の大便にも多く含まれている。しかし、アメリカも自国の分が足りなくなるということで、１９９９年に輸出をストップしてしまった。中国四川省は大地震が起こってダメになった。そうなると、日本は将来的にリンが枯渇化してしまう。それゆえ、21世紀の下水道処理施設は間違いなくリン資源再生センターになると言われている。すでに、２００５年に下水処理センターは水再生センターと改名されている。

それではどのような水循環システムが望ましいのだろうか。世界中に下水道を整備することは、全世界の経済レベルをはるかに超えているだろう。また、排水中のリンや窒素が河川・湖沼などにおいて富栄養化を引き起こしていることを考えると、下水を1つの管に「集めない」システムが望まれる。また、表1は、家庭排水において、各設備から排出される汚濁負荷の割合を示したものだ。この表を見てもわかるように、屎尿は有機物濃度が高く、かつリン、窒素を多量に含んでいる。一方、トイレ以外から排出される雑排水は屎尿に比べると汚濁負荷の割合が比較的小さいことがわかる。それゆえ、屎尿と雑排水を「混ぜない」シ

表1　家庭排水における汚濁負荷の割合

	水量	COD	NH_4-N	PO_4-P
水洗トイレ	31%	44%	97%	80%
台所厨房	13%	23%	0.3%	9.4%
洗面	13%	3%	0.1%	1.3%
風呂	16%	3%	0.6%	1.1%
シャワー	12%	6%	0.7%	4.1%
洗濯	16%	22%	1.2%	4.3%

ステムが水処理の効率を上げるうえでもよいと考えられる。他にも、さまざまな視点から考えると、下水を1つの管に「集めない」そして「混ぜない」排水処理システム、つまり分離分散型排水処理システムがよいと考えられる。

3　新たな水循環システムのファンタジー

このような背景のもとに、新しく提案されたのが分離分散型排水処理システムだ（図1）。このシステムは「集めない」「混ぜない」という概念にしたがって、水を使用しないトイレを用いることにより、屎尿に多く含まれる栄養塩を水循環系から分離する。また、窒素やリンを含む屎と尿を農業の有機肥料として利用することで、有限資源であるリンの再利用が可能となる。また雑排水は環境に配慮した方法で生物学的に処理をする。いわば、莫大な資源である私たち人間の屎尿を廃棄物として水環境中に捨てるのではなく、農地に返して有効利用しようというシステムだ。私たちが使った後の水はなるべく分け

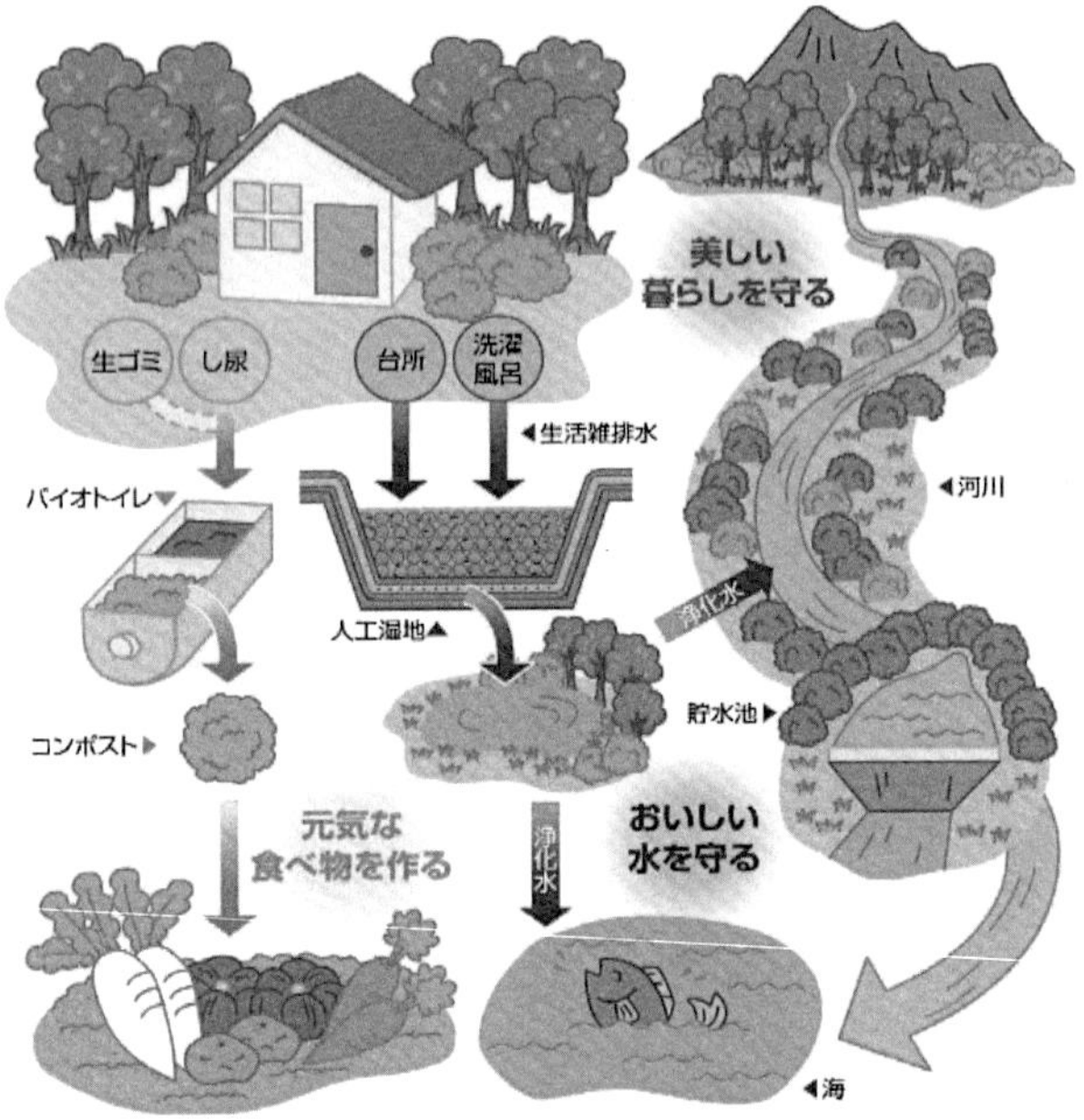

図１　分離分散型排水処理システムの概念図

出所：中川・大瀧（2009）より抜粋。

て、栄養分になるものは大地に返す。特に私たちの屎尿が富栄養化現象の原因となっているから、これは大地に返した方がいい。お風呂の水は私たちが排出する汚水の中ではそれほど汚れていない。そのような水は生物学的な処理をしてもすぐにきれいになるので再利用する。そうすれば、河川、湖沼、地下水は汚染されず、健全な水循環が復活すると考えられる。屎尿の輸送に水を用いないことから、水消費量も減少する。これが、分離分散型排水処理システムの概念だ。

もともと日本も江戸時代は循

環型社会だったのだ。お米の副産物のワラで、ムシロやワラジなど日用品をつくり、残ったものは肥料にしていた。人間の排泄物は、有機肥料として重宝され、農家がお金を払って回収し、下肥問屋や専門の商社や小売店まであったという。19世紀のはじめ、パリの人口が60万人、ロンドンの人口が90万人という時代に、日本の江戸は120万人という巨大都市だった。このように多くの人口を抱えることができたのも、必要なものを必要なだけしか使わず、余り物もほとんどない高度な循環型社会を形成していたからだといわれている。このように、もともと我が国日本はいい循環型社会の文化を持っていたのだから、江戸時代の我が国の循環型社会を現代の技術で衛生的に問題のないような形にして復活させたいというのが私の夢だ。分離分散型排水処理システムを実現するには、要となるのが排出元であるトイレだ。図1のように、水を使用しないトイレを用いることにより、屎尿に多く含まれる栄養塩を水循環系から分離して、肥料として大地に戻すのだが、病原菌が循環しないように、トイレは病原菌を排除してかつ作物の肥料を作ることができるトイレでなければならない。そして、トイレを通じてできた肥料を農地に撒き、作物を育てる。できた肥料は有機肥料なので、あとは太陽の光と水だけで、ミネラルたっぷりの美味しい作物が育つ。それを私たち人間が食べてミネラルを吸収し健康になる。そして排泄したものからトイレを通して肥料を作り・・・という資源循環のループをつくる。キーワードは資源循環、地消地産だ。資源が枯渇化するということを心配しなくてもよくなるのだ。英知を結集して、このようなファンタジーが現実化することを心から願っている。

4 結び

写真2は、沖縄県宮古島の海岸の風景である。白砂でとてもきれいだが、宮古島でも富栄養化のために、サンゴがなくなってきている。実はサンゴ礁というのは、栄養のない、貧栄養の中でしか育つことができないのだ。サンゴ礁がだめになるということは、観光事業で成り立っているこの島の経済を脅かすことでもある。非常に便利で快適な世の中にはなったが、その代償として水環境が悪くなっていること、そしてその問題を解決するには、現在の水循環システムを見直す必要があること、さらに分離分散型排水処理システムという、屎尿と雑排水を分けて処理するシステムの概念のことを書いた。もともと大地の栄養となる屎尿は、水環境中ではなく、大地に還元したほうがよいことも書いた。私たち人間の屎尿

写真2　沖縄県宮古島の海岸風景

も、きたないもの、くさいものとして水で流してハイさよならと扱いがちだが、実は微生物の力をかりれば、莫大な栄養や資源になるということを覚えておいてほしい。「水環境」を良くするには「健全な水循環」が必要不可欠なのだ。

参考文献

中川直子・大瀧雅寛（２００９）「分離分散型排水処理システムの環境負荷評価─秩父におけるケーススタディ」『土木学会論文集』65（2）97－１０３頁、土木学会。

第6節

エネルギーの側面から見る地球環境の未来図

東京ガス㈱サステナビリティ推進部担当課長　多久俊平

1　はじめに

本節では、「地球環境の未来図」をテーマとする。ただし、地球環境に包含される対象は非常に多岐にわたるため、ここでは主に「エネルギーの側面」から、２１００年頃の地球環境に向けて、人類が目指していくべきと考える方向性について述べる。

2　現在の地球環境における最重要目標「カーボンニュートラル」

毎年発刊される、世界経済フォーラム（ＷＥＦ）の「グローバルリスク報告書」（注1）によると、グローバルリスクの展望は、ここ10年程度で、経済的なリスクから社会的なリスク、そして環境的なリスクへと変遷している。特に２０１７年頃からは、「異常気象」や「気候変動への適応・対応の失敗」が、発生可能性・影響の大きさともに、非常に高い上位のリスクとして評価されている。このように、現在の地球環境における最も重要な問題は、地球温暖化による気候変動、およびその影響として生じる異常気象であると言って過言ではないだろう。

地球温暖化の主たる原因は、二酸化炭素（CO_2）の人為的排出である。そのため、地球温暖化を抑制するため、「カーボンニュートラル」というCO_2を実質的に排出していない状態（排出分から吸収分を差し引きゼロになっている状態）にすることを、現在多くの国が目指しており、2021年11月時点で、日本を含む154カ国・1地域（世界全体のCO_2排出量の79％、GDPの90％を占める）が2050年等の年次を区切ったカーボンニュートラルを宣言している（注2）（目標年は、日本、EU諸国、英国、米国など9割以上の国が2050年、中国、ロシア等が2060年、インド等が2070年と設定）。このように、世界各国でカーボンニュートラルを目指すことが大きな目標となっており、特に、人為的CO_2排出の主要な要因であるエネルギー分野においては、最も重要な目標として位置づけられているといえる。

カーボンニュートラルを実現するためには、さまざまな手段を組み合わせる必要があるが、中でも電源の脱炭素化は重要な取り組みである。たとえば、EUにおける2050年にカーボンニュートラルを実現可能な電源構成は、再生可能エネルギー81～85％（うち風力と太陽光65～72％）、原子力12～15％、化石燃料2～6％と試算されている（注3）。このような分析結果のように、カーボンニュートラルを実現するには、再生可能エネルギーの大量導入と、原子力エネルギーの利用が必要であると想定されている。

3　2100年に向けた3つの方向性

多くの国で2050年を目標としているカーボンニュートラルが、非常に重大かつ極めて高い目標であるため、仮にこの目標が達成できた先に、エネルギー分野において、どのようなことが目標になるかが議論されることは少ない。そのため、本節では、世界各国が2050年頃にカーボンニュートラルを実現できた暁に、超長期（2100年頃）の地球環境に向けて、どのようなことを目指していくべきかについて、エネルギーの側面から考えてみたい。具体的には、著者が目指していきたい方向性として、「①世界平和への貢献」「②自然災害の抑制・活用」「③将来世代への正の遺産の相続」の3つについて、将来への期待も込めて、考えを述べる。

(1) 世界平和への貢献

エネルギーと戦争は密接な関わりを持っている。人類の歴史において、エネルギー資源をめぐる争いは、しばしば戦争の一因となっていることに加え、2022年のロシアによるウクライナ侵攻により、石油や天然ガスなどのエネルギーの価格が高騰するなど、紛争によりエネルギーの価格や供給安定性が大きな影響を受けることも多い。また、原子力発電の技術は、兵器に利用されれば核兵器となる。核兵器が地球上に多数存在している状況は、人類にとって、一瞬での滅亡すらありえる極めて重大な脅威であり、2022年の核大量保有国であるロシアの軍事侵攻は、世界にその不安を再認識させた。

このような戦争のきっかけや核兵器への転用の脅威を無くしていくために、超長期のエネルギー分野の目指す方向性としては、エネルギー資源による争いが起こらないことや、兵器転用リスクの無いエネルギー技術の活用を目指していくべきだと考える。

具体的には、まず、核技術に頼らないエネルギー需給構造の確立があげられる。前述のEUの2050年の電源構成の例のように、カーボンニュートラルにおいて原子力発電が一定割合必要である想定を踏まえると、この実現は容易ではないが、核兵器の一掃と合わせて、人類が超長期の目標として掲げ、取り組むべき重要な課題と考える。

また、エネルギー資源の奪い合いの一因となる、特定の国や地域に化石エネルギー資源が偏在し、それに依存する構図を避けるためには、各エリアで最適な自然エネルギーを最大限活用し、極力自給自足を成り立たせることが望ましい。ただし、自然エネルギーには、エリア特性に応じた導入限界があるため、これに留まらず、地域偏在の無い自然エネルギーの活用形態を実現するブレイクスルーにも期待したい。たとえば、宇宙で太陽光発電を行い、発電した電力をマイクロ波等で地球に送電することができれば、地球上のどのエリアでも莫大な太陽光発電による電力を享受することが可能となる。

逆に、このように各国がそれぞれエネルギーを自給自足するのではなく、常に相互依存するような形態も望ましいかもしれない。たとえば、世界全体の送電線が超電導等の技術により送電ロスなくつながれば、常に、太陽が当たっている地域が当たっていない地域に電気を流し続ける、時々刻々と電気の供給国と受容国が移り変わる仕組みを構築できる可能性があり、これはお互いの助け合いが大前提となるため、争いの火花が生じにくくなるだろう。

また、エネルギー技術は、今後エネルギー資源以外に、争いの火種となりうる分野での貢献も考えられるかもしれない。たとえば、人口増加と経済発展により２０５０年の世界の食料需要量は２０１０年比１・７倍になると試算されており（注４）、２１００年に向けては世界的な食料不足がさらに深刻化することが予想されるが、人工光合成技術の発展は、カーボンニュートラルのみならず、食料資源の問題解決にも貢献することができるかもしれない。現在の人工光合成は、CO_2と水により、プラスチックの原料等になるオレフィン等を作ることで、カーボンリサイクルやCCUS（Carbon dioxide Capture, Utilization and Storage：二酸化炭素回収・有効活用・貯留）を実現するカーボンニュートラルに向けた技術として期待されているが、この技術が発展すると、本物の植物の光合成のように、でんぷんやブドウ糖といった栄養素を生み出すことも可能になるかもしれない。

このように、エネルギー資源の争いや兵器への転用が起こらないエネルギー需給構造の構築とともに、エネルギー技術の進化が、今後の争いの原因となりうる他の資源問題の解決にも寄与していくことを期待したい。

(2) 自然災害の抑制・活用

IPCC(Intergovernmental Panel on Climate Change:気候変動に関する政府間パネル)の第6次第2作業部会報告書によると、地球温暖化と、暴風雨や沿岸域における洪水災害の因果関係は高い確信度があると分析されており(注5)、これはすなわち、エネルギー起源のCO_2が、台風等の自然災害を増加させてきた可能性が高いことを示唆している。カーボンニュートラルが実現すれば、現時点からの気温上昇を一定以内に抑えることはできるが、気温を温暖化発生以前の状況に戻せるわけではないので、このような自然災害の発生は、少なくとも現状レベル以上で、2050年以降も続いていくだろう。

このように、これまでは、エネルギーの利用は自然災害を引き起こす側であったが、2100年に向けては、エネルギー技術により、自然災害を抑制・活用していくことを期待したい。たとえば、日本では、温暖化により台風が増加していると言われているが、台風1個の運動エネルギーは、日本全国の8年分のエネルギー量に相当するという見解もある(注6)。このような莫大な自然の運動エネルギーを、長期に貯蔵可能な水素などの化学エネルギーに変換することができれば、自然災害を抑制するとともに、莫大なエネルギー源を手にすることができるかもしれない。もちろん、台風は不規則に発生・移動するものであり、大きくなった台風の莫大なエネルギーを化学エネルギーに変換することは物理的に非現実的であるが、たとえば、天気予報の予測精度が極めて高くなり、台風の赤ちゃん（熱帯低気圧）が1週間後にどこで発生するかを正確に予測できるようになれば、その場所に巨大な風力発電機と水電解装置（電気により水を分解し、水素を製造する装置）を搭載したタンカーを走らせ、小さな熱帯低気圧の段階で台風を消滅させるとともに、大量の水素エネルギーを獲得することができるようになるかもしれない。

このような、台風エネルギーの事例の他、地震、津波、噴火、山火事等でも、発生の予測技術の高度化と、エネルギー変換技術の進化により、自然災害を抑制・活用する方向にエネルギー技術が進化していくことを期待したい。

（3）将来世代への正の遺産の相続

産業革命以降の数百年間で、人類は、地球が数億年〜数千万年前から蓄積してきた化石燃料を一気に使い果たし、地球温暖化を引き起こした。また、原子力発電から生じる高レベル放射性廃棄物は、放射能レベルが天然ウラン並みになるまで約8、000年かかると試算されており（注7）、長期間にわたる隔離・管理が必要となる。このように、これまでのエネルギーの利用で、人類は負の遺産を地球に残してしまってきたが、カーボンニュートラルが実現できた後の世界では、正の遺産を残していくことにも期待したい。

たとえば、産業革命以降、温暖化した地球の気温を元に戻すため、大気中のCO_2濃度を減らしていくカーボンネガティブが方向性の1つとして挙げられるだろう。これには、CCUSや植林などの方法の他に、空気中の非常に薄い（0・1％未満）CO_2を回収する技術のブレイクスルーが必要と考えられる。また、予期せぬ地球の気候変動（温暖化／寒冷化）に対しても備えられるようにするため、CO_2含む各種温室効果ガス濃度や、太陽光に対して日除けの役割を果たすエアロゾル（大気中を浮遊する粒子）濃度をコントロールする技術を獲得し、地球の大気温度を制御できる術を身に付けておくことは、将来の世代にとって有益かもしれない。

さらに、将来の世代に対し、エネルギーを貯めて贈るという方向性もありえるかもしれない。たとえば、月や惑星など、今後、人類が宇宙に活動の拠点を拡げていくために、それらの星で将来人類が生活するのに必要なエネルギーを、太陽エネルギーなどから、長期に貯蔵可能な形態に変換し、少しずつ貯めていくようなことにも期待したい。

4　おわりに

現在のエネルギー分野における世界の最重要目標であるカーボンニュートラルに続く、2100年頃を目指した取り組みの方向性として、「①世界平和への貢献」「②自然災害の抑制・活用」「③将来世代への正の遺産の相続」の3つについて述べた。いずれも、これまではどちらかというと、エネルギーのネガティブの側面が目立っていた領域であるが、2100年に向けては、ポジティブな側面が前面に出てくることを期待する。

もちろん、これ以外の方向性も色々と考えられるだろう。たとえば、電気を用いる生活の究極的な利便性の向上（例：無線充電の進化により、充電行為や充電ケーブルの概念が無くなる世界）、極限まで進化した省エネ（例：超電動磁石により移動体は浮遊し、摩擦によるエネルギー損失が無い世界）、電気以上に使い勝手の良いエネルギーの発明（例：電気を代替する新たな二次エネルギーが台頭しているより便利な世界）など、色々なアイデアが考えられるし、これらの組合せにより、新たな方向性の軸も生み出されるだろう。

エネルギー分野が貢献できる領域は非常に多岐にわたるため、これから数十年後も、エネルギー分野に携わる可能性のある方々には、カーボンニュートラルの次に、世界が目指すべき方向性についても、ぜひ幅広に考えてみて頂きたい。

※本節の内容は、個人的な見解であり、所属する会社や組織の考えとは関係ありません。

【注】

（1）World Economic Forum（2023）“The Global Risks Report 2023” https://www3.weforum.org/docs/WEF_Global_Risks_Report_2023.pdf（閲覧日：２０２３年2月1日）
（2）経済産業省（２０２２）「令和３年度エネルギーに関する年次報告（エネルギー白書２０２２）」https://www.enecho.meti.go.jp/about/whitepaper/2022/pdf/whitepaper2022_all.pdf（閲覧日：２０２２年7月16日）
（3）European Commission（2018）“IN-DEPTH ANALYSIS IN SUPPORT OF THE COMMISSION COMMUNICATION COM” https://ec.europa.eu/clima/system/files/2018-11/com_2018_733_analysis_in_support_en.pdf（閲覧日：２０２２年7月16日）
（4）農林水産省（２０１９）「２０５０年における世界の食料需給見通し」https://www.maff.go.jp/j/press/kanbo/anpo/attach/pdf/190917-1.pdf（閲覧日：２０２２年7月16日）
（5）IPCC（2022）“AR6 Climate Change 2021: Impacts, Adaptation and Vulnerability” https://www.ipcc.ch/report/ar6/wg2/downloads/report/IPCC_AR6_WGII_FinalDraft_FullReport.pdf（閲覧日：２０２２年7月16日）
（6）公益財団法人日本科学協会　https://www.jss.or.jp/fukyu/cubicearth/glossary/12.html（閲覧日：２０２２年7月16日）
（7）電気事業連合会　https://www.fepc.or.jp/sp/chisoushobun/dispose.html（閲覧日：２０２２年7月16日）

編集後記

この本は、経済、政治、医療、スポーツ、環境、情報通信、ロボット、災害、エネルギー、法律、教育など、各分野の〝技術進歩〟をテーマに30余名の著者が執筆する内容となっている。この本の企画段階では、フィクションにまで至らないが根拠の置ける範囲で〝論理飛躍〟した文章でイメージできる範囲での「未来予想図」を描くことを出版社からリクエストされた。かみ砕くと、「未来予想図」をテーマに壮大なファンタジーを描いてほしいので、多少の論理飛躍は歓迎したい、各分野のプロとして抱くファンタジー（夢や空想）を含めて書いてほしいとのことであった。どのくらい遠い将来のことなのかと聞くと、今世紀後半から来世紀にかけてくらい現在から離れた時代のこと（50年後や100年後の姿）を可能な範囲で描いてほしいと。

実際には、一昨年出した本『イノベーションの未来予想図─専門家40名が提案する20年後の社会─』（2021年、創成社）が「20年後」の姿だったのに対して、今回は、「50年後くらい以降、22世紀」の未来図を描いてほしいと私から一部の執筆者には依頼した。

出来上がった各原稿を読んでみると、やはり未来予想図を可視化するのは、専門家にとって難儀なものであると感じたが、未来がどうなっているのか、技術進歩のなれの果てがどんな世界になっているのか、読んでみてワクワクするものも少なくなかった。本書は、もしかすると50年後の若い世代へのメッセージになるのかもしれない。

共通することは、将来、各分野の技術が進歩することは確からしいが、遠い将来になればなるほど世の中の変化スピードが速く激しくなり、未来を予測するには、不確定要素もたくさん出てくるものである。気候変動、自然災害、パンデミック、戦争などの想定外のショックもあり得る未来において、不確定要素、不安定要素はますます増えていくような気がする。

しかしながら、各専門家の描いた未来予想図には、人間が生きていく環境がどんなに変化しても、その変化に人間がどう対応し、いかに適応していくのかが見てとれるものとなっている。単なる未来予想図ではなく、遠い未来がどのような姿になるのかを読者が自分の頭で考えイメージを膨らませることを手助けしてくれるものとなっているのではないか。

読者の皆さまには、この本を通じて、50年後、１００年後の未来の姿をイメージしていただきたい。50年後、それ以降のことなんか、そんな簡単にイメージできるはずもないが、この本に書かれている内容から「こんなことが実現可能なのか！」と少しずつ見えてくる未来予想図があるはずである。それを読者自身の頭で考え、未来を少しでも可視化してみてほしい。ふだん滅多に使わない〝長期的な視野〟というものをフル回転してほしい。もしかしたら、将来へつながる今ある現状の本質的なモノが見極められるかもしれない。この本が読者の皆さまにとって、「未来のトリセツ」「未来の水先案内人」となることを願っている。

共立女子大学非常勤講師　鈴木　均

《編著者紹介》

水野勝之（みずの・かつし）

明治大学商学部教授，博士（商学）。早稲田大学大学院経済学研究科博士後期課程単位取得退学。経済教育学会理事（学会長）。『ディビジア指数』創成社（1991 年），『新テキスト経済数学』中央経済社（2017 年，共編著），『余剰分析の経済学』中央経済社（2018 年，共編著），『林業の計量経済分析』五絃舎（2019 年，共編著），『防衛の計量経済分析』五絃舎（2020 年，共編著），『コロナ時代の経済復興』創成社（2020 年，編著），『基本経済学視点で読み解く アベノミクスの功罪』中央経済社（2021 年），『負効率の経済学―マイナスからプラスを生む思考のすすめ』昭和堂（2023 年，共編著），その他多数。

土居拓務（どい・たくむ）

農林水産政策研究所主任研究官。明治大学商学部兼任講師，同大学研究・知財戦略機構客員研究員（経済教育研究センター所属研究員）。経済教育学会理事（事務局担当）。2017 年，一般社団法人 Pine Grace 設立（理事・事務局）。『イノベーションの未来予想図―専門家 40 名が提案する 20 年後の社会―』創成社（2021 年，共編著），『新行動経済学読本―地域活性化への行動経済学の活用―』明治大学出版会（2021 年，共編著），『変革と共存の現代経済史―日米中の経済力学を解き明かす―』中央経済社（2023 年，共編著），その他。

鈴木　均（すずき・ひとし）

農林水産政策研究所主任研究官。共立女子大学非常勤講師。福岡県立修猷館高等学校卒，九州大学理学部数学科卒，九州大学大学院理学研究科中退。国家公務員Ⅰ種（数学）試験採用。経済企画庁内国調査第一課農業班長（平成 7 年～ 8 年経済白書），農林水産大臣政務官秘書官（第一次小泉内閣第一次改造内閣），科学技術政策研究所上席研究官などを歴任し現在に至る。主な論文に「経済対策を考えるに，何が重要なのか」（2020 年），「日本は DX を進めることができるのか？～ IT 人材の内製化を進めるべき～」（2021 年），「大学入学共通テストで露呈した「信用創造」の異なった定義について」（2023 年）などがある。

《著者紹介》（執筆順）

髙橋ひかり　(株)フランウッド代表取締役（寄稿当時：(株)Spero代表取締役）(p.1 ～)

野竹　章良　(株)野村総合研究所エキスパートアプリケーションエンジニア（p.15 ～）

柴田　　怜　国士舘大学准教授（p.26 ～）

井草　　剛　松山大学教授（p.35 ～）

川端祐一郎　京都大学大学院准教授（p.41 ～）

庵原　　悠　慶應義塾大学客員研究員（p.52 ～）

臼井　悦規　明治大学客員研究員（p.62 ～）

佐藤　大樹　行政ジャーナリスト（p.74 ～）

武田美都里　九州大学都市研究センター特任助教（p.88 ～）

馬奈木俊介　九州大学主幹教授・都市研究センター長（p.88 ～）

水野　勝之　明治大学教授（p.98 ～）

施　　光恒　九州大学教授（p.109 ～）

本田　知之　明治大学研究・知財推進機構客員研究員／一般社団法人 Pin Grace 理事（p.119 ～）

佐藤　　恵　国士舘大学教授（p.132 ～）

土居　拓務　明治大学兼任講師／一般社団法人 Pine Grace 事務局（p.140 ～，p.279 ～）

河合　芳樹　明治大学客員研究員（p.151 ～）

北野　　大　秋草学園短期大学学長（p.163 ～）

川合　宏之　流通科学大学教授（p.176 ～）

河原　俊也　千葉家庭裁判所判事（p.188 ～）

鈴木　　均　共立女子大学非常勤講師（p.200 ～）

稲田　修一　早稲田大学教授／地区防災計画学会最高顧問（p.212 ～）

金岡　恒治　早稲田大学スポーツ科学学術院教授／整形外科医師（p.223 ～）

原　　祐一　日本医師会総合政策研究機構副所長（p.230 ～）

原田　研介　大阪大学教授（p.239 ～）

若松　宏樹　国際漁業学会編集委員長（p.245 ～）

阿仁　御蔵　サイエンスライター（p.256 ～）

南部　和香　青山学院大学准教授（p.270 ～）

川上　泰昌　リデュース&コネクト(株)代表取締役（p.279 ～）

赤石　秀之　国士舘大学専任講師（p.295 ～）

中川　直子　中央大学大学院理工学研究科客員教授（p.302 ～）

多久　俊平　東京ガス(株)サステナビリティ推進部担当課長（p.312 ～）

（検印省略）

2023年9月20日　初版発行　　略称—環境予想

すばらしい未来に向けた環境予想
—専門家30名による明日へのヒント—

編著者　水野勝之
土居拓務
鈴木　均

発行者　塚田尚寛

発行所　東京都文京区春日2−13−1　株式会社　創成社
電　話　03（3868）3867　　F A X 03（5802）6802
出版部　03（3868）3857　　F A X 03（5802）6801
http://www.books-sosei.com　振　替　00150-9-191261

定価はカバーに表示してあります。

ISBN978-4-7944-3245-2　C3033
Printed in Japan

組版：ワードトップ　印刷・製本：㊋
落丁・乱丁本はお取り替えいたします。